TRAITÉ

DES

TROIS PUISSANCES,

Maritale, Paternelle et Tutélaire.

Auxerre, Typ. et Lith. de Ch. GALLOT. — 1843.

TRAITÉ

DES

TROIS PUISSANCES,

maritale, paternelle et tutélaire,

par M. Chardon,

CHEVALIER DE LA LÉGION D'HONNEUR, PRÉSIDENT DU
TRIBUNAL CIVIL D'AUXERRE, MEMBRE
DE L'INSTITUT HISTORIQUE.

Tome second,

COMPRENANT LA PUISSANCE PATERNELLE,

ET UNE ADDITION A LA PUISSANCE MARITALE, SUR
L'HYPOTHÈQUE LÉGALE DE LA FEMME.

Honora patrem tuum, et gemitus matris
tuæ ne obliviscaris. (*Eccl.* 7. 29).

A PARIS,

Chez **Cotillon**, libraire, rue des Grès, 16;

A AUXERRE,

Chez **Guillaume-Maillefer**, libraire, rue
Croix-de-Pierre, 13.

1842.

TABLE ANALYTIQUE

DES MATIÈRES

TRAITÉES DANS LE SECOND VOLUME.

TRAITÉ

DES TROIS PUISSANCES,

maritale, paternelle et tutélaire.

Deuxième Partie.

PUISSANCE PATERNELLE.

PRÉLIMINAIRES ET DIVISION PRINCIPALE.

SOMMAIRE.

1. Origine de cette puissance.
2. Ce qu'elle était avant le code civil.
3. Idée générale de ce qu'elle est actuellement ;
4. Sur les enfants naturels comme sur les légitimes.
5. Division.

---

1. A peine l'homme et la femme ont-ils atteint l'âge de puberté, qu'un sentiment instinctif les porte à s'unir en mariage. L'homme ne compte pour rien le surcroît de travail auquel il lui faudra se livrer pour élever ses enfants. Ni les douleurs, ni les dangers de la

gestation et de l'enfantement n'effraient la femme. Elle se fait un bonheur des fatigues et des soins que lui nécessiteront, dans leurs premiers ans, ces êtres qui lui devront le jour. Pour tous deux, avoir des enfants, c'est s'assurer des amis sincères, des soutiens dans les mauvais jours, et des appuis dans la vieillesse. L'homme de bien, surtout, regarde comme le plus beau moment de sa vie, celui où, uni à une femme vertueuse, il deviendra père.

Telle est la source de la puissance paternelle. Nulle autre ne peut lui être comparée pour la pureté de son origine. Mais souvent ces riantes espérances s'évanouissent comme des songes. Les chagrins prennent leur place, et sont parfois d'autant plus cuisants, que ceux qui les éprouvent ne peuvent s'en prendre qu'à eux-mêmes. L'enfant naît avec des dispositions naturelles qui le portent au bien ou au mal, suivant qu'elles sont dirigées avec plus ou moins de sagesse et de discernement. Trop de mollesse ou de sévérité sont des écueils qu'il faudrait également éviter, et certains tempéraments n'en sont pas toujours capables. Si l'on se laisse entraîner vers le premier, l'enfant, se livrant sans contrainte aux passions les plus attrayantes, et ce sont les mauvaises, fera le tourment de ses parents. Si c'est vers le second, il ne s'y livrera pas moins, et ajoutant à ces vices celui de l'hypocrisie, ses méfaits n'en seront que plus odieux. L'âge de la raison peut cependant le ramener de ses premiers égarements, si, dans la maison paternelle, il n'a entendu que de saines doctrines, et n'y a reçu que de bons exemples ; mais s'il en est autrement, le mal sera sans remède. Aujourd'hui, comme dans tous les temps, les troubles qui agitent la société n'ont pas d'autre cause.

2. Pendant bien des siècles, ces désordres n'ont eu pour juge que le père de famille, dont le pouvoir était tellement illimité sur la personne et les biens de ses enfants, qu'à leur naissance, il pouvait les tuer ou les exposer; que, pendant toute sa vie, s'il ne les avait pas émancipés, il pouvait ou les vendre, comme un ouvrier vend les choses qu'il a fabriquées, ou les condamner à telles peines qu'il jugeait convenables, et même à la mort! (1) La loi, en les abandonnant ainsi à sa juridiction, supposait que la conscience d'un père assurait à son enfant plus de garantie que celle de tout autre homme.

On finit pourtant par s'apercevoir que c'était trop exiger des bons pères, et trop permettre aux méchants. Cette législation barbare de la république romaine fut modifiée sous les empereurs, surtout depuis qu'ils eurent embrassé la religion chrétienne; et sous Justinien elle se trouva réduite à ce qu'elle était dans nos provinces méridionales avant le code civil. Cependant, sous la seconde race de nos rois, l'idée qu'un enfant appartient à son père, comme son ouvrage, était encore si dominante, qu'il lui était permis de le vendre pour subvenir à ses nécessités.

Dans une partie des pays coutumiers, le droit des pères et mères sur la personne de leurs enfants se

______

(1) Les noms de Brutus, Cassius, Fulvius, etc., font encore frémir.

bornait à ceux que leur confère le code civil ; mais ils n'en avaient aucuns sur ses biens, si ce n'est comme tuteur. Quelques coutumes leur en attribuaient plusieurs sous les titres de *garde-noble* , et de *garde-bourgeoise*.

Une autre différence existait encore dans la législation des deux pays. Dans ceux de *droit écrit* , jamais la mère ne participait à la puissance décernée au père. On n'y jugeait pas digne de l'avoir sur ses enfants , celle dont la tendresse pour eux a , dans tous les temps , été regardée comme le symbole de la plus ardente sollicitude. Dans les autres pays , on lui rendait l'hommage qui lui est dû.

3. Les auteurs du code civil ont fait , dans ces divers monuments, un heureux choix de règles propres à concilier , autant qu'ils peuvent l'être , les droits et les devoirs respectifs des pères et mères et de leurs enfants. La puissance déférée en premier ordre au père, l'est aussi à la mère ; mais en second ordre , pour le remplacer quand les conjonctures l'exigent. Leur autorité, d'abord illimitée , se restreint ensuite et graduellement , à mesure que l'enfant grandissant , la raison l'éclaire davantage ; que l'instruction lui procure plus de moyens de pourvoir lui-même à sa subsistance , et que ses forces lui permettent d'en user avec plus de succès : jusqu'à ce qu'enfin , marié , établi et prenant rang parmi les citoyens , il ne doit plus aux auteurs de ses jours qu'honneur et respect , avec l'obligation de les aider dans l'âge des infirmités ; leur rendant alors ce qu'ils lui ont si généreusement prêté, lorsque , plus faible encore , il est venu au monde.

Pour traiter complètement ce sujet, je ne dois pas seulement m'occuper des règles comprises dans le code civil, sous le titre de la *puissance paternelle*, où les pères et mères étudient volontiers leurs droits ; mais aussi de celles mises au rang des obligations qui naissent du mariage, dans lesquelles il leur importe plus encore d'apprendre les devoirs qu'ils ont à remplir religieusement, à peine de voir s'évanouir tous leurs droits.

4. Indépendamment de ces droits et de ces devoirs, qui, par suite du mariage, constituent la puissance paternelle, j'aurai à faire voir comment ces mêmes droits peuvent être exercés et ces devoirs remplis par ceux qui, sans s'unir en mariage, donnent aussi le jour à des enfants.

La puissance paternelle est, comme l'union des deux sexes, antérieure à toutes les institutions civiles. Elle est née avec le premier enfant venu au monde ; elle est donc, plus que toute autre puissance, de droit naturel, et ne peut pas, dès-lors, être refusée aux pères et mères des enfants nés hors mariage, s'ils les ont légalement reconnus. Mais comme leur paternité est une infraction aux lois civiles et un outrage aux bonnes mœurs, leur assimilation aux pères et mères légitimes doit se borner aux prérogatives dérivant de ce droit primitif qui fait leur seul titre. Quant à celles que le droit civil y a ajoutées, ils ne peuvent y participer qu'autant qu'elles leur ont été spécialement attribuées par la loi.

5. Le développement méthodique de toutes les rè-

gles qui forment la théorie complète de cette importante matière, exige une première division naturellement tracée par la diminution graduelle que subit la puissance paternelle dans ses trois périodes :

1° De la naissance de l'enfant à sa puberté ;

2° De sa puberté à sa majorité ;

3° De sa majorité à la mort de ses père et mère.

Chapitre Ier.

PUISSANCE PATERNELLE JUSQU'A LA PUBERTÉ DES ENFANTS.

SOMMAIRE.

6. *Objet principal de cette puissance.* | 7. *Subdivision.*

6. C'est dans le cours de cette période que la puissance paternelle est dans toute sa plénitude, et que le sort des enfants est abandonné sans réserve à l'affection et à la conscience de leurs père et mère.

Chez les romains, elle n'avait été instituée que dans l'intérêt du père, puisqu'à quelque âge que les enfants fussent parvenus, de quelque dignité qu'ils fussent honorés, s'il n'avait pas abdiqué sa puissance en les émancipant, il pouvait les tenir dans la plus servile dépendance (1).

____

(1) Jusqu'à la publication du code civil, la plupart des pays de

Aujourd'hui , au contraire , le principal objet de cette puissance est l'intérêt des enfants. Elle n'est entière , qu'autant qu'il le faut pour qu'ils puissent , sans danger , passer de l'âge de la faiblesse et de l'inexpérience , à celui de la force et de la raison. Et , ce qui mérite d'être remarqué , ce progrès de la civilisation nous replace dans l'état de nature , où étaient les hommes avant leur réunion en société. Très-certainement alors , dès que l'enfant pouvait , par lui-même , satisfaire ses besoins , le plus impérieux de tous , l'amour de la liberté le faisait échapper à ses parents. La reconnaissance pouvait le leur ramener , pour les aider , les secourir , mais non plus pour leur obéir.

Les pères et mères ont donc encore sur leurs enfants des droits fort étendus ; mais ils ne leur sont concédés que pour mieux remplir leurs devoirs ; au point que , s'ils ne s'en acquittent pas dignement , quelques-uns de ces droits , suivant les circonstances , et même la puissance entière , peuvent leur être retirés.

7. Voyons , d'abord , en quoi consistent leurs devoirs , nous verrons ensuite leurs droits sur la personne de leurs enfants , puis ceux sur leurs biens.

droit écrit avaient conservé cette excessive rigueur. Dans le clergé , il fallait être évêque pour être émancipé de droit. Un conseiller de cour souveraine ne l'était pas. (V. Bouhier, chap. 16 , §. 4 , tit. 12 des institutes. Duranti, ques. 21 , n°s 16 et 67). Le code sarde, récemment publié, a maintenu cette puissance du père, qui , s'il ne s'en dépouille pas de son gré, comprime la liberté de ses enfants pendant toute sa vie. (V. la concordance des codes modernes, par M. de Saint-Joseph , p. 16).

Section Ire.

OBLIGATION DES PÈRES ET MÈRES JUSQU'A L'ÉMANCIPATION
DE LEURS ENFANTS.

SOMMAIRE.

8. *Ils doivent subvenir à tous leurs besoins.*

9. *Les pères et mères des enfants naturels ont, à cet égard, les mêmes obligations que les pères et mères légitimes.*

10. *Il en est de même des pères et mères des enfants adultérins ou incestueux dont la filiation est judiciairement constatée.*

11. *Education des enfants légitimes.*

12. *Celle des enfants naturels.*

13. *Celle des enfants adultérins ou incestueux.*

14. *Comment les pères et mères sont-ils tenus de ces obligations ?*

15. *Leur responsabilité des mauvaises actions de leurs enfants.*

16. *La tutelle des enfants est obligatoire pour le père, s'il n'a pas de cause de dispense ou d'excuse.*

17. *La mère peut refuser la tutelle, et s'en démettre quand elle l'a imprudemment acceptée.*

8. Conserver l'existence de celui à qui on l'a donnée, non-seulement en lui procurant des aliments, mais en subvenant à toutes ses autres nécessités, est une obligation si naturelle, que les auteurs du code civil l'ont mise au premier rang de celles que contractent les époux par le seul fait du mariage (1).

(1) Cette obligation des pères et mères leur est tracée par la nature en caractères bien plus sensibles que ceux de la loi civile. Au moment même où l'enfant est conçu, ses premiers aliments se pré-

9. Ils n'en ont pas fait aussi expressément un devoir à ceux qui, sans se marier, ont aussi des enfants ; mais ce que je dirai dans la section qui suit, pour établir leur droit à la tutelle légale de ces enfants, prouve, en même temps, que s'ils ont, à cet égard, les mêmes prérogatives que les pères et mères légitimes, ils ont aussi les mêmes obligations à remplir. C'était, d'ailleurs, une règle constante dans l'ancien droit ; on peut consulter sur ce sujet la savante dissertation du chancelier Daguesseau (t. 7 de ses œuvres, p. 434). Aussi existe-t-il une parfaite harmonie entre tous les jurisconsultes modernes, pour reconnaître que notre code n'a apporté aucun changement au sort des enfants naturels, qui même y ont obtenu quelqu'amélioration. La même unanimité résulte des arrêts rendus par les cours royales auxquelles la question a été soumise ; et par deux arrêts, des 16 novembre 1808 et 27 août 1811, la cour de cassation s'est prononcée dans le même sens. Voici les principaux motifs du dernier de ces arrêts : « La nature elle-même, indépendamment
» de toute loi positive, impose aux pères l'obligation
» de fournir des aliments à leurs enfants ; et cette
» obligation, qui dérive du fait de la paternité, s'ap-
» plique au père qui a reconnu son enfant naturel,
» comme au père d'un enfant légitime..... A la vérité,
» le code Napoléon ne contient aucune disposition ex-

parent dans le sein de sa mère. Lorsqu'il arrive au jour, sa provision est assurée, au moins pour une année ; et l'on sait avec quel zèle la mère s'empresse de la lui offrir. Admirable exemple qu'elle donne au père pour le porter à continuer, par son travail, une œuvre si bien commencée !

» presse, quant aux aliments, en faveur des enfants
» naturels reconnus ; mais, dans le silence des lois
» positives, il faut recourir au droit naturel.... On ne
» peut et ne doit pas supposer que les auteurs du code
» aient voulu affranchir les pères de la dette la plus
» sacrée, du devoir le plus impérieux de la pater-
» nité..... La cour a déjà décidé la question en faveur
» d'un enfant naturel ; elle doit maintenir cette déci-
» sion qui est conforme au vœu de la nature, à la
» morale, à la justice, et au véritable esprit de la
» législation, etc. » (1)

10. De ces judicieux motifs puisés dans le droit
naturel, découle la juste conséquence en faveur des
enfants adultérins ou incestueux, lorsque leur filiation
est judiciairement établie par suite de rapt, de viol,
de désaveu de paternité, ou autres évènements de
même nature. A leur égard, il est vrai, le code ne
consacre les obligations des auteurs de leur naissance,
que par des dispositions indirectes, comme pour les
autres enfants naturels ; mais le principe de ces obligations n'en est pas moins évidemment posé. L'article
762, en leur refusant de prendre la moindre part dans
les successions de leurs père et mère, ajoute ces mots
sévères, mais rassurants : « La loi ne leur accorde que
» *des aliments.* » Ils ont donc, pour les obtenir, une
action utile contre ceux qui recueillent ces successions.
Elle ne leur est interdite par l'article 764, que quand
déjà ces aliments leur sont assurés par leurs père et
mère, ou par l'un d'eux. Or, il y aurait de l'absurdité

____

(1) Journ. du pal., t 32, p. 76.

à prétendre que les héritiers de ceux-ci sont plus obligés qu'eux de nourrir leurs enfants ; et comment ces
derniers pourraient – ils attendre l'ouverture de leur
succession , si on ne leur donnait pas de quoi vivre en
attendant ?

Ce point de droit encore est conforme à notre ancienne jurisprudence. Plus humaine et plus équitable
que la Novelle 89 (cap. 12, §. 6.) , qui refusait des aliments à ces malheureux enfants , la jurisprudence française ne voulait pas faire expier par des innocents le
crime des coupables. « Le droit romain , disent les au-
» teurs du nouveau Denisart (1), semblait, par un vœu
» cruel , s'efforcer de faire périr ceux qui n'auraient
» jamais dû naître ; notre jurisprudence, plus douce ,
» a considéré qu'il suffisait qu'un homme fût né , pour
» ne pas lui refuser les secours qui sont nécessaires à
» la vie. »

11. Après les aliments et tout ce qui peut donner
aux enfants la force et la santé ; une obligation , non
moins importante , qu'ont à remplir leurs père et mère,
est celle de leur éducation. L'article 203 , à la suite de
ces mots : *nourrir*, *entretenir*, ajoute *les élever*. Chacun de ces mots a son sens propre , et le dernier désigne l'éducation. Il n'y a pas deux opinions , à cet
égard , entre les jurisconsultes.

Pour tous les enfants , quelle qu'en soit l'origine ,
leur éducation consiste à instruire et pénétrer leur raison
de ce qu'ils doivent à Dieu et aux hommes ; à cultiver

____

(1) Au mot *aliments*.

leur esprit et les habituer au travail ; en sorte qu'à leur majorité ou plus tôt, ils puissent subvenir eux-mêmes à tous leurs besoins. Mais c'est, surtout, à purifier leurs mœurs qu'ils doivent mettre tous leurs soins. La société a trop à souffrir de leur négligence sur ce devoir, pour que les tribunaux puissent hésiter à y voir une cause de destitution de la tutelle. La cour de Toulouse l'a ainsi jugé, par arrêt du 25 novembre 1830 (1).

Le sieur Rhoudès avait trois filles, dont une seulement était mariée ; les deux autres, encore mineures et déjà grandes, étaient abandonnées à elles-mêmes, sans que leur père prît aucune précaution pour prévenir les désordres qui pouvaient en résulter. Leur subrogé-tuteur, alarmé, provoqua sa destitution, et le conseil de famille la prononça. La délibération ayant été homologuée par le tribunal de première instance, le père en appela ; mais en vain. L'arrêt confirmatif est ainsi motivé : « Attendu que le code civil prononce » l'exclusion de la tutelle pour incapacité ; que cette » disposition s'applique plus encore à l'incapacité » d'administration de la personne du mineur, qu'à » l'administration de ses biens ; attendu qu'il est suf— » fisamment établi que Rhoudès négligeait tellement » l'éducation de ses filles, qu'il les abandonnait à un » état d'éducation totalement dégradante, en les lais- » sant exposées, dans leur jeune âge, aux séductions » les plus dangereuses. »

L'éducation des enfants légitimes doit, de plus,

____

(1) Journal du pal., t. 54, p. 55.

avoir pour but de les disposer à tenir honorablement dans la société, le même rang qu'y occupent leurs père et mère.

12. A l'égard des enfants naturels simples, sans que leurs prétentions puissent aller jusque-là, néanmoins, il répugne à nos mœurs que celui qui a donné la naissance et son nom à un enfant, le laisse tomber beaucoup au-dessous de la position qu'il occupe dans le monde. Dès le temps de Dumoulin, au XVIe siècle, on ne souffrait pas qu'un homme riche et de bonne famille se bornât à procurer à son enfant naturel ce qui lui était indispensable pour la vie. Il devait l'élever convenablement, eu égard à sa famille et à sa fortune. *Et est communis opinio, et itâ observatur in regno, non tamen itâ modici, ut restringantur ad casum et limites necessitatis, sed congrui, boni viri arbitrio, inspectâ qualitate domûs et patrimonii.* (1)

« L'obligation des parents, dit Fournel (2), envers » leurs enfants naturels, ne se réduit pas au simple » nécessaire, *ad victum et vestitum ;* mais elle s'étend » à proportion des facultés et de la condition. »

On trouve dans le recueil de Bardet (3) un arrêt du parlement de Paris, du 18 juin 1607, qui a fait justice de l'avarice d'un riche bourgeois du Mans, envers ses enfants naturels. Deux garçons nés de ses intimités avec sa servante, avaient été élevés chez lui avec soin; mais à l'âge de 16 à 17 ans, ils désirèrent un état. Il

(1) Sur le 74e conseil d'Alexandre.
(2) Traité de la séduction, p. 194.
(3) T. 2, chap. 14.

ne voulut leur faire apprendre que le métier de *bou-cher*, de *serger* ou de *boulanger*, à leur choix, et se refusa à leurs prétentions qui n'allaient que jusqu'aux professions de *drapier* ou de *cirier*. Ses offres ayant été déclarées suffisantes par la sénéchaussée du Mans, la cause fut portée par appel au parlement. A l'audience, l'avocat général Lenain observa, dit Bardet, « Que le père avait des biens considérables qui le » mettaient en état de faire beaucoup mieux pour ses » enfants naturels ; qu'il était de l'intérêt public que » les enfants fussent élevés selon l'état et les facultés » de leurs parents ; que les métiers de boucher, bou-» langer et serger, offerts aux appelants, étaient ce » qu'il y a de plus vil et mécanique, et ne remplis-» saient pas les obligations du père ; que par consé-» quent c'était le cas d'adjuger aux appelants leurs » conclusions. » C'est ce qui fut prononcé par l'arrêt.

Rien, dans le code civil, ne contrariant cette jurisprudence, pleine de raison et d'humanité, je ne doute pas qu'une contestation de cette nature, élevée dans les tribunaux actuels, y recevrait la même décision.

13. Quant aux enfants adultérins et incestueux, leur sort est fixé par l'article 764. Il suffit que le père ou la mère leur ait fait apprendre un état mécanique, ou assuré des aliments, pour qu'ils ne puissent rien demander de plus. Je ferai seulement observer que le mot *mécanique*, n'est employé dans cet article que par opposition aux arts libéraux ; et pour que ces enfants, quelle que soit la position de leurs parents, ne puissent pas aspirer à un de ces derniers ; mais que celui qui

ne devrait sa naissance qu'à un cultivateur, n'aurait rien à demander du moment où il saurait manier la pioche ou la charrue.

14. Lorsque les enfants sont nés d'une union légitime, et que leurs père et mère sont mariés sous le régime de la communauté, les obligations dont je viens de parler sont acquittées par le père sur les revenus communs, sans qu'il puisse y avoir de contestations entre les époux. Mais, s'ils sont sous le régime dotal, ou séparés de biens, ou séparés de corps; ou enfin s'ils ne sont pas même mariés, chacun d'eux ne doit contribuer aux dépenses des enfants qu'*à proportion de sa fortune*, conformément à la règle générale de l'article 308. En sorte que, si l'un d'eux n'a rien au-delà du nécessaire pour ses besoins personnels, et que l'autre soit dans l'aisance, c'est à celui-ci à supporter la totalité de ces dépenses, qu'il ait ou n'ait pas la garde des enfants.

15. Quand les pères et mères ne seraient pas portés par le devoir et l'affection à soigner les mœurs de leurs enfants, ils devraient le faire dans leur propre intérêt; la loi rendant celui qui en a la garde, responsable civilement de tous les dommages qu'ils causent à autrui. Cette responsabilité, indispensable dans l'intérêt général, est peut-être le motif qui a le plus contribué à donner à la puissance paternelle, autant d'étendue qu'elle en a dans tous les pays civilisés. Le principe en est posé dans l'art. 1384 du code civil, et renouvelé dans le code pénal, art. 74; dans celui forestier, art. 206; ainsi que dans la loi sur la pêche fluviale, art. 74.

16. Le père ne doit pas seulement prendre soin de la personne de ses enfants ; sa sollicitude doit se porter également sur leurs intérêts. Ainsi, du moment où ils ont des droits acquis, en prendre l'administration, soit comme administrateur légal, si le mariage subsiste encore, soit comme tuteur, si le mariage est dissous, c'est pour lui une prérogative ; mais c'est aussi une obligation, à laquelle il ne peut pas se soustraire, à moins qu'il ne soit dans un des cas de dispense ou d'excuse, prévus par les articles 427 et suivants. (V. la 3ᵉ partie, sect. II, §. 1ᵉʳ).

17. La mère, au contraire, peut refuser la tutelle ; elle doit seulement en remplir les devoirs, jusqu'à ce que ses enfants aient un tuteur (article 384). Pourrait-elle s'en démettre après l'avoir acceptée ? Si, sur cette question, on consulte l'ancien droit, d'où l'article 384 a été tiré, l'on n'y trouve que contradiction. Faber, sur le code (lib. 5, tit. 21, def. 1.), dit que « la mère peut » s'en démettre, sans même alléguer d'excuses ; » et un arrêt du parlement de Bordeaux, de 1602, cité par Lacombe, au mot *tuteur* (sect. 3, dist. II), a jugé le contraire. Je crois que le principe de la disposition de l'article 384 conduit logiquement à accueillir la démission. Ce principe, posé dans les plus anciennes lois romaines, est que la tutelle ne convient pas aux femmes ; que les hommes seuls en sont capables : *tutela..... munus masculorum est.* (*L. ult. ff. de tut.*). *Tutela plerum que virile officium.* (*L.* 16, *eod. loc.*). Les mères n'y ont été appelées que par la Novelle 118, pour leurs enfants uniquement, et quand elles le demanderaient.

Si donc une mère , entraînée par son dévouement à ses enfants , et présumant trop de son intelligence , a accepté une gestion dont ensuite elle avoue naïvement avoir reconnu qu'elle était incapable , il y aurait, à l'y maintenir , une inconséquence inévitablement funeste à la mère et aux enfants. Observons, d'ailleurs, que le code civil est plus favorable que contraire à la démission , puisqu'à l'égard du père , qui pouvant se faire dispenser de la tutelle, l'a acceptée, l'article 430 lui interdit la faculté de se rétracter ; tandis qu'il n'y a rien de semblable pour la mère qui a imprudemment accepté.

Pour les conséquences de sa démission , voyez ci-après , sect. III , §. 1er.

Section II.

DROITS DES PÈRES ET MÈRES SUR LA PERSONNE DE LEURS ENFANTS.

SOMMAIRE.

18. *En quoi consistent ces droits.*	20. *Conditions du travail des enfants dans les manufactures , etc.*
19. *Subdivision.*	

18. Jusqu'au moment où les pères et mères, trouvant leurs enfants doués d'assez de raison pour les faire jouir des prémices de la vie civile , les émancipent ,

ils ont le droit de les tenir dans une subordination absolue. Eux seuls décident de la direction à donner à
leur éducation, soit par eux-mêmes, soit par des maîtres de leur choix. S'ils en éprouvent des mécontentements, ils ont sur eux une juridiction correctionnelle,
qui va jusqu'à leur infliger la peine de la détention.
L'autorité y participe, mais seulement pour l'exécution de leur jugement, sauf quelques cas d'exception,
comme on le verra dans le paragraphe qui suit. Leur
pouvoir, à cet égard, est tel qu'ils n'en doivent compte
à la justice, que quand l'abus qu'ils sont accusés d'en
faire, prend le caractère de délit ou de crime.

19. De tous les attributs de la puissance paternelle, ces droits, dont dépend l'avenir des enfants,
sont donc les plus précieux pour celui qui, en en comprenant toute l'importance, est digne de les exercer.
Aussi, sont-ils très-fréquemment dans les tribunaux,
un sujet de rivalité entre le père et la mère, ou entre
l'un d'eux et la famille de l'autre. Mais les principes,
pour la solution de ces difficultés, quant il s'agit des
enfants légitimes, étant très-différents de ceux à suivre lorsque la lutte s'agite entre le père et la mère des
enfants naturels, une subdivision est encore nécessaire. Elle l'est aussi sous un autre rapport. Quel que
soit celui des pères et mères légitimes ou naturels à qui
l'exercice de ces droits est confié, il doit atteindre le
même but; mais la loi ne leur accorde pas à tous le
même degré de confiance : il est donc indispensable
d'examiner quand et comment ces droits sont exercés,
1⁰ par le père légitime; 2⁰ par la mère; 3⁰ par les
père et mère naturels.

20. Avant d'entrer dans cet examen séparé de leurs droits à la puissance paternelle, je crois nécessaire de rechercher quelle influence peut avoir sur cette puissance, quel que soit celui qui en ait l'exercice, la loi du 22 mars 1841, relative au travail des enfants employés dans les manufactures, usines ou ateliers?

Depuis long-temps il s'était introduit, à ce sujet, un abus révoltant dans les classes laborieuses. Des divers travaux qui s'exécutent dans ces établissements, il en est plusieurs auxquels la main d'un enfant peut suffire. L'industrie, dont l'étude constante est de chercher tous les moyens de produire beaucoup en dépensant peu; s'en étant aperçue, conçut la pensée d'ajouter les enfants des deux sexes aux instruments de sa fortune : et elle trouva des pères, et même des mères, qui, pour le modique salaire qu'elle leur offrit, lui livrèrent les leurs.

Quelques optimistes ne manquèrent pas de préconiser ce progrès dans l'art d'utiliser les hommes. Mais ceux qui mettent au premier rang de ce qui doit contribuer à la prospérité publique, la santé des individus et la pureté de leurs mœurs, ne tardèrent pas à remarquer combien avaient à perdre, sous ces deux rapports, des enfants attachés durant tout le jour, souvent pendant une partie de la nuit, et dès l'âge le plus tendre, à un travail mécanique toujours le même; privés de tout exercice religieux, de toute instruction primaire, et confondus avec des ouvriers de tout âge, qui, pour la plupart, n'ont pas reçu une meilleure éducation. La statistique vint ensuite, avec ses arguments chiffrés, ses états de mortalité et de recrutement dans les pays manufacturiers, comparés à ceux des pays agricoles, faire toucher au doigt les funestes effets du séjour des enfants dans ces établissements.

Dès 1802, l'Angleterre s'en était émue, et son parlement, pour faire cesser ce désordre, avait pris des mesures, auxquelles il en a, huit fois depuis, ajouté de plus énergiques : exemple suivi, un peu tard, il est vrai, par la Prusse, la Bavière et l'Autriche. Enfin, en 1839, la France, contristée de se trouver en arrière sur une réforme aussi désirable, a trouvé, dans les deux chambres législatives, des organes qui y ont fait entendre ses réclamations ; et le gouvernement s'est empressé d'y satisfaire.

La loi ne statue, dans son article 1er, qu'à l'égard des manufactures, usines et ateliers à moteur mécanique et à feu continu, et de toute fabrique employant plus de vingt ouvriers réunis en atelier ; mais par les articles 6 et 7, le gouvernement est autorisé à en étendre les dispositions aux autres manufactures, usines et ateliers.

Les enfants ne peuvent y être admis qu'après l'âge de 8 ans ; ni y être employés plus de huit heures sur vingt-quatre, divisées par un repos ; et ceux de 12 à 16 ans, plus de douze heures, également divisées par un repos (article 2).

Le travail, depuis neuf heures du soir jusqu'à cinq heures du matin, est réputé de nuit, et interdit aux enfants ayant moins de 13 ans. Ce travail n'est permis à ceux de 13 ans, que lorsqu'il s'agit d'éviter le chômage d'un moteur hydraulique , ou de réparations urgentes ; mais deux heures sont comptées pour trois. Le même travail et aux mêmes conditions , est toléré dans les établissements à feu continu , dont la marche ne peut pas être suspendue (article 3).

Aucun des enfants ne peut être employé les dimanches et fêtes (article 4).

Ils ne peuvent l'être avant 12 ans, qu'autant qu'il est justifié qu'ils fréquentent l'école ; ceux plus âgés en sont dispensés , s'ils ont une attestation du maître qu'ils ont reçu l'instruction primaire élémentaire (article 5).

Les directeurs de ces établissements , coupables de contravention à ces règles , sont poursuivis devant le juge de paix , et punis par lui d'amendes de simple police. En récidive , dans la même année , ils sont traduits au tribunal de police correctionnelle et condamnés à de plus fortes amendes (article 12).

Comme on le voit , aucune poursuite n'est autorisée contre les pères et mères , quoique beaucoup plus coupables que les fabricants , qui ne le seraient jamais s'ils ne trouvaient pas de complices parmi les premiers. Dans le projet du ministre du commerce , ils pouvaient être punis par le juge de paix d'une amende ; et en cas de récidive, de cinq jours d'emprisonnement. La cour des pairs avait même sanctionné cette sévérité. La commission de la chambre élective l'avait également adoptée ; mais la chambre , aux éloquentes paroles de M. de Lamartine , sur les fâcheuses conséquences que pourrait avoir dans la famille une condamnation du père ou de la mère dont leur enfant serait l'occasion, fut entraînée à supprimer tout ce qui concernait les pères et mères et les tuteurs. Reporté une seconde fois à la chambre des pairs, le projet ainsi réduit y fut adopté; mais contre la proposition de sa commission, qui, par son rapporteur, M. Dupin, insistait vivement sur la nécessité d'étendre aux pères et mères les dispositions pénales de la loi.

Faut-il en conclure qu'une action aussi révoltante doit rester impunie, parce qu'elle a été commise sur l'enfant par celui-là même qui devait le protéger? Non sans doute. Il n'y a eu qu'une voix dans les deux chambres pour le vouer à l'opprobre. Ceux mêmes qui s'opposaient à la loi étaient aussi énergiques que les autres pour flétrir la conduite des pères et mères dans cette circonstance, et se bornaient à soutenir que cette loi porterait atteinte à la puissance paternelle. Le ministre, M. Cunin-Gridaine, leur répondait: « La puis-
» sance paternelle n'est pas le droit brutal d'exploiter
» les forces de l'enfance, et de paralyser le dévelop-
» pement de ses facultés, de vendre sa santé et sa vie.
» La puissance paternelle, c'est le droit du bienfait,
» et non celui de l'abus. » (1) Même doctrine dans la bouche de M. Corne à la chambre élective: « Quand
» le père de famille comprend et respecte sa mission;
» quand il veille comme une seconde providence sur
» le corps si frêle, sur l'ame si naïve de son enfant....;

______

(1) Séance de la chambre des pairs du 12 janvier 1841. Moniteur 1841, p. 84.

» il est dans la plénitude de son droit , parce qu'il est
» dans toute la sainteté de son devoir. Mais si, abruti
» par l'ignorance ou la misère , il méconnaît les mé-
» nagements dus à la faiblesse d'un âge si tendre ; s'il
» s'empresse , pour satisfaire des besoins ou réels ou
» factices , de trafiquer de son enfant, de le livrer à
» des travaux qui l'énervent et le flétrissent ; s'il es-
» compte ainsi froidement tout l'avenir de cette mal -
» heureuse créature ; oh ! alors il s'est dépouillé lui-
» même de la puissance qui lui avait été confiée à toute
» autre fin , et la société a le droit de lui dire : cet
» enfant n'a plus de père ; c'est moi qui le protége-
» rai. » (1)

Un assentiment général a accueilli cette promesse ;
mais comment peut-elle être acquittée ? Ce ne peut être
qu'en retirant à ce mauvais père la garde de son enfant, et en donnant à celui - ci un autre tuteur qui le
placera au service d'un cultivateur , s'il est possible.
Là, les enfants des deux sexes sont employés, dès leur
5e et 6e année , à la conduite des bestiaux , sans gages
il est vrai , mais sainement nourris et entretenus ; mais
participant aux exercices religieux , et à l'instruction
primaire ; ce que , dans la vie rurale , on sait parfaitement allier avec le travail des enfants. Si cette ressource manque au tuteur , il aura contre le père l'action alimentaire que l'article 203 donne aux enfants ;
et le père , en travaillant pour cet enfant incapable de
le faire , se préparera un soutien pour le temps où il
retombera lui-même dans cette incapacité.

(1) Séance du 21 décembre 1840. Moniteur 1840, p. 2485.

Lors donc qu'il intervient contre un fabricant une condamnation pour avoir commis sur un enfant un des abus que signale la loi nouvelle, tout parent de la victime, et le juge de paix d'office, ont le droit de provoquer la destitution de celui de ses père et mère qui l'a mis à la merci du coupable. Certes, en ce cas, l'infidélité dans la gestion prévue par l'article 444 est à son comble, et c'est pour faire connaître toute son importance aux yeux des législateurs et du gouvernement, que cet article a plus d'étendue que je n'aurais voulu.

Si une première faute pouvait trouver son excuse dans la détresse ou l'ignorance du coupable, la récidive, au moins, devrait toujours repousser tout sentiment de pitié.

Il mériterait le même sort, quand même aucune condamnation ne serait prononcée contre un fabricant, le père qui, comme M. de Laplace l'a prévu à la chambre des députés, employerait son enfant dans deux fabriques, le faisant travailler dans l'une durant les heures de repos que devrait lui donner l'autre. Sa culpabilité serait d'autant moins excusable, qu'il aurait eu recours à la fraude pour satisfaire sa cupidité.

Il en sera de cette loi comme de l'article 380 du code pénal. Il ne prononce aucune peine contre les pères et mères pour les vols par eux commis au préjudice de leurs enfants, tout en punissant ceux qui en ont profité ; mais il fait réserve des réparations civiles.

§. 1er.

DROITS DU PÈRE LÉGITIME SUR LA PERSONNE DE SES ENFANTS.

SOMMAIRE.

21. *Le père les exerce seul pendant le mariage, et après s'il survit à sa dissolution.*

22. *L'enfant ne peut s'absenter sans sa permission, ou celle du maître à qui il l'a confié.*

23. *Cette délégation est toujours révocable.*

24. *Si l'enfant s'enfuit, le père peut se le faire ramener par la force publique.*

25. *Cas d'exception si l'enfant est auprès de sa mère.*

26. *S'il lui désobéit, il peut lui infliger de légers châtiments;*

27. *Le faire renfermer dans une maison de détention, si les mécontentements sont très-graves.*

28. *Cas où l'enfant peut se pourvoir contre cette mesure.*

29. *Dissentiment à ce sujet entre deux jurisconsultes.*

30. *Le recours de l'enfant n'est pas suspensif.*

31. *Le père peut abréger le temps de la détention.*

32. *Il peut recourir à cette mesure autant de fois qu'il la croit nécessaire.*

33. *Circonspection qu'il doit observer à l'égard de la mère.*

34. *Il peut lui laisser ignorer le lieu où il a placé leurs enfants, s'il en a de justes motifs.*

35. *Modération qu'il doit garder quand il les châtie.*

36. *S'il en dépasse les bornes, il est lui-même punissable.*

37. *Comment l'enfant peut-il en avoir justice ?*

38. *La mère peut en poursuivre la répression.*

39. *Les parents de l'enfant, ses alliés, le juge de paix, le peuvent également.*

40. *La destitution de la tutelle peut s'en suivre.*

---

21. Dans l'état ordinaire du mariage, et pendant sa durée , le père a seul l'autorité sur ses enfants (article 373). Elle lui reste après le mariage s'il survit à sa dissolution , non-seulement quand il est investi de la tutelle que la loi lui défère (article 390) (1); mais même lorsque, se trouvant dans une des catégories signalées par les articles 427 et 428 , il en est dispensé. Sa puissance paternelle n'en éprouve aucune atteinte : c'est à ce seul titre que l'article 372 met ses enfants sous son autorité , jusqu'à leur majorité, ou leur émancipation. Ainsi, qu'il soit tuteur ou ne le soit pas , il décide souverainement du genre d'éducation qu'il croit devoir leur donner , et du choix des maîtres qu'il juge propres à le seconder. Si des fonctions publiques le forcent à s'absenter , il exerce son autorité par ceux à qui il confie ses pouvoirs.

---

(1) Fût-il encore mineur lui-même (art. 442 et 481 du code civ.).

22. Lorsqu'ils habitent avec lui , ils ne peuvent pas quitter sa maison , sans sa permission (article 374). De ce principe sévère sort la conséquence que , s'il les met en apprentissage , ou dans une pension , ils ne peuvent non plus sortir de la maison du maître à qui il les a confiés , sans y être autorisés par ce dernier, momenanément investi de sa puissance sur ses enfants.

23. Il importe de remarquer au sujet de ces délégations que la plupart des pères et mères sont obligés de faire de leur autorité à des maîtres , pour procurer à leurs enfants une instruction qu'ils ne peuvent pas leur donner eux – mêmes , qu'ils sont toujours en droit de les révoquer , pour quelque temps et à quelques conditions qu'ils aient traité avec eux. Si, en retirant ainsi et intempestivement leurs enfants , il en résulte quelque perte ou dommage pour le maître , il a droit à un dédommagement ; mais du moment où il lui est offert, sous aucun prétexte , il ne peut retenir les enfants. D'une part , toute condition expresse ou tacite qui , dans un traité , compromet la liberté des personnes , est illicite et nulle ; de l'autre , la puissance paternelle, qui est un devoir autant qu'une prérogative , est inaliénable. Pour reprendre leurs enfants , les pères et mères ne sont pas même obligés d'expliquer leurs motifs ; encore moins de les justifier : souvent ils ne le pourraient pas. Au cœur d'un père , il ne faut qu'un regret , qu'un soupçon , pour l'alarmer sur le sort de son enfant , et cette alarme suffit à la justice pour le lui rendre.

Dans les premiers jours d'avril 1840 , une réclamation de cette espèce a été portée à la seconde chambre du tribunal civil de la Seine. Les époux Gouvin avaient, en 1833, placé leur fille Adrienne, âgée de 7 ans, chez les époux Schwebich, qui, par un acte notarié, devaient la garder jusqu'à sa majorité, et subvenir à tous ses besoins. Sur la fin de 1839, la dame Schwebich ayant fait prononcer la séparation de corps contre son mari, Adrienne, parvenue à sa 14e année, était restée chez lui. Ses père et mère firent de vaines tentatives pour l'en retirer. Une action devînt nécessaire. Ils la fondèrent sur l'inaliénabilité de la puissance paternelle, et sur le changement de position du sieur Schwebich. Celui-ci se prévalut du traité, de l'éducation primaire et religieuse qu'il assurait donner à Adrienne, et du désir très-prononcé de celle-ci de rester chez lui. Ce désir aurait suffi, sans doute, pour déterminer le tribunal à la rendre à ses parents ; mais son jugement qui ordonne cette remise, a pour premier et principal motif : « Que la puissance paternelle » est absolue, inaliénable, et ne peut subir aucune » altération ni modification. » (V. le journal le Droit, du 10 avril 1840).

24. Si l'enfant s'échappe ou de la maison paternelle, ou de celle du maître qui en a la garde, le père a le droit de le contraindre à y rentrer, et même d'employer, à cet effet, la force publique, en remplissant les formalités prescrites par l'article 375. Le président du tribunal pouvant le faire arrêter pour être conduit dans une maison de détention (V. ci-après n° 27), peut, à plus forte raison, donner l'ordre pour le rendre à son père.

25. S'il y avait séparation de corps entre les deux époux , et que l'enfant n'eût quitté son père que pour se réfugier auprès de sa mère , le père ne pourrait prendre la voie de la contrainte contre cet enfant, qu'après avoir fait juger contre la femme son droit de revendication. Si , avant d'avoir rempli ce préalable indispensable , il s'adressait au président , ce magistrat ne pourrait pas statuer en référé , et devrait renvoyer le père à l'audience du tribunal (V. ci-après n° 33).

26. Enfin , comme il est rare que l'enfant se prête de bonne grâce à tout ce qu'on exige de lui, il arrive presque toujours que le père se voit contraint d'user du droit de correction : sans quoi son autorité sans force ne serait plus qu'un sujet de mépris pour l'enfant indocile. Que , pour le plier à l'obéissance, il puisse lui infliger quelque châtiment, même corporel , c'est ce dont on ne peut pas raisonnablement douter , quand on a lu dans le code civil (article 375) que les moyens de correction , par la voie judiciaire , ne peuvent être employés que *pour les mécontentements très-graves* donnés par l'enfant. Aussi, la jurisprudence a-t-elle consacré ce droit de correction paternelle par les arrêts rendus contre ceux qui , dans ces châtiments , n'avaient pas gardé les mesures de modération et de retenue que la raison inspire à qui ne veut que punir et non se venger. (V. ci-après , n° 73).

27. Indépendamment de ces punitions légères , plus pénibles pour celui qui les inflige , que pour l'enfant qui les endure , il en est donc de plus sérieuses aux-

quelles un père, épouvanté des mauvaises inclinations d'un enfant incorrigible, peut recourir. Si l'enfant n'est pas encore dans sa 16ᵉ année, il suffit à son père de déclarer au président du tribunal qu'il a de justes motifs de le punir par la privation de sa liberté, pendant quelque temps. Le président ne peut pas lui refuser l'ordonnance qui l'autorise à le faire arrêter et détenir pendant un mois au plus (article 376). Lorsque l'enfant a 15 ans accomplis, et jusqu'à sa majorité ou son émancipation, la détention peut être de six mois; mais, cette fois, le père doit confier ce qui le détermine à employer un moyen aussi rigoureux, au président, qui en est juge, et qui, après en avoir conféré avec le ministère public, peut refuser la détention, ou en abréger la durée (article 377). La même disposition s'applique à l'enfant qui n'a pas 15 ans accomplis, quand il a des droits acquis, ou qu'il exerce un état, ou que le père est remarié.

Dans tous les cas où il est fait usage de cette mesure, toute écriture est interdite. L'ordonnance qui autorise la détention, ne doit pas même en exprimer la cause (article 378).

28. Lorsque l'enfant a des biens personnels ou qu'il exerce un état, si la détention est prononcée contre lui, il peut adresser sa justification au procureur général de la cour. Celui-ci demande des renseignements au procureur du roi près le tribunal de première instance, et en fait rapport au premier président. Ce magistrat en donne avis au père qui a requis la détention, et après avoir lui-même recueilli tous les ren-

seignembnts désirables, il modifie, réforme ou confirme l'ordonnance de détention.

29. M. Toullier (t. 2 , n° 1056) parle de ce recours au président de la cour , comme s'il pouvait avoir lieu dans tous les cas où l'enfant est menacé de la détention par voie de réquisition. M. Duranton (t. 3 , n° 355), s'attachant , au contraire , au texte de l'article 382 , présente sa disposition comme une exception aux divers cas prévus dans les articles qui le précèdent.

Qui de ces deux jurisconsultes a le plus sainement interprété cette disposition? Cette question est importante , sa solution devant servir à mesurer le pouvoir entre les présidents des tribunaux de première instance et ceux des cours. Le sentiment de M. Toullier donnerait à ces derniers le droit de réformer les décisions des premiers, dans le cas compris aux articles 377, 380 et 381 ; tandis que , suivant M. Duranton , ces décisions seraient au-delà des limites de leur autorité.

On peut appuyer le sentiment de M. Toullier sur une ordonnance du président de la cour de Bruxelles, du 2 pluviôse, an XII , rapportée par M. Dalloz (t. 11 , p. 491). Deux époux étant en instance de divorce , la femme avait emmené sa fille, âgée de plus de 16 ans , avec elle. Le mari conçut le désir de punir , par la détention , cette jeune fille , d'avoir obéi à sa mère , et trouva le président du tribunal assez complaisant pour le satisfaire. Il fut autorisé à la faire arrêter et détenir. Elle adressa un mémoire au procureur général , et lui expliqua la perplexité dans laquelle elle se trouvait entre son père et sa mère. Ni le procureur général , ni le président de la cour, ne s'aperçurent probablement de leur incompétence, que le père n'opposa pas au recours de sa fille. En conséquence, le président rendit une ordonnance par laquelle celle du président du tribunal fut annulée et révoquée. M. Dalloz rapporte cette décision, sans faire aucune réflexion sur l'attribution excessive de pouvoir, que, dans cette circonstance, se sont donnée le procureur général et le président.

Sans contredit, au fond, ces magistrats ont avec juste raison, improuvé une ordonnance qui assimilait à un mécontentement très - grave la louable conduite d'une fille de 16 ans, qui, dans les dissensions survenues entre ses père et mère, ne s'était pas séparée de sa mère. Mais il n'en est pas moins vrai qu'à la forme ils n'avaient pas, sur cette ordonnance, le droit de censure; et que, si celle du premier président avait été déférée par le père à la cour de cassation, cette cour n'aurait pas pu se dispenser d'y voir une fausse application de l'article 382. Il suffit de relire cet article pour s'en convaincre. Il se compose de deux alinéa, et le second, qui établit le recours au premier président, n'est que le complément du premier, signalant les cas dans lesquels ce recours peut avoir lieu; c'est-à-dire lorsque l'enfant aura un état, ou des biens personnels. Or, l'enfant n'était ni dans l'un ni dans l'autre de ces deux cas.

30. Il importe encore de remarquer sur ce recours, que l'enfant n'y est admis qu'après avoir provisoirement exécuté l'ordonnance. « L'enfant *détenu*, porte » l'article 382, *pourra adresser*, etc. » Il faut donc

qu'avant tout , il obéisse, et qu'il soit *détenu* , pour que l'autorité supérieure puisse prendre connaissance de sa réclamation. Cette mesure ne peut , effectivement, être salutaire que lorsque , l'enfant étant placé dans un péril imminent , un secours prompt et énergique est nécessaire. C'est un jeune homme entraîné au jeu et à la débauche par de perfides amis , des mains desquels il faut le retirer ; ou c'est une jeune fille qui a déserté la maison paternelle et reste exposée à toutes les conséquences de la séduction. Dans de telles conjonctures , si le recours était suspensif , avant l'accomplissement de l'instruction prescrite par l'article 382 , la perte de l'enfant serait consommée et irréparable.

31. Quand cette mesure a été régulièrement ordonnée , le meilleur effet qu'elle puisse produire est d'amener l'enfant repentant à implorer la clémence de son père , et le père à lui rendre ses bonnes grâces. Cette heureuse réunion est désirée par l'article 379 qui donne au père le droit d'abréger le temps de la captivité , et implicitement d'en faire remise, si elle n'est pas commencée. Mais aussi le même article prévoit le cas où le repentir n'est pas sincère, et autorise le père, si l'enfant a de nouveaux torts , à demander de nouveau sa détention.

32. Lors même que l'enfant aurait souffert cette détention pendant tout le temps réglé par l'ordonnance, s'il recommençait à donner les mêmes chagrins à son père , celui-ci pourrait aussi persister dans sa résistance par une nouvelle détention , et autant de fois que l'opiniâtreté de cet enfant à la révolte le rendrait nécessaire.

3.

L'article 377 donne à son malheureux père cette faculté, sans en limiter l'emploi, si ce n'est pour la durée de la captivité, chaque fois qu'elle est ordonnée. C'est alors au ministère public et au président à rechercher les causes secrètes d'une hostilité aussi constante entre ceux qui, suivant le vœu de la nature, devraient être unis par la plus vive des affections ; et à ne se prêter aux désirs du père, qu'autant que la conduite de cet enfant donnerait à craindre ou son déshonneur, ou quelque catastrophe plus redoutable encore.

33. On vient de voir l'immense étendue du pouvoir que le père a sur ses enfants ; il n'est pas moins essentiel d'en connaître les bornes.

Et, d'abord, si les droits de la mère à la puissance paternelle sont suspendus pendant tout le temps que l'exercice en est dévolu au père, et si sur tout ce qu'il exige d'eux, elle ne peut pas se permettre la moindre contradiction ; il ne doit jamais oublier qu'elle a droit, comme lui, à être honorée et respectée par eux ; et que si, par ses propos ou ses actions, il tendait à leur inspirer du mépris pour elle, il se rendrait coupable d'une de ces injures graves qui autorisent la femme à fuir de la maison conjugale, et à demander sa séparation de corps.

34. Quand il a de justes motifs d'éviter pour ses enfants les mauvais exemples de leur mère, il peut les éloigner, et prendre même des mesures pour qu'elle ignore le refuge qu'il leur a donné: mais il ne peut pas en être ainsi de la femme vertueuse et sans reproche, qui a un droit incontestable à surveiller l'existence de

ses enfants. Si elle avait la douleur de les voir éloignés d'elle, sans que son mari daignât satisfaire sa juste sollicitude ; elle serait bien fondée à présenter cette action comme réunissant, tout à la fois, le caractère de sévices et d'injure grave.

Récemment, le tribunal de la Seine a rejeté la requête d'une femme qui demandait à être autorisée à y traduire son mari, pour qu'il eût à lui faire connaître la pension dans laquelle il avait placé sa fille. Le rejet devait avoir lieu: la loi n'ayant ouvert à la femme mariée que deux actions pour obtenir justice des chagrins que lui fait éprouver son mari, l'action en séparation de biens, et celle en séparation de corps. Mais au lieu de sa démarche irréfléchie, cette femme pouvait former une demande en séparation de corps, la fondant sur ce que son mari, par son obstination à lui taire le lieu où sa fille résidait, l'accusait non - seulement de mauvaises mœurs, mais d'être arrivée à un tel degré de perversité, que ses rapports avec sa fille seraient pernicieux pour cet enfant. Le mari sans doute, aurait été forcé d'expliquer la cause de sa conduite, et de prouver qu'en cela, il n'avait pris qu'une mesure de sage précaution ; sans quoi les magistrats n'auraient pu y voir qu'une injure extrêmement grave, et la séparation aurait pu être prononcée.

35. C'est surtout quand le père use du droit de châtier ses enfants, qu'il doit user de prudence et de modération. Que si les sentiments de tendresse et de pitié se sont éteints dans son cœur, il doit se rappeler, au moins, que l'autorité veille sur lui, et que, s'il passe

les bornes d'une correction paternelle, il subira lui-même une punition proportionnée à l'horreur qu'inspire un père ennemi de ses enfants.

L'avocat général Talon, dans une cause de cette nature, faisait entendre ces belles paroles : « Les pères » qui exercent leur bonté envers leurs enfants, sont » alors juges souverains ; mais quand ils exercent leur » justice, et qu'ils châtient leurs enfants, leur pou- » voir est soumis aux juges qui doivent juger leurs » jugements, *judicia vestra judicabo.* La jurispru- » dence actuelle n'est pas plus tolérante à cet égard » que l'ancienne. (V. n° 68).

36. De cette règle d'ordre public qui met un frein au pouvoir qu'a le père de corriger ses enfants, on doit conclure que, si un enfant échappé de la maison paternelle, donne pour motif de sa fuite, ou des violences excessives, ou des privations dans les choses nécessaires à la vie, l'humanité s'oppose à ce qu'on le force d'y rentrer, avant de s'être assuré du plus ou moins d'exactitude des plaintes de l'enfant. Et si elles se trouvaient fondées, le pouvoir tutélaire devrait être retiré à celui qui l'aurait fait dégénérer en oppression. *Patria quippe potestas, non in atrocitate, sed pietate consistit. (L. Divus Hadrianus, D., de L. Pompeia de parricidiis).*

La cour de Caen, par un arrêt du 31 décembre 1811, a consacré ce principe, tout en refusant de l'appliquer au fait qui lui était soumis. Une demoiselle D...., âgée de 19 ans, avait quitté la maison de son père, et, pendant un mois, lui avait laissé ignorer ce qu'elle était devenue. Elle avait ensuite présenté au président du tribunal une requête dans laquelle elle exposait en détail les mauvais traitements que chaque jour, suivant elle, son père lui faisait endurer; demandant à être autorisée à se retirer dans la maison qui lui serait indiquée par le tribunal, et à ce que son père lui fît la remise des biens de sa mère décédée.

Traduit sur cette requête, son père, lui ayant opposé son incapacité à intenter une action, étant encore mineure; le tribunal ordonna la convocation d'un conseil de famille pour qu'il lui fût nommé un subrogé-tuteur, et l'autorisa à se retirer provisoirement dans une maison religieuse qu'il indiqua, où le père paierait un quartier de sa pension. Sur l'appel du père, la cour fut plus frappée de l'irrévérence qu'elle apercevait dans la conduite de la fille envers son père, que des mauvais traitements qu'elle articulait, et qui probablement n'étaient pas très − graves. Elle s'indisposa surtout contre elle du refus que fit son avocat d'indiquer la personne chez laquelle elle s'était retirée. Cette circonstance, réunie à celle qu'elle n'avait formé sa demande que plus d'un mois après sa disparition de la maison paternelle, détermina la cour à la déclarer non recevable dans sa demande. Elle n'en rendit pas moins hommage au principe par son dernier motif ainsi conçu: « Considérant que, si la demoiselle D..., avait » des prétextes raisonnables et légitimes de se plaindre » de la conduite de son père envers elle, elle devait, » avant de sortir, ou à l'instant même de sa sortie, » s'adresser à la justice, pour être autorisée à se re-

» tirer dans le lieu qui lui aurait été indiqué, et non
» pas, comme elle l'a fait, se soustraire pendant un
» mois aux recherches de son père. » (1)

37. Si cette demoiselle avait, au moment même de
sa sortie de la maison de son père, invoqué le secours
de la justice, quelle marche aurait-elle dû tenir pour
agir régulièrement? Ce point de procédure mérite une
attention particulière.

Le mineur non émancipé est dans une incapacité
plus absolue que la femme mariée. Celle-ci, au refus
de son mari, peut être autorisée à ester en justice par
les tribunaux (article 218). Aucun article du code ne
donne cette faculté au mineur; aucune loi ne la lui
donnait auparavant; et à coup sûr, l'action de cette
fille eut été annulée, si la fin de non-recevoir qui lui a
été opposée n'avait pas été admise. Très-certainement,
le président qui, sur la requête d'une mineure non
émancipée, l'avait autorisée à traduire son père en
justice, avait excédé les bornes de son pouvoir; et
le tribunal, en ordonnant la convocation du conseil
de famille pour lui donner un subrogé-tuteur, avait
commis une illégalité tout aussi évidente. On trouve
quelques exemples de pareilles procédures avant la
législation actuelle; parce qu'alors il n'y avait pas de
lois spéciales sur les actions, comme nous en avons
dans le code civil et celui de procédure. Mais sous l'empire de ces lois, le mineur ne commence à jouir des
droits civils qu'à son émancipation. Jusque-là, son père

_____

(1) Journal du palais, t. 35, p. 319.

est le seul qui puisse exercer ses droits ; nul ne peut prendre sa place, que sa destitution n'ait été prononcée.

38. L'enfant sur lequel un père impitoyable exerce des sévices, ne peut donc être affranchi du pouvoir qui l'opprime, qu'autant qu'il trouvera intérêt et protection auprès de ceux qui peuvent éveiller sur lui l'autorité publique. Heureusement ils sont en grand nombre.

Si l'enfant a le bonheur d'avoir encore sa mère, ce sera pour elle un devoir, autant qu'un droit, de recourir au juge de paix, ou au ministère public pour provoquer la révocation du pouvoir tutélaire que son mari exerce sous le nom d'administrateur légal. Elle pourrait aussi, en formant pour elle demande en séparation de corps, se faire autoriser par le président du tribunal à provoquer elle-même cette révocation. J'ai déjà fait voir que la soumission qu'elle doit au pouvoir de son mari sur leurs enfants, ne va pas jusqu'à lui imposer silence, quand les abus qu'il en fait prennent le caractère de délit ou de crime.

39. Dans le silence de la mère, chacun des parents désignés dans l'article 446, peut demander cette destitution ; le juge de paix lui-même peut d'office prendre l'initiative.

40. On a prétendu, il est vrai, que l'article 444, sur la destitution des tuteurs, n'était pas applicable au père exerçant la puissance paternelle ; que l'éducation de ses enfants ne pouvait lui être retirée qu'autant qu'il aurait encouru la déchéance de la puissance paternelle, dans les cas prévus par la loi. On invoquait la règle de

droit: *jura sanguinis nullo jure civili deprimi possunt.* (*L.* 8, *ff. de reg. jur.*).

Réprimer les abus d'un droit, fût-il puisé dans la loi naturelle ; loin d'y porter atteinte , c'est lui conserver son caractère primitif. Tel est le but de l'article 444, qui exclut de la tutelle et les en destitue , s'ils en sont investis ; « les gens d'une inconduite notoire, et ceux » dont la gestion attesterait ou l'incapacité ou l'infi- » délité. » Cette disposition est tellement positive et générale , que les pères et mères, n'y étant pas excep- tés , s'y trouvent nécessairement compris.

La tutelle , d'ailleurs, est une des prérogatives de la puissance paternelle ; mais elle n'en est pas insépara- ble. Ce qui le prouve , c'est que , dans plusieurs cas , la loi en dispense le père ; qu'elle permet à la mère de la refuser ; que celle-ci la perd , si elle se remarie con- tre le gré de la famille ; et que tous deux , dans ces conjonctures , n'en conservent pas moins toutes les au- tres prérogatives de la puissance paternelle.

Toutes les tentatives faites pour ébranler ce point de droit, n'ont fait que le raffermir. Je ne rappellerai pas les nombreux arrêts qui les ont repoussées , et me bornerai à rappeler celui que j'ai rapporté ci-dessus , n° 11, et à indiquer les deux plus récents de la cour de Toulouse des 26 novembre 1830 , et 20 mai 1832 (1).

41. De cette jurisprudence à l'égard du père tu- teur , il faut conclure qu'il doit en être de même de celui qui , du vivant de sa femme , exerce l'adminis-

---

(1) Journal du palais, t. 91, p. 55, et t. 94, p. 495.

tration légale de leurs enfants, s'il s'en rend indigne ou incapable. Son titre est différent comme sa position, mais son pouvoir est absolument le même: car, dans l'une, ainsi que dans l'autre position, il a les mêmes prérogatives, et n'en a pas une de moins, pas une de plus. Et certes, si sa puissance paternelle ne peut pas le garantir de cet affront, quand il le mérite comme tuteur; elle ne peut pas plus lui servir de rempart, s'il s'y expose dans son administration légale. Il est encore évident que telle a été la pensée des auteurs du code civil, puisqu'en instituant cette administration, ils en ont fait le premier article du chapitre de la tutelle.

C'est ainsi que le tribunal de Metz a résolu cette question, en 1826. Il ne s'agissait, il est vrai, que de l'administration des biens; mais il en a donné le motif, en thèse générale, en ces termes : « En droit, la » gestion du père, administrateur légal, est généra- » lement, et sauf les cas de dérogation expresse, sou- » mise aux mêmes règles et conditions de la tutelle; » qu'ainsi l'administrateur peut, aussi bien que le » tuteur, encourir la destitution ou l'exclusion, sans » que cette mesure puisse être considérée comme une » atteinte à l'autorité paternelle. » Ce jugement a été confirmé, sur l'appel, par la cour de la même ville, le 21 mai 1827 ; et, sur le pourvoi, par celle de cassation, le 16 décembre 1829 (1).

42. Dès 1825, le tribunal de la Seine avait eu à

____

(1) Journal du palais, t. 86, p. 135.

juger la même question, et décidé également que l'article 444 était applicable à l'administrateur légal; mais seulement quant au gouvernement de la fortune des enfants, et non pour la garde de leur personne; distinction que ni le texte de cet article, ni celui d'aucun autre ne peuvent justifier. Le tribunal ne se fonde que sur son assertion que la garde des enfants fait partie « des droits qui appartiennent essentiellement à la » puissance paternelle...., qui ont leur source dans la » nature, et sont confirmés par la loi; qu'ils ne peu- » vent être détruits que par la mort naturelle ou ci- » vile. » La conséquence de cette assertion a été, dans l'instance jugée, que le père a été destitué de l'administration des biens de ses enfants; mais que la garde de leur personne et leur éducation lui ont été laissées, quoiqu'on lise dans le même jugement « qu'il était de » notoriété publique, qu'il continuait de vivre dans » le dérèglement de conduite qui avait amené la ruine » de sa fortune ! » C'est ce jugement que la cour a confirmé sans rien ajouter à ses motifs, par arrêt du 29 août 1825 (1).

A cette doctrine, que la garde des enfants est inséparable de la puissance paternelle; doctrine qui, je crois, n'a été professée par aucune autre cour; je puis opposer celle diamétralement contraire, consacrée par neuf cours royales, et deux fois par celle de cassation; dont je cite les arrêts dans la première partie de ce traité (p. 446). Tous, à la suite d'une séparation de

____

(1) Journal du palais, t. 76, p. 395.

corps prononcée sur la demande d'une femme, retirent au mari la garde des enfants et la confient à leur mère ; et tous sont motivés sur ce que cette mesure ne porte aucune atteinte à la puissance paternelle. Il me suffira sans doute de rapporter les expressions d'un de ces arrêts, qui est de la cour de Paris elle-même, et de la même chambre, du 11 décembre 1821 : « Les » mesures réglées par la justice pour la garde et l'é- » ducation des enfants ne peuvent porter aucune at- » teinte aux droits attribués au père par les disposi- » tions du code relatives à la puissance paternelle. » Proposition inverse de celle faisant la base de son arrêt de 1825.

Je finis par cette réflexion : s'il importe aux enfants que la justice applique à leur père l'article 444, pour sauver leur fortune, il est bien plus essentiel et plus moral de le lui appliquer pour soustraire leur personne à ses mauvais traitements, ou leurs mœurs à la contagion de ses mauvais exemples.

43. Mais la sollicitude du législateur pour les enfants ne s'est pas arrêtée là. Si le père se rend coupable d'un délit ou d'un crime, il perd momentanément, ou pour toujours, suivant le caractère de son méfait, non-seulement l'administration légale, ou la tutelle, mais tous ses autres droits sur ses enfants. Celui qui est flétri par une condamnation aux travaux publics pour le reste de ses jours, ou à la déportation, est frappé de mort civile, par l'article 18 du code pénal. Cette mort fictive le retranche de la société, dont il s'est fait l'ennemi, comme s'il était rentré dans le sein de la

terre. Elle le rend étranger à sa propre famille, à sa femme que la loi civile délie de toutes ses obligations envers lui, et à ses enfants qu'elle soustrait entièrement à sa puissance (article 25).

Quand le jugement qui le condamne n'est prononcé qu'en son absence, son autorité est seulement suspendue, et ses droits à cet égard sont exercés comme ceux de tout autre absent (article 23). Si dans les cinq ans que la loi lui donne pour se justifier du crime dont on l'accuse, il se présente et est acquitté, il recouvre tous ses droits (articles 30 et 31). Si, au contraire, il persiste à fuir les regards de la justice, sa culpabilité est tenue pour vraie, et, sa condamnation étant irrévocable, il n'a plus de famille (article 27).

Lors même qu'après le temps nécessaire pour la prescription de la peine, il reviendrait dans son pays, il y vivrait libre, protégé même par les autorités, mais toujours privé de ses droits civils (article 32). Au milieu des siens, il leur serait encore tellement étranger qu'à son décès, le peu qu'il laisserait et aurait acquis depuis sa condamnation, ne serait pas recueilli par eux, mais par l'état, à titre de déshérence ; à moins que le roi n'en disposât en faveur de ses descendants.

44. Quant aux autres crimes, la loi, ne les punissant que de peines temporaires, laisse subsister la puissance des coupables sur leurs enfants ; mais elle en suspend l'exercice, pendant la durée de la peine. L'article 29 du code pénal les assimile à ceux dont la raison est égarée, et les met en état d'interdiction légale ; voulant que par leur famille, il leur soit donné

un tuteur pour administrer leurs biens. Dans cet état, leur capacité pour ce qui les concerne personnellement, s'étend à tout ce qui peut intéresser ceux qui ont le malheur de leur appartenir.

45. Il est cependant un délit qui, moins grave que beaucoup d'autres dans l'ordre de la pénalité, est un des plus révoltants dans l'ordre moral, et rend le coupable indigne de conserver la moindre prérogative de la puissance paternelle. C'est celui d'un père, qui, au lieu d'être le gardien vigilant des mœurs de ses enfants, en excite, favorise ou facilite la prostitution ou la corruption. Cette monstruosité, qui n'est pas sans exemple, est prévue par les articles 334 et 335 du code pénal. Non - seulement ils infligent au coupable des peines correctionnelles, mais ils le déclarent déchu de tous les droits et avantages que la puissance paternelle lui donnait sur la personne et les biens de la victime de sa turpitude. (1)

46. Si ce misérable avait d'autres enfants, pourrait-il conserver sur eux toute sa puissance? M. Duranton croit qu'il doit en être privé. Il s'effraie, avec raison, du danger auquel seraient exposés ces enfants, s'ils restaient sous son autorité, quand il est convaincu d'en avoir fait un si criminel usage. Je crois, comme lui, qu'il faut s'empresser de les retirer de ses mains. Mais ce n'est pas sur l'article 335 du code pénal que les magistrats peuvent s'appuyer pour prononcer cette sé-

____

(1) Cette disposition a été puisée dans le droit romain réformé sous Justinien. (V. *L.* 12, *de Episcop. audient.*, et *L.* 6, *de spectac.*).

paration, le texte de cet article résiste à l'exclusion que veut lui donner **M. Duranton**. Il ne fait pas cesser indéfiniment la puissance paternelle, comme le dit cet auteur ; il n'y soustrait que l'enfant victime du délit ; et en matière pénale on ne peut pas dépasser le sens étroit de la loi.

Il doit donc conserver toutes les prérogatives de cette puissance qu'il peut, sans danger pour les mœurs de ses autres enfants, continuer d'exercer. Mais, en vertu de l'article 444, leur tutelle, dont il s'est rendu indigne, devra être remise dans des mains plus pures.

47. Enfin l'interdiction du père pour désordres dans ses facultés intellectuelles, suspend nécessairement l'exercice de sa puissance sur ses enfants mineurs ; il passe lui-même, avec eux, sous l'autorité du tuteur que lui donne sa famille.

48. A l'égard de celui qui n'est tombé dans aucun des cas de suspension ou de déchéance dont je viens de parler, il peut, en quelque sorte, se survivre dans l'exercice de sa puissance sur ses enfants en bas âge, s'il craint d'en être séparé par une mort prochaine. Soit que déjà il ait perdu sa femme, soit que, l'ayant encore, il prévoie qu'elle peut succomber avant lui ; l'article 397 l'autorise à nommer à ses enfants un tuteur, qui, si la mère est décédée, sera investi, de plein droit, de toutes les prérogatives de la tutelle. Il peut encore, pour le cas où elle lui survivrait, lui nommer un conseil, sans l'avis duquel elle ne pourra faire aucun acte du pouvoir tutélaire (article 391).

C'est par un testament, ou par déclaration devant

le juge de paix, ou enfin par un acte notarié, que ces mesures doivent être prises (article 392).

Quant à leurs effets, je ne les examinerai que dans la troisième partie; où cette faculté des pères et mères de donner un tuteur à leurs enfants, sera traitée plus complètement.

§. 2.

DROITS DE LA MÈRE LÉGITIME SUR LA PERSONNE DE SES ENFANTS.

SOMMAIRE.

49. *Dans tous les cas où le père ne peut exercer la puissance paternelle, la mère le remplace.*

50. *Absence momentanée.*

51. *Absence sans nouvelles.*

52. *Mariage des enfants pendant cette absence.*

53. *Autorisation à faire le commerce.*

54. *Absence après accusation criminelle.*

55. *Déchéance de la puissance paternelle, prononcée contre le père convaincu d'avoir corrompu ses enfants.*

56. *Sa mort civile.*

57. *Effets de sa réhabilitation.*

58. *La mère peut conserver la tutelle.*

59. *Effets de l'amnistie.*

60. *Dégradation civique du père.*

61. *Son interdiction.*

62. *Effets de la séparation de corps.*

63. *Droits de la mère survivante, pendant son veuvage.*

64. *Pouvoir du conseil nommé par le père.*

65. *Curateur au ventre.*

66. *Si elle se remarie, elle ne conserve la tutelle qu'autant qu'elle y est maintenue par le conseil de famille, avant son mariage.*

67. *Ce conseil peut la lui rendre après.*

68. *Lors même qu'elle perd la tutelle, la garde de ses enfants doit lui rester.*

69. *Droit de correction des enfants exercé par la mère pendant son veuvage.*

70. *De même, pendant l'absence de son mari ;*

71. *Et dans tous les cas où il est dans l'impuissance de l'exercer lui-même.*

72. *Concours des parents paternels.*

73. *Le père qui n'a perdu que la tutelle doit - il être consulté ?*

74. *La mère, en se remariant, perd ce droit.*

75. *Lors même que l'éducation des enfants lui a été conservée.*

76. *Modération qu'elle doit garder dans leurs châtiments.*

77. *Dans la prévision de son décès pendant la minorité de ses enfants, elle peut leur nommer un tuteur.*

78. *Elle en perd la faculté si, se remariant, elle n'est pas confirmée dans la tutelle.*

79. *Elle la conserve si elle est confirmée ; mais son choix est subordonné à l'approbation du conseil de famille.*

---

49. L'article 373 qui attribue au mari seul la puissance paternelle pendant le mariage, ne contient qu'une règle générale, qui cesse d'être applicable dans tous les cas où il ne lui est pas possible d'en remplir les devoirs ; alors il est remplacé par la mère.

50. Aussi, chaque fois qu'il s'absente du domicile conjugal, elle seule y commande. Elle ne doit pas en profiter pour donner des ordres contraires aux siens ; mais enfants et serviteurs lui doivent une entière obéissance.

51. Si son absence se prolonge, l'article 141 y a

pourvu: » Si le père a disparu laissant des enfants mi-
» neurs issus d'un commun mariage, la mère en aura
» la surveillance, et elle exercera tous les droits du
» mari, quant à leur éducation et à l'administration
» de leurs biens. »

52. L'article 149 n'est pas moins explicite pour le cas où, pendant cette absence, elle trouve l'occasion de marier avantageusement ses enfants. Son consentement suffit pour la validité du mariage.

53. Elle peut également les autoriser à faire le commerce pendant leur minorité (Article 2 du code de commerce).

54. Lorsque, sur une accusation criminelle, le mari prend la fuite, l'article 28 se réfère, pour cette absence, à l'article 141 ; et durant les cinq années qui lui sont données pour se présenter à la justice, sa femme exerce aussi toutes les prérogatives de la puissance paternelle sur leurs enfants.

55. Elle peut encore être investie de cette puissance, si son mari en a encouru la déchéance, pour avoir prostitué ou corrompu ses enfants, et qu'elle n'ait, ni directement ni indirectement, participé à cette action révoltante. Mais, dans cette conjoncture, pour qu'elle puisse librement exercer son autorité, il est indispensable qu'elle fasse prononcer sa séparation de corps, comme elle en a certainement le droit (1). Sans cela, conservant sur elle la puissance maritale, son mari con-

(1) V. la première partie, n° 33.

tinuerait, de fait, une gestion dont, en droit, il est devenu indigne.

56. La mort civile du mari, on vient de le voir (nᵒ 43), a relativement à sa femme et ses enfants, le même effet que la mort naturelle ; en conséquence, les enfants restent sous la puissance de leur mère.

57. Il peut cependant être rendu à la vie civile, s'il est assez heureux pour obtenir du souverain sa grâce et sa réhabilitation, en remplissant les conditions et les formalités qu'exigent les articles 619 et suivants du code d'instruction criminelle ; mais il ne recouvre les capacités qu'il avait perdues, que pour l'avenir (article 633).

Il résulte de cette restriction, que ses droits à la puissance sur ses enfants ne renaissent que pour les prérogatives que leur mère n'a pas encore eu l'occasion d'exercer, et qu'il ne peut troubler ni elle, ni les enfants, pour tout ce qui a été régulièrement fait jusque-là. Si elle les a émancipés, mariés, ou habilités à faire le commerce, tous ces actes sont au-dessus de sa censure.

58. Si quelques-uns de ses enfants étaient encore mineurs, et qu'elle en eût conservé la tutelle légale, conformément à l'article 390 ; ou que, remariée, le conseil de famille l'y eût maintenue ; ou enfin qu'il ne lui en fût resté que la garde et l'éducation : le père pourrait-il les lui reprendre ? Je crois, que dans aucun de ces cas, il n'y serait admis.

Celui qui a été régulièrement saisi de la tutelle, soit

par la loi, soit par le conseil de famille, ne peut en
être dessaisi que par la destitution, pour les causes
exprimées dans l'article 444. La tutelle est, comme
tous les autres droits acquis, qui ne peuvent être ré-
solus que dans les cas, et pour les motifs qui leur sont
spécialement applicables; et l'on chercherait en vain
dans le code, une disposition qui autorisât à faire cesser
une tutelle avant son terme légal, pour toute autre cause
que la destitution de celui à qui elle a été déférée.

Le cas où, par suite de son second mariage, la mère
aurait été réduite à la garde de ses enfants, semble
d'abord plus problématique; mais si l'on considère que
cette garde est un des attributs de la tutelle, qui ne
peut en être séparé que du consentement du tuteur,
ou par le conseil de famille; on reconnaîtra que l'impuissance dans laquelle se trouve le père réhabilité de
dessaisir le tuteur, lui interdit également de troubler
la mère dans la possession d'un des attributs de cette
tutelle, qui lui a été déférée.

59. Tout ce que je viens de dire s'applique au père
amnistié. Quoique dans une position plus favorable
que le gracié, puisqu'il est censé n'avoir pas été un
instant coupable; néanmoins cette faveur n'a pas
d'effet rétroactif à l'égard des tiers intéressés, et ceux
qui l'obtiennent doivent respecter tout ce qui a été
fait de bonne foi, alors qu'ils étaient retranchés de la
société.

60. Quand le mari est condamné à la dégradation
civique, la loi ne prononce pas contre lui la déchéance
de la puissance paternelle; mais (article 34 du code

pénal) elle lui retire la tutelle légale de ses enfants ; voulant qu'il ne reste leur tuteur, qu'autant que le conseil de famille y aura consenti. Il en est de même, lorsqu'un jugement de police correctionnelle applique au mari l'article 42, n° 6, du code pénal.

Il importe de remarquer toute l'importance que la privation de la tutelle a dans ces deux circonstances. Dans plusieurs autres, comme on le verra par la suite, l'éducation des enfants peut être séparée de la tutelle ; mais, dans celle-ci, il est évident que la loi ne soumet le père au conseil de famille, que pour que la faute par lui commise soit appréciée, relativement à l'influence que ses mœurs peuvent avoir sur celles de ses enfants. Si donc la tutelle lui est retirée, il en résultera nécessairement que la famille a jugé qu'elle ne pouvait pas la lui laisser sans danger pour les enfants, et il perdra le droit à leur éducation.

Dans ce cas, comme dans celui où le mari est déchu de la puissance paternelle, si sa femme n'a pas fait prononcer sa séparation de corps, ainsi qu'elle le pouvait (1), le conseil de famille sera contraint de choisir un autre tuteur, et de priver la mère, comme le père, de l'éducation de leurs enfants. Si, au contraire, elle a été affranchie de l'autorité de son mari, la tutelle légitime lui reviendra de plein droit ; le conseil de famille devra se borner à refuser la tutelle au père, et à nommer un subrogé-tuteur.

61. La femme est bien moins favorablement traitée

____

(1) V. la première partie, n° 28.

par la loi, lorsque son mari est interdit, soit par suite d'une condamnation afflictive, soit pour cause d'aliénation mentale. Dans ces deux circonstances, l'article 29 du code pénal et l'article 5o5 du code civil veulent qu'il soit nommé un tuteur au mari, pour administrer ses biens. A la vérité, sa famille peut déférer cette tutelle à sa femme (article 5o7), mais elle peut aussi faire un autre choix; et alors, si les époux sont en communauté, la femme n'aura pas même l'administration de sa propre fortune. Là se bornent heureusement les privations auxquelles la réduit ce changement dans l'état de son mari. Quant à l'autorité sur ses enfants, elle lui reste tout entière. C'est à elle à l'exercer, non-seulement pour les droits, mais pour les devoirs, le soin de leur personne, et la bonne direction à donner à leurs mœurs par l'éducation. Pour lui en fournir les moyens, le conseil de famille fixe la pension que le tuteur sera tenu de lui servir, tant pour elle que pour ses enfants; et si elle avait à se plaindre du réglement fait par ce conseil, elle pourrait en demander la réformation au tribunal (article 5o7).

Ces droits de la femme de l'interdit ne sont pas aussi précisément établis par le code civil; mais ils sont généralement reconnus, surtout depuis un procès considérable dont j'ai rendu compte dans la première partie (n° 37). Il a été porté successivement au tribunal de Coulommiers, à la cour de Paris, à celle de cassation, et en définitive à celle d'Orléans. Des décisions très-opposées ont été prononcées sur les prétentions de la femme à la tutelle de son mari, et à l'administration des biens communs ; mais à l'égard de son droit au gouvernement et à l'éducation de ses enfants, partout il a été uniformément jugé qu'il ne pouvait pas lui être contesté. Les parents du mari y avaient porté une grave atteinte, en l'obligeant, pour le choix de la pension où serait placé son fils aîné, à l'approbation de l'un d'eux.

62. Lors même que le mari n'est ni absent, ni interdit ; s'il s'est rendu coupable envers sa femme de torts assez graves pour que la justice l'ait autorisée à se soustraire à sa puissance quant à sa personne, elle peut encore, suivant la nature des circonstances, lui enlever la plus belle des prérogatives de la puissance paternelle, celle de l'éducation de leurs enfants, les emmener avec elle dans sa retraite, les placer ensuite dans des pensions de son choix, ou les mettre en apprentissage. J'ai donné, sur ce point de droit, tous les développements dont il m'a paru susceptible, en traitant des effets de la séparation de corps (1).

63. La femme qui survit à son mari, entre, de plein droit, en vertu des articles 372 et 390, dans l'exercice de la puissance sur leurs enfants, et de l'administration de leur fortune, comme leur tutrice. Aucune atteinte n'a pu être portée à ses droits par son mari, dans ses actes de dernière volonté ; si ce n'est que, comme on l'a vu (n° 43), il a pu lui nommer un conseil, pour l'assister dans les actes de *la tutelle*. Mais cette modification doit être entendue dans son sens littéral,

____

(1) V. la première partie, n° 360.

qui la restreint à la tutelle. Ainsi elle ne comprend que l'administration des biens des enfants, et non le gouvernement de leur personne, essentiellement attaché à la puissance paternelle.

64. A l'égard de ce conseil, la qualité que la loi lui donne, explique le caractère de son mandat. Son pouvoir se borne à donner à la veuve ses avis quand elle lui en demande, et à l'assister quand elle l'y invite. Si elle peut s'en passer, il n'a pas à s'ingérer dans sa gestion. Elle ferait sans lui les actes pour lesquels il devrait l'assister, qu'il ne pourrait en empêcher l'exécution, si ceux avec lesquels elle aurait traité, ou le subrogé-tuteur, ne réclamaient pas. Lors même du compte de la tutelle, l'imperfection de ces traités serait sans conséquence, si les intérêts des mineurs n'en avaient pas souffert. Pour un examen plus complet de cette nouveauté dans notre législation, V. la troisième partie, n° 6.

65. Tous ces droits de la mère survivante s'étendent sur l'enfant qui ne respire pas encore, mais qu'elle croit porter dans son sein.

Cette déclaration de la veuve, lorsqu'elle n'a pas d'enfants vivants, est ordinairement fort mal reçue par les parents du défunt, rarement patients quand il s'agit d'hériter. Dans ce cas, pour concilier tous les intérêts, la loi veut qu'il soit nommé, par le conseil de famille, un *curateur au ventre*. Mais la déclaration de la veuve suffit-elle pour réduire les parents de son mari à une simple expectative, quand le dernier soupir de celui qu'elle pleure, a été pour eux le signal d'un droit positif et actuel ; ne faudrait-il pas qu'il y eût des symptômes certains de la grossesse reconnus par les gens de l'art ?

Le texte de l'article 393 semble plus favorable que contraire à la cause des parents. Il porte : » Si, lors » du décès du mari, la femme est enceinte , » et non si elle déclare l'être. Mais , d'abord, on sait que les femmes s'aperçoivent qu'elles ont conçu plusieurs mois avant qu'il y en ait sur elles des signes extérieurs et certains. Ordonner que la veuve sera visitée par des gens de l'art , ce serait donc l'outrager , sans pouvoir la convaincre de fausseté , et nos mœurs seraient blessées par l'emploi d'une mesure que la pudeur réprouve.

Chez les romains aussi , dans cette circonstance et dans plusieurs autres , on nommait un *curateur au ventre* ; et le digeste contient , entr'autres lois , la 1re au titre *de ventre in possessionem mittendo*, et la 1re à celui *de inspiciendo ventre* ; sur le texte desquelles nos anciens interprètes n'étaient pas d'accord : les uns y trouvant l'obligation de la veuve de souffrir la visite des matrones , les autres n'y voyant que le droit donné aux héritiers de faire surveiller la conduite de la veuve, pendant le temps nécessaire pour s'assurer de son état, dans la crainte d'une supposition d'enfant.

Quoi qu'il en soit sur le sens de ces lois , ce qui est certain , c'est qu'elles n'ont jamais été appliquées en France , dans le sens qui autoriserait la visite de la veuve ; que tous les auteurs anciens et modernes, qui ont écrit sur les successions, ont parlé de l'enfant pos- thume , et de la nécessité de nommer un curateur au ventre, dès que la veuve se déclare enceinte ; sans qu'un seul émette la pensée d'une vérification aussi inutile qu'indécente. Il n'est pas difficile d'en apercevoir la raison. Dans l'incertitude sur la véracité de la veuve, livrer la succession à ses parents qui ne veulent pas attendre quelques mois, ce serait exposer le véritable héritier, si l'enfant vient à terme, à en perdre tout ou partie ; tandis que mettre cette succession à la garde d'un curateur, c'est la conserver pour celui qui doit la recueillir légitimement, quel qu'il soit.

Cette scandaleuse impatience a cependant osé se montrer en première instance et en appel, dans le ressort de la cour d'Aix. Aussitôt après le décès du sieur Chiousse, ses parents voulurent s'emparer de sa succession. La veuve s'y opposa, en déclarant qu'elle était enceinte. Un premier jugement nomma un curateur, et un second rejeta leur demande afin de visite de la veuve par des gens de l'art ; remettant à statuer sur le fond, à la première audience qui suivrait les 3oo jours, à partir du décès du sieur Chiousse.

Ce jugement a été confirmé par la cour d'Aix le 19 mars 18o7. Son arrêt contient une dissertation savante sur les lois romaines : mais je me bornerai à présenter ici les principales conséquences qu'elle en a tirées :
» Considérant que la visite d'une femme enceinte étant
» contraire à la décence et à la pudeur, l'urbanité des
» mœurs françaises n'a jamais autorisé pareille visite,
» et qu'il n'en existe aucune trace dans les monuments
» de la jurisprudence française ; qu'ainsi les lois ro-
» maines n'y ont jamais été observées ; que l'article

» 393 , en ordonnant la nomination d'un curateur au
» ventre , n'a pas soumis la femme qui se dit enceinte,
» à en fournir la preuve ; »

» Considérant que le curateur au ventre, devant
» empêcher la supposition d'enfant, est le surveillant
» créé par la loi pour dévoiler la fausseté et la simula-
» tion de la grossesse ; ce qui prouve évidemment
» qu'on ne peut pas en établir la preuve par une visite
» des gens de l'art : que la légitimité de l'enfant , s'il
» en naît un, plus de 300 jours après la dissolution du
» mariage, peut être contestée, d'après l'article 315
» du code civil; qu'ainsi tous les intérêts des héritiers
» légitimes à défaut d'enfant sont conservés. » (1)

66. Lorsque la mère se remarie, la loi cesse de se
confier en elle sur le sort de ses enfants. Elle la voit
livrée à de nouveaux sentiments, à de nouveaux intérêts. D'ailleurs, elle va rentrer sous le pouvoir marital,
et dût-elle, dans ce second lien, ne rien perdre de sa
tendresse pour ses enfants , ses volontés seront subordonnées à celle d'un homme à qui ils sont étrangers.
La loi a donc exigé (article 395) qu'elle convoquât le
conseil de famille , avant ce nouveau mariage , pour
l'informer de son projet, à peine de perdre, de plein
droit, la tutelle. Si le conseil la lui conserve , le nouveau mari lui est adjoint, comme co-tuteur ; et , dans
ce cas , l'autorité sur les enfants est dévolue à tous
deux.

67. Si par ignorance ou toute autre cause , elle omet

____

(1) Journal du palais , 2e sem. 1807 , p. 330.

de convoquer le conseil de famille de ses enfants, avant son mariage, la disposition de l'article 395 n'empêche pas ce conseil, quand il est convoqué, de lui conserver la tutelle, s'il la juge digne de sa confiance, ainsi que son mari. On en a cependant fait l'objet d'une question devant la cour de Metz, qui, par arrêt, du 20 avril 1820, l'a résolue dans ce sens. C'est aussi l'opinion de M. Duranton (liv. 2, n° 427).

68. Dans tous les cas où les parents ont élu un autre tuteur, celui-ci peut-il s'emparer des enfants, et en diriger à son gré l'éducation? Le code civil semble fournir des armes au soutien et de l'affirmative et de la négative; sur cette importante question.

D'une part, l'article 450 paraît faire du tuteur l'arbitre souverain du sort de ses pupilles, puisqu'il le charge de *prendre soin de leur personne.* De l'autre, l'article 372 met les enfants sous *l'autorité* de leurs père et mère, *jusqu'à leur majorité ou leur émancipation*; et l'article 386, prévoyant le second mariage de la mère, ne retranche des attributs de sa puissance que l'usufruit légal : exception qui confirme son autorité sous tous les autres rapports. Entre des dispositions si contradictoires, personne ne peut hésiter. L'article 372, qui soumet les enfants à l'autorité de leur mère jusqu'à leur majorité ou leur émancipation, ne fait que sanctionner de tous les droits le plus légitime, le plus saint; et il est manifeste qu'en rédigeant l'article 450, le législateur n'a eu en vue que l'orphelin qui a perdu son père et sa mère.

En thèse générale, sur l'éducation des enfants, on

ne connaît qu'un seul cas où il soit au pouvoir des tribunaux de séparer la mère de ses enfants. C'est lorsqu'il est prouvé que, par de mauvais traitements, elle met leur vie en danger ; ou que, par de pernicieux exemples, elle attente à leurs mœurs. Hors ce cas, heureusement fort rare, s'il y a à choisir pour la garde de l'enfant, même entre le père et la mère, c'est presque toujours la mère qui l'emporte.

Avant le code, la jurisprudence des parlements était conforme à ce principe. Quand la mère était re-mariée et n'avait pas la tutelle de ses enfants, ils n'en restaient pas moins sous son autorité, et le tuteur qui administrait leurs biens, était tenu de lui fournir les deniers nécessaires pour ses dépenses. M. Merlin, dans le répertoire, au mot *éducation*, rapporte les arrêts en grand nombre qui l'ont ainsi décidé. Il en rapporte aussi quelques-uns en sens contraire, mais tous dans le cas d'exception dont je viens de parler.

Cependant il semble croire qu'il en doit être autrement sous l'empire du code ; sans en donner d'autre motif que la disposition de l'article 450. Mais il finit par transcrire un brillant réquisitoire de M. Béra, procureur général de la cour de Poitiers, dans lequel la cause de la mère contre le tuteur est si éloquemment plaidée, que je n'entreprendrai pas d'y rien ajouter. La cour en adopta la doctrine sans réserve, et par son arrêt, du 15 février 1811, se conforma à l'ancienne jurisprudence (1).

______

(1) Jurisp. Dalloz, t. 12, p. 733, no 4.

69. Dans les divers cas où l'on vient de voir la mère investie de l'autorité sur ses enfants, elle en exerce toutes les prérogatives, comme le père; si ce n'est cependant lorsqu'elle a le malheur d'éprouver, de la part de l'un d'eux, de ces graves mécontentements qui ne peuvent être réprimés qu'en le privant momentanément de sa liberté.

Le code civil ne lui attribue textuellement ce droit, que quand l'autorité lui est dévolue par le décès de son mari; et, loin de le lui déférer aussi largement qu'à lui, l'article 381 veut que, quel que soit l'âge de l'enfant, elle ne puisse en venir à cette extrémité, qu'avec le concours des deux plus proches paternels, et par voie de réquisition : en sorte que le président peut, ou refuser l'arrestation de l'enfant, ou fixer la durée de sa détention, suivant le plus ou moins de gravité de ses fautes.

70. Mais, dans les autres conjonctures que j'ai précédemment indiquées, la mère, remplaçant son mari, peut également se trouver dans la nécessité d'user de cette mesure contre un enfant dont l'opiniâtreté a résisté à tous les autres moyens. C'est donc à la jurisprudence à remplir cette lacune du code, en appliquant, par analogie, la règle posée dans l'article 381. Et d'abord, lorsque le père est absent sans nouvelles, ou en fuite sous le poids d'une accusation, ce droit ne peut pas être refusé à la mère; les articles 28 et 141 l'autorisant à exercer *tous les droits du mari*, quant à l'éducation des enfants; ce qui, sans doute, comprend celui de correction. On pourrait même prétendre qu'a-

lors, exerçant l'autorité du mari, comme son mandataire légal, plutôt que la sienne, elle peut l'exercer comme lui, sans les conditions qu'elle doit remplir quand elle lui survit. Je pense néanmoins que les législateurs, en lui imposant des conditions dont ils ont dispensé le mari, n'ayant pu avoir d'autres motifs que l'infériorité de raison et de lumières, que, fort injustement à mon gré, on suppose à la femme, dans quelque circonstance qu'elle veuille punir un de ses enfants, elle ne peut pas se dispenser de remplir ces conditions.

71. Il doit en être de même lorsque le père est frappé de mort civile, ou déchu des droits de la puissance paternelle, ou interdit; ainsi qu'on l'a vu (n°s 50, 55 et 56). Dans toutes ces circonstances, si les enfants ont encore leur mère, ils passent, de plein droit, sous son autorité, pour par elle l'exercer comme si la mort l'avait séparée de son mari.

72. Lors donc qu'à quelque titre que ce soit, elle veut essayer sur un enfant ce violent moyen de correction, il lui faut le concours des deux plus proches parents paternels. Mais s'ils s'y refusent, M. Duranton (t. 3, n° 358) enseigne qu'elle pourrait agir comme tutrice, et appeler de leur refus au conseil de famille, aux termes de l'article 468. Je crois, en effet, que la disposition de l'article 381, n'a été conçue que pour épargner à la mère les frais et les embarras inévitables de la réunion de ces conseils; et non de la priver d'un droit que, comme tutrice, elle peut revendiquer.

73. Comme on le voit, du moment où le père est tombé dans l'impuissance d'exercer aucun des droits

paternels, la demande de la mère, réunie aux deux plus proches parents de l'enfant rébelle, pour le faire arrêter et détenir, est incontestable; mais le point de droit devient plus problématique, lorsqu'il n'a perdu que la tutelle, par suite de la dégradation civique, ou de la séparation de corps. Il lui reste toujours la haute puissance sur les destinées de ses enfants, pour leur mariage, leur adoption, etc. La mère, secondée par les deux plus proches parents, pourrait-elle provoquer l'arrestation d'un de leurs enfants, sans avoir son assentiment? Dans ce cas, pourrait-il intervenir et s'opposer à la mesure? Je crois qu'à la rigueur, il n'y serait pas recevable. Le droit de correction est inséparable de celui de diriger l'éducation, et attaché à l'administration de la personne de l'enfant; c'est pourquoi, à défaut du père et de la mère, il est confié au tuteur par l'article 468. L'opportunité de la mesure ne peut, d'ailleurs, être bien appréciée que par celui qui, dans ses relations quotidiennes avec l'enfant, a pu se faire une juste idée de son caractère. Néanmoins il serait plus convenable et plus conforme à ce qu'une femme doit à son mari, ainsi qu'à l'intérêt qu'un père est toujours présumé prendre à son enfant, de l'appeler dans une telle occurrence. Si la mère s'en dispensait, le procureur du roi pourrait le faire. Le président lui-même, qui ne doit prononcer la réclusion d'un enfant, qu'en grande connaissance de cause, se ferait probablement un devoir d'en informer son père, et de recevoir ses observations.

74. Lorsque la mère est remariée, et n'a pas été

confirmée dans la tutelle, le droit de correction s'éteint pour elle ; et cela, par le motif puissant qu'elle n'a plus de volonté propre , et s'est soumise à celle de son nouveau mari (article 381).

75. Si cependant elle a conservé la garde et l'éducation de ses enfants , comme on l'a vu (n° 57) , et que la réclusion de l'un d'eux lui paraisse nécessaire ; elle pourra l'obtenir , mais pourvu que le tuteur consente à se joindre à elle , et que tous deux soient autorisés dans cette démarche par le conseil de famille.

76. Tout ce que j'ai dit , dans le paragraphe précédent, sur les causes de suspension ou de déchéance de la puissance paternelle , ou de privation de la tutelle , à l'égard du père , est applicable à la mère coupable des mêmes torts. C'est même contre une mère qu'a été rendu l'arrêt de la cour de cassation, qui a fixé avec le plus de précision le point de droit sur le mode de répression de l'abus du pouvoir qu'ont les pères et mères de châtier leurs enfants.

La femme Lomet , convaincue d'avoir exercé, à diverses reprises, sur un de ses enfants , âgé de 6 ans, des sévices et mauvais traitements , dont les marques avaient duré long-temps; avait été condamnée, par arrêt de la cour d'assises de l'Allier , du 21 octobre 1819, à cinq ans de travaux forcés et au carcan. Sur son pourvoi, cet arrêt a été cassé ; par le motif que la nature de ces mauvais traitements ne pouvait donner lieu qu'aux peines correctionnelles prononcées par l'article 311 du code pénal : mais le même arrêt proscrit le premier moyen de cassation présenté par l'avocat de

la femme Lomet, qui soutenait « que le code civil,
» ayant expressément déféré aux pères et mères, par
» les articles 375 et suivants, le droit de corriger leurs
» enfants, la conséquence naturelle était que l'exer-
» cice de ce droit ne pouvait donner lieu contre eux à
» des poursuites criminelles, par lesquelles il se trou-
» verait neutralisé. »

La cour, par son arrêt du 17 décembre 1819, réfute ainsi ce système : « Considérant que, si la na-
» ture et les lois civiles donnent aux pères sur leurs
» enfants une autorité de correction, elles ne leur
» donnent pas le droit d'exercer sur eux des violences
» ou mauvais traitements, qui mettent leur vie ou
» leur santé en péril ; que ce droit ne saurait être ad-
» mis, surtout contre les enfants qui, dans la faiblesse
» du premier âge, ne peuvent jamais être coupables
» de fautes graves ; que la qualité de mère de la con-
» damnée ne peut donc, dans l'état des faits déclarés
» contre elle, l'affranchir des dispositions du code
» pénal » (1).

77. Enfin la mère qui a gardé le veuvage, et exercé
la tutelle de ses enfants, peut, comme le père, dans
la crainte d'une mort prochaine, charger une personne
de son choix, de la remplacer dans cette tutelle, pour
achever l'éducation de ses enfants (article 397) ; quand
même elle aurait été soumise à un conseil pour cette
tutelle, par le testament de son mari. Pour les conséquences de cette dation de conseil, voy. la 3ᵉ partie,
chap. 1ᵉʳ, sect. 1ʳᵉ, §. 1ᵉʳ.

(1) V. Jurisprudence générale de Dalloz, t. II, p. 493.

78. Celle qui se remarie, et n'obtient pas du conseil de famille la confirmation de sa tutelle, perd cette précieuse prérogative (article 399) ; et fût-elle la plus digne de l'exercer, elle est exposée à ce chagrin, si, pour son second mari, elle a fait un mauvais choix.

79. Elle la conserve, au contraire, si la famille de ses enfants l'a confirmée dans leur tutelle ; mais le choix du tuteur par elle fait n'est qu'un vœu, qui n'aura d'efficacité qu'autant qu'il sera approuvé par le conseil de famille. La crainte que ce ne soit l'œuvre du beau-père a inspiré cette précaution aux législateurs ; l'article 400 y est exprès.

§. 3.

DROITS DES PÈRES ET MÈRES DES ENFANTS NATURELS.

SOMMAIRE.

80. *Obscurités du code civil.*

81. *Sentiment unanime des jurisconsultes qu'ils conservent sur leurs enfants tous les attributs que leur donne le droit naturel.*

82. *Variétés des décisions des cours sur la tutelle.*

83. *Elles peuvent se concilier.*

84. *Pour eux, entendus collectivement, la tutelle est légale.*

85. *Elle est dative s'ils se la disputent.*

86. *Conséquences de leur droit collectif à la tutelle.*

87. *Conséquences de ce qu'entre eux elle est dative.*

88. *Première règle, le plus grand avantage de l'enfant.*

89. *Droit du premier qui le réclame.*

90. *La mère qui a pris soin de*

---

80. On vient de voir que le code civil n'est pas sans quelque obscurité sur les droits et les devoirs de la puissance paternelle exercée par les pères et mères légitimes ; mais elle est bien plus grande encore à l'égard des pères et mères des enfants naturels. L'intention a bien été, au conseil d'état et au corps législatif, que les attributs de cette puissance fussent les mêmes dans les deux catégories. On n'en saurait douter, quand on lit dans le discours de Tronchet au conseil d'état (séance du 8 vendémiaire, an x): « La naissance seule » établit des devoirs entre les pères et mères et leurs » enfants naturels. Ces enfants doivent être sous une » direction quelconque ; il est donc juste de les placer » sous celle des personnes que la nature oblige à leur » donner des soins. » La même déclaration de prin-

cipes se trouve dans le discours du conseiller d'état,
Réal, au corps législatif, sur l'article 372. Cette partie
du code n'en est pas moins tellement imparfaite, que
ces enfants ont été oubliés sur les points les plus importants, et il s'est trouvé des tribunaux et des cours
qui, prenant ces oublis pour des dispositions réfléchies,
ont décidé qu'il fallait n'accorder aux pères et mères
de ces enfants, ainsi qu'aux enfants eux-mêmes, que
les droits qui leur sont expressément accordés par le
code. Il en résulterait, entre autres conséquences,
qu'ils auraient le droit de les corriger, et ne seraient
pas obligés de les nourrir.

81. Aucun des jurisconsultes qui ont écrit sur ce
sujet, n'a professé cette théorie. Tous reconnaissent
que le silence du code n'est suffisant ni pour priver les
pères et mères de ces enfants des droits que la nature
leur a donnés sur eux, ni pour les dispenser des devoirs dont elle les a chargés envers eux. Il n'y a de dissentiment entre les auteurs qu'à l'égard de l'usufruit
légal. Pour le moment je ne m'occuperai que de la tutelle.

82. Suivant les cours de Paris (1), de Caen (2),
d'Agen (3) et d'Amiens (4), la tutelle des enfants naturels n'appartient pas, de plein droit, à leurs père et
mère ; elle est dative, et peut être donnée, soit par un

(1) Arrêt du 9 août 1811, J. du pal., 2e semestre 1811, p. 549.
(2) Arrêt du 27 août 1828, *idem*, t. 88, p. 283.
(3) Arrêt du 19 février 1830, *idem*, t. 93, p. 393.
(4) Arrêt du 23 juillet 1814, *idem*, t. 44, p. 49.

conseil d'amis, soit par les tribunaux, ou à l'un d'eux à l'exclusion de l'autre, ou à tout autre individu.

Les cours de Toulouse (1), de Bruxelles (2), de Colmar (3), de Grenoble (4) et de Limoges (5), ont, au contraire, consacré le principe du droit que, dans l'ordre de la nature, ils ont à la tutelle de leurs enfants.

83. Ce dissentiment des cours ne peut être attribué qu'à la diversité des espèces qui leur ont été soumises, et à l'imperfection du code civil sur cette partie de la législation. Elle est telle que cette tutelle est légale sous un rapport, et dative sous un autre.

84. Que pour ces pères et mères entendus collectivement, elle soit légale, c'est ce que l'article 383 ne permet pas de mettre en doute. Non-seulement il les maintient dans la puissance paternelle, dont la tutelle est la première et la plus importante prérogative, mais il leur confère textuellement sur leurs enfants le pouvoir de correction; pouvoir qui emporte nécessairement avec lui tous ceux de la tutelle. En effet, ils ne peuvent en user que quand ils éprouvent, de leur part, *des mécontentements très - graves sur leur conduite.* Ce sont les expressions de l'article 375. Comment pourraient-ils éprouver ces mécontentements, s'ils

---

(1) 1er septembre 1809, J. du pal., t. 108, p. 503, à la note.
(2) 4 février 1811, *idem*, t. 29, p. 568.
(3) 24 mars 1813, *idem*, t. 108, p. 503, à la note.
(4) 5 avril 1819, *idem*, t. 60, p. 513; et 21 juillet 1836, *idem*, t. 108, p. 503.
(5) 2 janvier 1821, *idem*.

n'avaient pas leur tutelle ? L'enfant ne peut mécontenter que celui à qui il doit obéir.

On ne peut pas m'opposer que cette disposition suppose que la tutelle leur a été déférée par un conseil d'amis ou par un tribunal; car alors elle serait inutile, puisque, comme tuteurs élus, ils auraient le droit de correction donné à tous les tuteurs par l'article 468.

Dira-t-on qu'il est possible que, sans avoir la tutelle, ils éprouvent, *sur leur conduite*, des mécontentements assez graves pour être réprimés. Mais, en supposant que cela soit possible, quoique fort difficile, ils ne pourraient pas recourir à cette mesure, qui prive l'enfant de sa liberté pendant un temps plus ou moins long, au gré de celui qui l'emploie, sans obtenir l'assentiment du tuteur; puisque c'est lui qui a *l'administration de la personne du mineur* (article 450). Et si, après s'être concertés avec lui pour l'arrestation, ils voulaient abréger le temps de la détention, il faudrait encore que le tuteur y participât. Lorsque ce tuteur déférerait à leurs désirs, ce serait lui, et non eux, qui exercerait le droit de correction; lorsqu'il s'y refuserait, il leur serait impossible d'en faire usage. Or, le droit leur est conféré directement, et non subordonné à l'approbation d'un tiers; il est donc inconciliable avec la tutelle confiée en d'autres mains que les leurs, et c'est à eux que le législateur a voulu la donner. Aussi le conseiller d'état Réal, à la suite de l'exposition des attributs de la puissance paternelle exercée par les pères et mères légitimes, a-t-il ajouté, en se référant à l'article 383 : » un des articles du projet accorde la

» même puissance et *les mêmes droits* aux pères et
» mères des enfants naturels légalement reconnus. »
Sous ce premier rapport , ils tiennent donc du texte
même du code le pouvoir tutélaire, et la tutelle est
légale. C'est un point de droit qu'aucune subtilité ne
peut ébranler. Bientôt j'en déduirai toutes les conséquences. Mais voyons auparavant le second rapport
sous lequel cette tutelle cesse d'être légale.

85. Elle cesse de l'être, quand le père et la mère
de l'enfant se la disputent. Auquel des deux la préférence est-elle due? Le code n'a pas un mot qui réponde
à cette question. Il faut que les tribunaux prononcent ;
et , dans ce sens elle est *dative*.

86. Examinons actuellement les conséquences des
deux propositions.

De la première, c'est-à-dire de ce que ces pères et
mères , entendus collectivement , ont la tutelle légale
de leurs enfants, il résulte 1° que si l'un d'eux l'exerce,
l'autre y consentant , ou gardant le silence , personne
ne peut lui contester un pouvoir qu'il tient non-seulement du droit naturel , mais de la loi civile même ;

2° Que s'il décède, ou s'absente, ou si, par toute
autre cause , il cesse sa gestion , l'autre en est investi
de plein droit, sans avoir plus besoin que le premier
de se faire confirmer , soit par un conseil d'amis , soit
par les tribunaux. C'est dans ces circonstances qu'ont
été rendus les six derniers arrêts que je viens de citer.
Je me bornerai aux détails du plus récent, celui de la
cour de Grenoble , du 21 juillet 1836 (1).

(1) Journal du palais, t. 107, p. 503.

La demoiselle Guinard, en 1828, avait eu un enfant
des œuvres du sieur Auguste Marchand. Ce dernier ,
en 1832, menacé d'une mort prochaine , fit un testament par lequel il reconnut être le père de cet enfant
et l'institua son héritier. Aussitôt après son décès, la
demoiselle Guinard, prenant la qualité de tutrice légale
de son fils, forma demande contre le sieur Gabriel
Marchand, père du testateur, en partage et délivrance
des droits de l'enfant dans la succession de son père.
En première instance , le sieur Marchand se borna à
réclamer des prélèvements sur cette succession; mais,
ayant succombé sur plusieurs de ses répétitions, il soutint devant la cour, que la demoiselle Guinard, en se
qualifiant de tutrice légale, avait usurpé une qualité
qui ne lui appartenait pas , parce que la loi refuse la
tutelle à la mère naturelle. Cette fin de non-recevoir fut
rejetée par la cour qui, dans son arrêt, s'est ainsi exprimée: » Attendu que le législateur, en ne s'occu-
» pant que de la tutelle des enfants nés du mariage, a
» renvoyé ce qui pourrait concerner les enfants natu-
» rels à ce sujet, à la loi naturelle; que la tutelle ap-
» partient, par une suite de la puissance paternelle, au
» père et à la mère de l'enfant naturel reconnu ; car
» les dispositions du droit civil et celui de la nature les
» instituent les protecteurs nés de cet enfant. »

Par un arrêt plus récent encore, la cour de Colmar,
le 5 avril 1838 , a décidé que la tutelle des administrateurs des hospices sur les enfants abandonnés ces--
sait, de plein droit, au moment même où l'un de ces
enfants était légalement reconnu par le père ou la

mère , » attendu (entre autres motifs) que , si les
» administrateurs des hospices sont les tuteurs d'office
» des enfants trouvés, cette tutelle doit cesser, lorsque
» les parents se présentent et sont connus ; que, la re-
» connaissance d'un enfant naturel conférant au père
» tous les droits de la puissance paternelle , il ne peut
» plus y avoir de nécessité de conférer la tutelle aux
» administrateurs des hospices, et qu'il faut laisser au
» père seul l'exercice entier des droits qu'il tient de la
» nature et des lois » (1). Je dois faire observer que si,
dans ce dernier motif, il n'est question que du père ,
c'est parce que , dans la cause , le père réclamait seul
l'enfant , et que celle à qui il en attribuait la maternité, la refusait ; mais que le premier motif de l'arrêt,
comme déclaration de principe , est commun à la mère
comme au père.

87. Les conséquences de la seconde proposition,
qu'entre le père et la mère de l'enfant naturel , la
tutelle est dative, sont plus susceptibles de difficultés.
Il s'agit alors de la déférer à l'un des deux. Dans ce
cas , le père ne peut pas s'assimiler au père légitime.
Ce dernier n'a la préférence sur la mère , que parce
qu'il réunit le pouvoir marital à la puissance paternelle ;
mais ceux qui, dans une union accidentelle et illicite,
ont donné le jour à un enfant , sont dans une position tout-à-fait différente. Ils sont indépendants l'un
de l'autre ; et si l'on ne consulte que leur titre de père
et de mère, ils ont un droit égal sur cet enfant. La

____

(1) Journal du palais, t. III, p. 606.

jurisprudence a donc dû chercher, dans le code civil, une assimilation plus exacte; et elle l'a trouvée dans les articles 302 et 303, qui serviraient encore à confier la tutelle des enfants après le divorce de leurs père et mère, si ce mode de dissolution du mariage n'avait pas été aboli.

Il y a, en effet, entre les pères et mères dont le mariage est dissous, et ceux que ce lien n'a jamais unis, la plus parfaite analogie à l'égard de leurs enfants. Dans l'un et l'autre cas, même indépendance, même égalité de droits. Or ces articles établissent trois règles qui, dans ces conjonctures, doivent diriger les magistrats.

1° Les enfants ne peuvent être confiés soit au père, soit à la mère, soit à une tierce personne, que *pour le plus grand avantage de ces enfants.*

2° Celui qui n'a pas la tutelle, conserve le droit de surveiller leur entretien et leur éducation.

3° Tous deux sont tenus d'y contribuer à proportion de leurs facultés.

88. La première de ces règles est la plus importante, et en même temps la plus facile à appliquer. Toujours quelques circonstances font apercevoir, dans la conduite du père et de la mère de l'enfant, celui qui lui porte l'intérêt le plus sincère.

89. Par exemple, si tous deux, à sa naissance, l'ont abandonné à la charité publique, celui qui, le premier, l'aura réclamé pour en prendre soin, sans autre motif que de satisfaire son affection, et de rem-

plir son devoir, aura, sans contredit, sur l'autre, un droit incontestable à la préférence.

90. Lorsque la mère, loin de penser à l'abandonner, veut l'élever elle-même, au moins pendant ses premières années, il ne peut pas y avoir de raison de l'en séparer. A cet âge, il est pour l'enfant, quel qu'en soit le sexe, des besoins qu'elle seule sait deviner, et qu'elle seule peut convenablement satisfaire.

91. Après ce premier âge, et aussitôt que ces soins maternels ne sont plus indispensables, le père qui a reconnu l'enfant, lors de sa naissance, et a contribué de tout son pouvoir aux dépenses de sa nourriture et de son entretien, a le droit, si c'est un fils, d'en diriger l'éducation, et d'exercer sur lui tous les droits de la puissance paternelle, et conséquemment ceux de la tutelle. Ce cas fort rare est, suivant moi, le seul qui puisse faire obtenir au père la prééminence sur la mère; et on la lui doit pour le plus grand avantage de l'enfant, qui, sous sa direction, acquerra plus tôt des moyens d'existence par son travail.

92. Encore faut-il qu'il ne soit pas marié. S'il l'est, il a donné la mesure de ses sentiments pour son enfant, en le condamnant à une illégitimité irréparable. Il a, d'ailleurs, dans sa position, trop d'intérêt à le faire oublier, pour qu'on le laisse à sa merci. S'il en avait eu la garde jusque-là, il faudrait se hâter, sur la réclamation de la mère, de la rendre à celle-ci, ainsi que la tutelle; ou de remettre ces deux pouvoirs à une tierce personne.

93. Quant à la mère qui, dès le premier jour de

l'enfant, s'est livrée à tous ses devoirs envers lui, et l'a élevé, sans y avoir été aidée par le père, ou avec des secours insuffisants et péniblement obtenus de lui, celui-ci voudrait en vain la troubler dans la possession qu'il lui a laissé prendre. La femme qui a eu ainsi le courage de subir la peine de sa faute, a certainement plus de droits à la confiance des magistrats, que celui qui la lui a fait commettre, et ne fait rien pour la réparer.

94. Si cependant elle se mariait, et qu'il restât libre, il pourrait réclamer l'enfant ; à moins qu'elle n'eût été maintenue dans sa tutelle par un conseil de famille. La cour de cassation, par un arrêt du 31 août 1815, a appliqué à la mère de l'enfant naturel l'obligation que l'article 395 impose à la mère légitime qui se remarie. « Si la loi, porte cet arrêt, se méfie et traite » avec cette rigueur une mère légitime, et qui n'a » donné aucune preuve de faiblesse ; à bien plus forte » raison, elle a dû se méfier, et traiter avec la même » rigueur une mère qui n'est pas sans reproche. » (1)

95. La plupart de ces observations ne sont que l'analyse des arrêts rendus par les cours, depuis le code civil, dans les causes de cette nature. Ces causes peuvent être rangées en deux catégories.

Rarement les pères des enfants naturels, même quand ils les ont reconnus, en contestent la garde à leur mère ; et loin d'élever des prétentions à ce sujet, ils se trouvent fort heureux lorsqu'elle veut bien garder

______

(1) Journal du palais, t. 44, p. 49.

le silence et supporter seule les conséquences de leur faute commune, ou se contenter des légers sacrifices que ses importunités leur arrachent. Ils ne viennent en justice que dans deux circonstances : quand cette malheureuse mère, dans l'impuissance de suffire aux dépenses, les y traduit, pour les contraindre à remplir leurs obligations ; ou c'est par eux-mêmes, que les tribunaux sont saisis, si, par des évènements imprévus, les enfants dont ils ne se sont pas occupés jusque-là, sont appelés à recueillir quelque fortune.

Dans le premier cas, ils réclament l'enfant et sa tutelle ; mais pour devenir maîtres de son sort, et de la mesure de leurs obligations envers lui.

Dans le second, leur but est de prendre part dans la fortune inopinément survenue à l'enfant.

Dans l'un comme dans l'autre cas, ces tardives prétentions n'ont été agitées devant les tribunaux et les cours que pour y éprouver la juste sévérité qu'elles méritaient. Nulle part on n'a hésité à rendre hommage à la règle salutaire du plus grand avantage de l'enfant, et à le laisser à celle qui, au titre de mère, joignait celui d'avoir épuisé toutes ses ressources pour lui conserver l'existence.

Pour justifier ce point de droit, je crois qu'il me suffit de rapporter sur chacune de ces deux catégories, le plus disert des arrêts qui l'ont établi.

96. Depuis dix à onze années, la demoiselle Mensac élevait un fils qu'elle avait eu, par suite de ses intimités avec le sieur Leperche, qui, fort riche ne l'aidait

en rien dans ses dépenses; pas même dans celle qu'elle avait été obligée de faire pour guérir cet enfant de plusieurs infirmités dont il avait été atteint. Au moment où elle désirait le placer dans une école secondaire, cette dépense surpassant ses facultés, elle se décida à vaincre l'indifférence du sieur Leperche ; et sur son refus, elle le traduisit devant le tribunal de Marmande , pour être condamné à lui servir une pension alimentaire de 1500 francs. Il eut l'impudeur de conclure à ce qu'elle fût condamnée à lui remettre l'enfant, sans condition.

Le tribunal, sans avoir égard à cette prétention incidente , le condamna à payer à la demoiselle Mensac, une pension annuelle de 1000 francs , pour fournir à l'entretien de son fils dans l'école secondaire de la même ville ; à la charge par elle de le faire participer aux instructions de cette école, jusqu'à sa 16ᵉ année , après lequel temps elle pourrait le tenir à Bordeaux, ou toute autre ville du même ordre , pour compléter son éducation ; sans préjudice à Leperche d'y aller voir son fils , quand bon lui semblerait.

Leperche conçut le fol espoir d'être mieux accueilli à la cour d'Agen ; mais une seconde défaite lui était assurée. Sur son appel, cette cour , après avoir mis en balance la conduite des deux parties envers leur enfant, décide en droit, que , « dans de semblables contesta-
» tions , la justice n'a de règles à suivre que celle qui
» lui fait un devoir d'adopter le parti qui présente un
» plus grand avantage pour l'enfant » et en fait « qu'il
» ne paraît pas que Leperche s'en soit occupé une seule

» fois dans sa vie, si l'on excepte sa demande. . : qu'il
» résulte de l'ensemble des faits que Marie Mensac
» n'a pas mérité que la garde de son fils et la charge
» de veiller à son éducation lui fussent enlevées; qu'ils
» sont, au contraire, un motif puissant de décider
» qu'elle doit y être maintenue; » Par ces motifs, la
cour confirme la décision des premiers juges. Son arrêt
est du 16 frimaire, an XIV (1).

97. Dans l'espèce du second arrêt, ce n'est plus un
homme riche qui veut avoir son fils pour réduire sa
destinée aux moindres proportions; c'est un homme
pauvre qui voudrait exploiter la fortune du sien... La
demoiselle Lalanne fille naturelle du sieur Lalanne et
de la demoiselle Ermet, fut instituée, en 1820, légataire d'une fortune considérable. Jusqu'à ce moment,
la demoiselle Ermet, quoique mariée depuis la naissance de cet enfant, avec le sieur Queheillat, l'avait
conservé avec elle, faisant seule toutes les dépenses de
son éducation, sans que le sieur Lalanne y contribuât
en aucune manière. Pour recueillir, au nom de cette
jeune fille, la succession qui lui était léguée, et en administrer les biens, on imagina de lui faire nommer
pour tuteur le mari de sa mère; mais le sieur Lalanne
se rappelant, fort à propos, sa paternité, se pourvut
au tribunal de Tarbes, en nullité de cette procédure;
réclamant pour lui, et la garde de la personne de sa
fille, et l'usufruit légal de ses biens.

Par son jugement du 5 juin 1820, le tribunal con-

(1) Dalloz, t. II, p. 489.

sidérant que, le père et la mère de la demoiselle Lalanne existant, il n'y avait pas lieu de lui nommer un
tuteur; qu'aucune disposition du code civil n'accordant aux pères et mères des enfants naturels l'usufruit
légal de leurs biens, la cause se réduisait à la question
de savoir à qui, du père et de la mère, serait confiée
la garde de cet enfant; « qu'à cet égard, si l'on in-
» terroge les monuments de la jurisprudence, une
» règle unique paraît devoir être le guide des tribu-
» naux, c'est celle du plus grand avantage de l'en-
» fant; qu'il est notoire que la demoiselle Lalanne a
» reçu de Bernarde Ermet la nourriture, l'entretien
» et les soins affectueux d'une bonne mère; que La-
» lanne, au contraire, si l'on en excepte l'acte de re-
» connaissance de sa fille, ne parait s'être jamais
» occupé d'elle; .... que c'est seulement lorsqu'elle a
» acquis quelque fortune, qu'il l'a rappelée à son sou-
» venir, et qu'il a cru pouvoir se procurer la jouissance
» de ses biens, en invoquant les droits de la puissance
» paternelle; .... que la demoiselle Ermet a hérité
» d'une fortune considérable qui doit tendre à l'élever
» dans la société, et avec elle sa fille, dans le cas où
» elle lui sera confiée; que si on la confie, au contraire,
» à son père naturel, on la placerait dans une situa-
» tion diamétralement opposée, par conséquent beau-
» coup moins avantageuse et peut-être nuisible..... »
Par ces motifs la nomination du tuteur est annulée,
la garde de la personne et l'administration des biens
de la demoiselle Lalanne sont confiées à la mère conjointement avec son mari, en conservant au sieur La-

lanne le droit de surveiller la conduite et l'éducation de sa fille.

Sur l'appel de Lalanne, arrêt de la cour de Pau, du 13 février 1822, qui, en adoptant les motifs de ce jugement, le confirme (1).

98. Il peut arriver que le père ou la mère d'un enfant même adultérin, ait sur lui la puissance paternelle, avec toutes ses prérogatives. Telles sont les conséquences du second mariage contracté par un des conjoints, du vivant de la personne avec laquelle il en a contracté un premier, si l'autre conjoint a été dans l'ignorance de ce premier lien. A l'égard de celui-ci et des enfants nés de cette union, le mariage contracté de bonne foi produit tous les effets civils (article 202). Mais c'est à lui seul que l'exercice de la puissance paternelle sur les enfants appartient, sans que l'autre puisse, dans aucun temps, y prendre la moindre part.

99. La seconde règle établie ainsi qu'on l'a vu, (n° 70) par les articles 302 et 303, conserve à celui qui est privé de la tutelle le droit de surveiller l'entretien et l'éducation des enfants. Ce droit a aussi son importance. Il faut d'abord en conclure que celui qui a la tutelle, ne doit jamais faire à l'autre un mystère du lieu où réside l'enfant; et qu'il doit choisir ce lieu de manière à ce qu'en tout temps, cette surveillance puisse facilement s'exercer. On en trouve un exemple dans l'espèce d'un arrêt de la cour de Paris.

En 1804, la demoiselle Monnet, simple ouvrière à

____
(1) Journal du palais, t. 64, p. 496.

Paris, devint mère d'une fille dont le sieur Mallard, jouissant d'une grande aisance, se reconnut le père, en se chargeant de toutes les dépenses nécessaires pour l'élever. Après le premier âge, il la plaça à Armentières, près de Meaux. Pendant trois ans, la mère supporta patiemment la privation que cet éloignement lui faisait éprouver. Mais, en 1808, la tendresse l'emportant sur la patience, elle se rendit à Armentières, y prit sa fille, et l'emmena avec elle à Paris. Bientôt elle reconnut qu'il ne lui était pas possible, dans sa position, de subvenir à ses dépenses personnelles et à celles de l'enfant. Elle forma donc contre le sieur Mallard une demande tendante à ce qu'il eût à lui payer une pension alimentaire de 550 francs pour l'enfant ; ou à le placer, à ses frais, dans une pension éloignée d'un myriamètre, au plus, de Paris ; afin qu'elle eût la satisfaction de le visiter, autant qu'il lui serait possible de se la donner. Le sieur Mallard lui opposa qu'il avait fait toutes les dépenses de l'enfant, tant qu'il avait été où il l'avait placé ; qu'il était prêt à recommencer, mais à condition qu'elle le renverrait dans sa première pension. Ce parti sévère fut approuvé, le 27 mai 1809, par le tribunal de la Seine ; mais improuvé, le 15 janvier 1810, par la cour qui, » attendu » qu'Armentières, choisi par le père, et désigné par » les premiers juges, est trop éloigné, pour que la » mère puisse visiter et surveiller son enfant.... Or- » donne que l'enfant sera placé dans une pension dé- » cente et convenable, soit à Paris, soit dans le rayon

» d'un myriamètre de Paris, où la mère pourra voir
» et surveiller son enfant (1). »

100. De cette surveillance naît un droit de censure
sur la manière dont celui qui a la tutelle en remplit les
devoirs ; et principalement sur la direction qu'il donne
à l'éducation de l'enfant ; sur le choix des maîtres et
des pensions où il le place ; ainsi que du culte, du
métier, de l'art ou de la science qu'on lui fait étudier.
Quel que soit le dissentiment des père et mère à cet
égard, ce qu'a fait celui qui a la tutelle doit provisoirement être maintenu, jusqu'à ce que l'autorité judiciaire ait statué.

101. Si, le père et la mère ne professant pas le même
culte, la mère tutrice faisait élever l'enfant dans le
sien, le père pourrait-il, surtout s'il s'agissait d'un
fils, se prévaloir de ce qu'il l'a reconnu, et lui a donné
son nom, pour prétendre qu'il fût instruit de manière
à vivre avec lui dans la même communion ? Je pense
qu'il n'y serait pas fondé. A quelque cause que la mère
doive la tutelle, elle est investie de l'administration de
la personne de ses enfants, conséquemment de leur
éducation morale ; et c'est surtout en matière religieuse que, pour bien instruire, il faut être persuadé,
et donner l'exemple.

(1) Journal du palais, 2ᵉ sem. 1810, p. 24.

Section III.

DROITS DES PÈRES ET MÈRES SUR LES BIENS DE LEURS ENFANTS.

SOMMAIRE.

---

102. Tant que les enfants n'ont pas atteint l'âge de la majorité, ou que leurs père et mère ne les ont pas émancipés, c'est à ces derniers à jouir des biens qui leur surviennent ; la loi les en saisit à deux titres très-différents. Par l'un, ils n'en perçoivent les produits qu'à la charge d'en compter un jour, et de rendre à ces enfants tout ce qui aura excédé leur dépense. Leur droit, à cet égard, leur est commun avec tous les autres tuteurs ; et je n'en traiterai que dans la troisième partie, réservée à la puissance tutélaire.

Par le second titre, à quelque valeur que s'élèvent les produits par eux perçus, pendant les dix-huit premières années de leurs enfants, s'ils ne les ont pas encore émancipés, ils n'en doivent aucun compte ; toutes les bonifications qui leur sont restées leur appartiennent. Mais cette prérogative, appelée en droit *usufruit paternel*, est soumise à des conditions, et renfermée dans des limites dont le développement nécessite une subdivision.

1o3. On va voir , 1° quels en sont les divers caractères , et les conséquences qui en résultent ;

2° Quels sont ceux qui y ont droit ;

3° L'étendue et les limites de la jouissance ;

4° Ses conditions et ses charges ;

5° Les causes qui la font cesser.

§. 1ᵉʳ.

QUELS SONT LES DIVERS CARACTÈRES DE L'USUFRUIT PATERNEL, ET COMMENT LES PÈRES ET MÈRES EN SONT SAISIS ?

SOMMAIRE.

104. *Origine de l'usufruit paternel.*

105. *Ses effets salutaires.*

106. *Il est indépendant de la tutelle.*

107. *Il n'est pas attaché à la personne de l'usufruitier.*

108. *Conséquences nombreuses de ce principe.*

109. *Usage modéré qu'en doivent faire les créanciers à l'égard des enfants.*

110. *Les pères n'en sont saisis que par l'acceptation de la propriété pour les enfants.*

111. *L'usufruitier qui l'a accepté ne peut plus y renoncer , si les enfants peuvent en souffrir.*

112. *S'il a la tutelle, il peut ne s'expliquer sur l'usufruit qu'à la fin de sa gestion.*

113. *S'il ne l'a pas , il doit s'expliquer sur - le - champ.*

1o4. Ce droit des pères et mères sur les biens de leurs enfants, ne consistant qu'en une simple jouissan-

ce , avec l'obligation de les conserver et de les rendre
intégralement à ces enfants , aussitôt qu'ils ont atteint
18 ans, n'a rien de commun avec celui que les lois
romaines donnaient au père sur les biens de son fils;
puisqu'à l'exception du pécule de ce dernier, tout ce
qui pouvait lui appartenir était à la discrétion du père,
et pendant toute sa vie , s'il ne lui en faisait pas volontairement la remise.

La véritable source de l'usufruit paternel est dans
le régime féodal, et nos modernes législateurs n'ont fait
qu'étendre à toutes les classes de la population, ce
que le plus grand nombre des coutumes avaient établi
en faveur des *nobles*. Le survivant des pères et mères
d'enfants impubères faisait leur service auprès du su-
zerain, et pour cela percevait tous les produits de
leurs biens , en acquittait toutes les charges annuelles,
faisait les frais de l'éducation de ces enfants , et
leur remettait leurs biens en bon état, aussitôt qu'ar-
rivés à l'âge de la puberté , ils pouvaient faire leur
service sous la bannière de leur seigneur (1). Comme
on le voit, entre cette garde et les dispositions des articles 384 et 385 du code civil , la similitude est à
peu près parfaite; ce qui , dans une infinité de cas ,
rend applicables aux questions qui s'élèvent au sujet

(1) Dès le 9 août 1371 , Charles V, surnommé le Sage , frappé
des bons effets de cette loi, en avait étendu la faveur aux bourgeois
de Paris ; et lors de la mise par écrit des *Us et Coutumes* des bail-
liages et sénéchaussées, en exécution de l'édit de 1453, dans six de
ces juridictions, celles de Tours, Étampes, Dourdan, Montfort,
Calais, et Reims, les rédacteurs avaient aussi adopté la garde pour
les *roturiers*, comme pour les *nobles*. Mais dans toutes les autres ,
elle était restée exclusivement attribuée à la noblesse.

de l'usufruit paternel, les autorités et les exemples que fournit l'ancienne jurisprudence sur la garde.

105. Cette institution, nouvelle pour une grande partie de la France, a l'avantage inappréciable de faire cesser l'obligation dans laquelle les coutumes qui n'avaient pas adopté la garde, ou ne l'avaient adoptée que pour les *nobles,* mettaient le père, de rendre à son fils, devenu majeur, le compte de son administration ; d'y entrer dans les détails les plus minutieux, et de lui en fournir les pièces justificatives, comme un mandataire suspect ; *visis tabulis et rationibus dispunctis,* disaient les docteurs. En sorte que le premier acte de la vie civile du fils était d'examiner la conduite de son père ou de sa mère, de la critiquer, et, parfois, la faire censurer par les tribunaux ; procédé qui inévitablement altérait les sentiments désirables entre les pères et mères et leurs enfants. Actuellement, dès que le fils a 18 ans, si le père l'émancipe, il ne lui doit que la remise de ses fonds en bon état, et l'intégralité de ses capitaux.

106. C'est sans condition, et indépendamment de la tutelle, que ce droit est conféré aux pères et mères, comme principal attribut de la puissance paternelle ; ainsi le père qui serait dispensé de la tutelle de ses enfants, pour une des causes énoncées en l'article 427, et la veuve qui, effrayée des embarras de cette gestion, y renoncerait, s'appuyant sur l'article 394, n'en auraient pas moins droit, l'un et l'autre, à l'usufruit. La destitution de la tutelle, ni l'interdiction pour démence ne seraient un motif suffisant pour les en priver.

Dans ce cas , ils sont chargés de verser dans les mains du tuteur les sommes nécessaires pour subvenir aux dépenses des enfants. Mais tout ce qui les excède leur appartient.

107. Ce droit des pères et mères est-il attaché à leur personne , ou fait-il partie du gage de leurs créanciers ? Pour résoudre cette question , il suffit de remarquer que , si l'article 385 ne le désigne que sous le nom équivoque de *jouissance*, dans les articles 389 et 601 , il est qualifié *usufruit*. Tel est donc son véritable caractère. Or, suivant les articles 618 et 622, les créanciers de tout usufruitier sont fondés à intervenir dans les contestations qui peuvent compromettre ses droits à l'usufruit; ainsi qu'à faire annuler la renonciation qu'il y aurait faite à leur préjudice. Il a cependant fallu parcourir les trois degrés de juridiction pour repousser le système contraire.

Le sieur de Chabannes avait eu la tutelle de ses enfants , jusqu'en 1810. A cette époque , ses biens ayant été vendus , ses enfants se présentèrent à l'ordre , et demandèrent à être colloqués , pour leurs revenus qu'il avait perçus depuis la promulgation du code civil. Les créanciers de ce dernier leur opposèrent qu'il n'avait rien à leur rendre , ces revenus lui appartenant comme usufruitier légal. Les enfants répondirent que leur père n'avait pas voulu user de son droit, et que ce droit , attaché à sa personne , ne pouvait pas être exercé par ses créanciers ; invoquant à ce sujet l'exception écrite dans l'art. 1166 : à quoi les créanciers répliquèrent que l'article 622 leur donnait le droit de

faire annuler sa renonciation. C'est à cette dernière réflexion que se sont attachés successivement, le tribunal
d'Amiens, la cour de la même ville le 20 août 1817, et
la cour de cassation le 11 mai 1819. « Attendu, porte
» l'arrêt de cette dernière cour, que le père n'a pu,
» aux termes de l'article 622 du code civil, ni direc—
» tement ni indirectement, renoncer à un usufruit à
» lui acquis, au préjudice de ses créanciers » (1).

108. L'usufruit paternel est donc, comme tous les
droits de cette espèce, susceptible d'être hypothéqué
ou aliéné par l'usufruitier, ou saisi et vendu par ses
créanciers ; mais toujours pourvu que la créance privi-
légiée des enfants pour les dépenses de leur éducation,
n'en éprouve pas le moindre préjudice.

109. Si, par exemple, les biens soumis à l'usufruit
étaient si peu importants, qu'il fût facile de reconnaître que leur produit est à peine suffisant pour acquitter
la créance des enfants ; le subrogé-tuteur serait bien
fondé à demander la nullité des poursuites, pour éviter que les frais qui, dans les cas ordinaires, se prélè-
vent par privilège, ne tombassent indirectement à la
charge de ces enfants. Une procédure dont le résultat
est de nuire à autrui, sans utilité pour celui qui l'en-
treprend, est une mauvaise action, qui ne doit éprouver de la justice que sa sévérité. Tel a été le sort d'une
pareille procédure devant la cour de Colmar.

Bæchel avait l'usufruit de plusieurs petites pièces
de terre appartenant à ses enfants, qui furent saisies

____

(1) Sirey, 19. 1. 446.

par Franck, habitant le même village. Ces poursuites purement vexatoires, déclarées valables par le tribunal de première instance, auraient laissé sans pain les enfants de Bæchel, mais la cour, par son arrêt du 27 janvier 1835, en prononça la nullité (1). Ses motifs sont l'insuffisance des héritages saisis, et la parfaite connaissance que Franck avait du droit de ces enfants. Quand cette seconde circonstance ne se serait pas rencontrée, la décision aurait été probablement la même: le créancier, avant de recourir à des moyens violents et ruineux, doit, au moins, s'assurer qu'ils ne frapperont que sur son débiteur.

110. Quoique cet usufruit appartienne, de plein droit, à celui qui a la puissance paternelle, néanmoins il n'en est régulièrement saisi, quand il doit l'exercer sur les biens d'une succession, qu'autant que le conseil de famille en a autorisé l'acceptation, au nom des enfants ; son droit à la jouissance étant subordonné au leur, quant à la propriété. Toutefois, s'il se croit lésé par la délibération du conseil de famille, il peut en référer au tribunal (article 883 du code de procédure).

Par suite du même principe, l'acceptation d'une succession pour des mineurs, étant toujours réputée faite sous bénéfice d'inventaire, si, après l'acceptation, on découvrait des charges absorbant l'actif, l'usufruitier participerait au droit qu'ont les enfants de renoncer à son usufruit, en rendant compte de sa gestion.

____

(1) Journal du palais, t. 102, p. 392.

111. Pourrait-il également, après avoir accepté cet usufruit, et en avoir joui pendant quelque temps, y renoncer, et en faire la remise à ses enfants? MM. Proudhon et Duranton enseignent qu'il le pourrait, mais pour l'avenir seulement, en supportant les charges qui y sont attachées jusqu'au jour de leur renonciation.

A cette proposition incontestable, il importe cependant d'ajouter par amendement : pourvu qu'il n'en résulte aucun préjudice pour les enfants ; car, dans sa généralité, elle ouvrirait la porte à de criantes injustices, que ces estimables professeurs n'ont probablement point aperçues. Il ne faut pas, sous ce rapport, confondre, comme ils l'ont fait, cet usufruit avec l'usufruit ordinaire. Pour celui-ci, dans quelques circonstances que l'usufruitier y renonce, le propriétaire à qui il ne doit rien, ne peut qu'y gagner et jamais y perdre. L'usufruit paternel, au contraire, n'est concédé aux pères et aux mères qu'à la condition d'acquitter les charges ordinaires auxquelles sont tenus les usufruitiers; et en outre, de subvenir à la nourriture, à l'entretien et à l'éducation des enfants, selon leur fortune. Or ces charges, presque nulles quand les enfants sont en bas âge, s'accroissent comme leurs besoins, et finissent par être considérables; surtout celles de l'éducation, quand il faut la compléter dans les écoles supérieures des sciences et des arts. Lorsque leurs biens sont administrés par un tuteur sage, il prévoit cette progression, et fait en sorte que l'excédant des revenus sur les recettes, pendant les premières années, fasse un fonds de réserve pour les dernières. Mais si , au lieu de ce tuteur , c'est un père avare qui accepte l'usufruit , et qui en fasse son profit , tant qu'il en retire des bénéfices ; surtout si , dans cette première période , il trouve à faire des coupes de bois qui |ne se renouvelleront pas ; et qu'ensuite il y renonce au moment où , pour achever l'éducation des enfants , les revenus sont insuffisants : il faudra donc , ou laisser l'éducation incomplète ; ou , comme à la continuer il y aurait pour eux un *avantage évident* , recourir aux mesures que , pour ce cas , l'article 447 autorise , et prendre le nécessaire sur leurs fonds. Quelque parti qu'on prît , on voit combien ce système serait préjudiciable aux enfants ; et quand il n'y a pas dans le code civil un mot pour le soutenir , il me semble qu'il n'est pas possible de résister à la réprobation qu'en prononce l'équité ; cette loi toujours souveraine , dans le silence des lois positives. Je crois donc que , dans ce cas , l'usufruitier ne devrait être déchargé de ses obligations à l'avenir , qu'en se rendant comptable des produits par lui perçus depuis son entrée en jouissance.

112. Si , comme on vient de le voir , les charges de l'usufruit sont toujours plus pesantes dans les dernières années que durant les premières , il arrive parfois aussi qu'elles sont énormes au moment même où commence cet usufruit ; l'usufruitier devant, aux termes de l'article 385, supporter les frais funéraires, et ceux de la dernière maladie. Cette maladie peut avoir été longue et dispendieuse. Pour les frais funéraires, on consulte moins la fortune du défunt , que le rang qu'il

a tenu dans la société ; ils peuvent , comparativement à sa fortune , s'élever à une somme exorbitante ; et si celui à qui la loi défère l'usufruit, l'accepte , il devra les acquitter tous , avant d'avoir perçu le moindre revenu. Cependant son droit, fragile comme la vie des enfants sur laquelle il est assis, peut, à chaque instant, lui échapper.

N'est-il donc pas possible , quand, ce qui est le plus ordinaire , il est appelé , en même temps , à la tutelle de ses enfants et à l'usufruit , qu'il tienne une conduite tellement mesurée , qu'à la majorité de ses enfants , ou à leur émancipation, il puisse encore opter entre l'usufruit et la gestion tutélaire ? S'il fallait en croire M. Duranton , il ne le pourrait pas ; car , suivant lui , si les pères et mères , avant d'entrer en possession , veulent renoncer à l'usufruit , ils doivent le déclarer formellement , devant le conseil de famille , ou devant un notaire. En cela, il oublie qu'il ne fait qu'un commentaire , il s'érige en législateur , en imposant aux pères et mères une obligation que la loi ne leur a pas faite. Ce qu'il dit, d'ailleurs, à ce sujet, révèle qu'il n'a pas vu la question comme elle doit l'être , et qu'il ne raisonne que pour le cas où il est évident que l'usufruit serait plus onéreux que profitable. Mais la voici telle que je la propose.

Tout usufruit paternel , même celui qui pourrait être le plus productif, sera infailliblement onéreux , si l'enfant sur la tête duquel il repose , vient à périr avant que l'usufruitier ait recouvré sur les revenus , les avances qu'il est obligé de faire. La loi a-t-elle donc voulu que les pères et mères se décidassent à accepter ou refuser l'usufruit, quand il n'appartient qu'à la providence de savoir si l'enfant vivra assez de jours, pour que l'usufruit ne soit pas onéreux? Leur propose-t-elle une faveur ou un pari? Pour faire sentir l'importance de la question, je présenterai une hypothèse qui, dans notre siècle d'illustrations improvisées, n'est pas très-rare.

Un homme haut placé succombe à la suite d'une longue maladie. Ni les nombreux médecins qu'il a successivement appelés, ni les eaux minérales et lointaines, auxquelles les derniers, au bout de leur science, l'ont envoyé, suivant l'usage, n'ont pu le guérir. Son corps n'est rendu à la terre qu'avec toute la pompe que commande le poste éminent qu'il occupait. Les dépenses faites pour lui, depuis l'invasion de la maladie jusqu'à son inhumation, sont si considérables que, comme un noble désintéressement embellissait ses autres qualités, il faudra deux ou trois ans de ses modiques revenus, pour les acquitter. Il laisse une veuve et un enfant qui, conçu depuis la maladie de langueur qui a consumé la vie du père, n'a lui-même qu'une existence inquiétante. Que fera la veuve dans cette circonstance?

Si elle renonce à l'usufruit, et qu'elle ait, d'abord, le bonheur de conserver son enfant, jusqu'à l'âge de 18 ans, puis le chagrin de le perdre, quelque temps après, il lui faudra rendre à d'exigeants collatéraux un compte de tutelle, source intarissable de tracasseries; et les enrichir de leur part dans tout l'excédant des revenus qui lui serait resté, si elle n'eût pas abdiqué l'usufruit.

Prendra-t-elle, au contraire, lors du décès de son mari, le parti d'accepter? A peine l'aura-t-elle pris, que son enfant peut lui être enlevé par la mort, et la laisser dans l'obligation de garantir une famille qui lui est étrangère, d'une dette énorme, que, sans son imprudente acceptation, cette famille aurait acquittée.

Je dis que, dans cette alternative, elle n'est tenue d'accepter, ni de répudier l'usufruit. Dans le droit coutumier, si celui qui avait droit à la garde voulait l'accepter, il devait le faire *dans un temps bref*; sinon les fruits ne lui appartenaient que du jour de son acceptation; et c'est en jugement qu'il devait la faire (article 269 de la coutume de Paris). Il fallait même qu'il la fît en personne. Gaston, frère de Louis XIV, pour avoir la garde de sa fille, mademoiselle de Montpensier, se trouvant obligé de se présenter devant le Châtelet, le roi, par des lettres patentes, transféra, pendant une heure, le Châtelet au Luxembourg.

Nos législateurs ont fait tomber ces vaines cérémonies. Ils ont concédé au survivant des père et mère deux droits, dont les éléments sont très-différents, mais parfaitement compatibles dans leur exercice: la tutelle des enfants et la jouissance de leurs biens. Quant à la tutelle, la veuve ne peut pas en différer l'acceptation, parce qu'un inventaire doit, sans délai, mettre à couvert les intérêts de l'enfant; mais pour l'usufruit, la loi n'a aucune disposition qui, directement ou indirectement, la contraigne à déclarer son intention. Il suffira donc qu'en prenant la qualité de tutrice, elle fasse la réserve de tous ses droits à l'usufruit, pour les exercer si elle le juge convenable. Avec cette précaution, si cette veuve satisfait aux dispositions de l'article 452 ; si, dans l'administration des biens, elle se conforme à celles de l'article 450 ; en un mot, si, dans la gestion, elle n'excède aucune des bornes du pouvoir tutélaire, renouvelant dans tous les actes importants les réserves ; qui donc pourrait la contraindre à prendre un parti définitif ? Par le silence qu'à cet égard les législateurs ont observé, ils ont placé les pères et mères dans la même position qu'ils ont faite, par les articles 778 et 780, à celui pour qui s'ouvre une succession. Tant qu'il n'a ni accepté ni renoncé, et que la prescription n'a pas éteint son droit, il peut user de la faculté qui lui est assurée ; et s'il accepte, l'effet de cette acceptation remonte au jour de l'ouverture de son droit.

J'ai raisonné dans l'hypothèse qui recommande le plus ma proposition ; mais il est facile de reconnaître que, dans une infinité d'autres cas, l'acceptation, comme la répudiation, de ce droit aléatoire, faites avant les évènements qui doivent lui donner un bon ou mauvais résultat, peuvent être suivies de regrets.

Aucun des auteurs que j'ai pu consulter, n'a traité cette question ; mais je puis fort heureusement m'aider d'un arrêt de la cour de Lyon, qui condamne, il est vrai, une mère à subir toutes les conséquences de l'usufruit indiscrètement accepté par elle, mais par des motifs qui justifient mon opinion.

La dame de Glavenas, mariée en premières noces
à M. de Chatellux, en avait eu une fille, qui, mineure,
au décès de son père, resta sous sa tutelle. Pendant
son veuvage, sans prévoir ni calculer les charges de
l'usufruit, elle l'accepta, en prenant dans divers actes,
la qualité d'usufruitière, et se livra à des actes d'administration que ce titre seul pouvait autoriser. Quelques années plus tard, elle épousa M. de Glavenas,
qui devint son co-tuteur. Tous deux depuis présentèrent
le compte de leur tutelle, en prenant pour base l'usufruit de la dame de Glavenas, jusqu'à son second mariage, et ne comptant des revenus que depuis cette
époque. Mais ils comprirent dans la dépense plusieurs
articles que l'usufruit devait supporter. La plupart de
ces articles ayant été rejetés par le tribunal de Lyon,
ils s'aperçurent de l'imprudence de l'acceptation, et
crurent pouvoir la réparer, en renonçant à l'usufruit.
Ils appelèrent donc du jugement; et devant la cour,
ils offrirent de compter de tous les revenus perçus depuis le décès de M. de Chatellux. Ce fut inutilement:
par son arrêt du 16 février 1835, la cour n'eut aucun
égard à cette renonciation tardive; mais on va voir
par ses motifs que, si la dame de Glavenas ne s'était
pas compromise par les actes de sa gestion, ainsi que
par le libellé de son compte de tutelle, elle n'eût pas
été déclarée usufruitière, malgré elle.

« Attendu que la veuve de Chatellux a accepté l'usu-
» fruit qui lui était attribué par la loi sur les biens de
» sa fille, soit en prenant formellement le titre d'usu-
» fruitière, soit en se livrant à des actes qu'elle ne

7.

» pouvait faire qu'en cette qualité; que cet usufruit
» n'est point un pur bénéfice accordé aux pères et
» mères; qu'outre les charges ordinaires de l'usufruit,
» il est grevé de charges spéciales, qui en sont la con-
» dition inséparable ;... que, sans doute, en renon-
» çant plus tard à l'usufruit qu'il avait d'abord accepté,
» l'usufruitier peut s'affranchir à l'avenir des charges,
» qui, n'échéant que jour par jour, s'éteignent avec
» l'usufruit dont elles dérivent; mais que cette renon-
» ciation ne peut rétroagir sur le passé ; .... attendu,
» au surplus, que le sieur de Glavenas, co-tuteur,
» s'est lui-même prévalu, au nom de la veuve de Cha-
» tellux, de l'usufruit qu'elle avait eu des biens de sa
» fille... etc. » (1)

Par cet arrêt, la cour de Lyon reconnaît que, le code
civil n'ayant assujetti les pères et mères à aucune forme,
à aucun délai, pour accepter l'usufruit, ou y renoncer;
ce n'est que dans les actes de leur gestion qu'on peut
trouver ce qu'ils ont fait, ou voulu faire. Si donc celui
à qui la tutelle et l'usufruit sont dévolus, administre
avec une telle prudence, qu'on ne puisse en inférer
ni acceptation, ni renonciation ; il reste constamment
le maître d'opter jusqu'à la rédaction de son compte.

113. Il ne pourrait pas en être ainsi, s'il n'avait
pas la tutelle, ou parce qu'il s'en serait fait dispenser,
ou qu'elle lui aurait été retirée. Le tuteur mis à sa
place, devant, en cas de renonciation à l'usufruit, administrer les biens, serait incontestablement fondé à
le mettre en demeure de s'expliquer.

(1) Journal du palais, t 103, p. 252.

§. 2.

QUI PEUT PRÉTENDRE A L'USUFRUIT PATERNEL ?

SOMMAIRE.

114. Durant le mariage, le père a seul cet usufruit (article 384); seul il perçoit tous les produits de ce qui survient à ses enfants , soit par don , soit par les autres causes dont bientôt je donnerai les détails. Lorsqu'il y a, entre lui et la mère, communauté, et que cette communauté prospère , elle en profite ; mais autrement elle y reste étrangère. Le même droit est dévolu au mari à la dissolution du mariage , s'il survit à sa femme.

115. La mère, comme on le voit, n'est appelée à l'usufruit que quand elle survit à son mari ; et encore ne le conserve-t-elle qu'autant que, se consacrant sans réserve à l'éducation de ses enfants , elle garde le veuvage. Si elle se remarie, son usufruit cesse (article 386).

116. Cette prérogative des pères et des mères dérivant uniquement de la puissance paternelle ; pour la leur contester , il faut pouvoir les attaquer dans leur

puissance même ; sans cela, les eût-on dépouillés de
toutes les autres prérogatives de la paternité, l'usufruit légal leur resterait. (V. ci-dessus, n° 106).

117. Lorsque le père est absent, sans donner de
ses nouvelles, et qu'il laisse des enfants mineurs ; leur
mère, en vertu de l'article 141, continue à tenir la
maison, et à exercer tous les droits de son mari sur
les biens, ainsi que sur la personne de leurs enfants ;
comme si, chaque jour, elle avait l'espoir de le re-
voir, et qui que ce soit, tant que sa conduite est sans
reproche, ne peut la troubler dans son administration.
(V. la 1re partie, n° 170 et suivants).

Cet état de choses dure jusqu'au moment où, les délais fixés par le code étant expirés, elle doit remettre
aux enfants les biens de leur père, dans la possession
desquels ils sont envoyés provisoirement. Mais, dans
le compte qu'alors elle aura à leur rendre, elle ne sera
pas tenue de leur faire état des revenus de ces biens,
par elle perçus avant qu'ils eussent accompli leur 18^e
année. Ils lui restent provisoirement, à titre d'usufruit
légal, et de la même manière que ces enfants sont eux-
mêmes saisis des fonds ; c'est-à-dire, qu'elle et eux
exercent leurs droits, comme si l'absent était mort,
immédiatement après ses dernières nouvelles. Lors de
l'envoi en possession provisoire, « tous ceux qui avaient
» sur les biens de l'absent, des droits subordonnés à
» son décès, pourront les exercer provisoirement. »
Tel est le texte de l'article 123. Le droit de la mère,
subordonné au décès du père, est incontestablement
compris dans cette disposition.

Il en serait de même des biens qui, pendant cette absence, surviendraient aux enfants, soit comme représentant leur père, soit de leur chef ; par application des articles 135 et 136, la mère en prendrait l'usufruit légal ; sauf à en compter à son mari, à son retour, conformément à l'article 137.

118. Jusqu'à présent, nous avons vu les pères et mères des enfants naturels légalement reconnus, participer, comme ceux des enfants légitimes, aux prérogatives de la puissance paternelle ; parce qu'il n'a encore été question que de celles relatives à la personne des enfants ; et que, sous ce rapport, les uns et les autres ont, dans l'ordre naturel, un titre parfaitement égal. Il n'en est pas de même de l'extension de cette puissance sur les biens des enfants, écrite dans l'article 384 du code civil. On ne peut y voir qu'une concession de droit positif, faite nominativement au père *durant le mariage*, et après la *dissolution du mariage*, au survivant des pères et mères. Les législateurs, en la circonscrivant ainsi, en ont incontestablement exclu les pères et mères des enfants nés *hors mariage.*

Cependant MM. Loiseau, Favard et Dalloz s'élèvent contre cette exclusion, prétendant que le texte n'est pas limitatif ; expédient fort commode lorsqu'on veut trouver dans les lois, non ce qu'elles disent, mais ce qu'on voudrait qu'elles disent. MM. Proudhon, Toullier, Delvincourt et Duranton, plus circonspects, s'en tiennent à la lettre de la loi. Et pourquoi la dépasserait-on, pour assimiler à la paternité qui fait l'espoir de la société, celle qui n'en est que le scandale ?

Pénétrons-nous, au contraire, de la haute raison qu'ont eue les auteurs du code civil de restreindre leur concession à ceux qui ne cherchent les douceurs de la paternité que dans une union légitime. Gardons-nous de porter sur ce qu'ils ont fait une main téméraire. N'allons pas, en admettant une assimilation qu'ils ont rejetée, encourager des alliances temporaires et illicites ; dont le nombre est déjà effrayant. L'homme et la femme qui, pour vivre ensemble, dédaignent le lien qui légitimerait leur alliance, et bravent la loi civile ; sont indignés des faveurs qu'elle accorde à ceux qui ne s'unissent qu'après avoir fait tout ce qu'elle exige.

§. 3.

ÉTENDUE ET LIMITES DE L'USUFRUIT PATERNEL.

SOMMAIRE.

———

119. La règle générale est que l'enfant , ayant son père et sa mère , ou l'un des deux, ne peut avoir l'usage de rien de ce dont il est propriétaire , qu'autant qu'ils y consentent; la loi leur en abandonnant, sans réserve , la jouissance , tant qu'il n'a pas accompli sa 18e année (article 384).

120. Ainsi toutes les successions qui lui échoient , même celles auxquelles l'usufruitier prend part , lui

sont conservées quant aux biens-fonds et aux capitaux ; mais tous les revenus restent dans l'usufruit.

121. Il n'y a qu'un seul cas d'exception à cette dernière règle ; à l'égard des successions qui ne seraient dévolues aux enfants, que parce que leur père ou leur mère en serait exclu, pour avoir été déclaré coupable d'un des faits qui, suivant l'article 727, constituent *l'indignité*. Dans ce cas, la sévérité de la loi, pour que la mort du défunt ne procure aucun profit au coupable, va jusqu'à retrancher de son usufruit les biens qu'elle transfère à ses enfants (article 730).

Ce dernier article, il est vrai, semble ne prononcer le retranchement que contre le père ; mais la mère qui aurait été condamnée comme convaincue de la même faute, serait, comme lui, exclue de la succession. L'article 727 n'a rien d'équivoque dans sa disposition, qui frappe de cette exclusion *les enfants*, sans distinction de sexe ; la mère devrait donc être, comme le père, exclue de l'usufruit de ces mêmes biens, que son indignité lui a fait perdre. Dans ce cas, l'analogie est si parfaite, qu'aucun des commentateurs du code civil n'en a fait l'objet d'un doute.

Si cette privation de l'usufruit a pour cause l'indignité du père, la mère en souffre autant que lui, jusqu'à la dissolution du mariage ; parce que, du vivant des deux époux, c'est le mari qui seul a l'usufruit. Mais si, au décès du père, les enfants n'ont pas encore 18 ans, cet usufruit renaîtra pour elle.

Quand, au contraire, l'exclusion provient du fait de la femme, son mari ne doit pas expier sa faute ; il aura l'usufruit; et s'ils sont en communauté, elle pourra en profiter, la prévoyance des législateurs n'ayant pas été jusque-là. Mais si, son mari venant à mourir, l'usufruit n'est pas encore éteint, il le sera pour elle, qui ne pourra administrer les biens que comme tutrice de ses enfants, à la charge de leur en rendre compte.

M. Proudhon (n° 155) enseigne que, si l'un des époux a été déclaré complice de celui qui a encouru l'indignité, on doit lui appliquer la même peine qu'au coupable, et lui refuser l'usufruit, s'il ose le réclamer. Je ne puis partager cette opinion ; restant invariablement attaché au grand principe que ce jurisconsulte invoque souvent lui-même, qu'en matière pénale, on ne peut pas étendre à un cas ce que la loi n'a prononcé que pour un autre. Encore moins est-il au pouvoir des juges de se décider en matière civile par les règles du droit criminel. Ce droit, d'ailleurs, n'applique pas toujours au complice la même peine qu'au principal coupable, quand de la décision des jurés il résulte des circonstances atténuantes pour lui et non pour l'autre; et l'on ne peut pas se refuser à reconnaître que les offenses d'un gendre, ou d'une bru, envers leur beau-père ou leur belle-mère, n'ont pas la même gravité que celle du fils ou de la fille.

Il importe d'observer que cette exclusion de l'usufruit paternel ne serait pas un obstacle à ce que le père ou la mère qui en serait frappé, obtînt des aliments sur les biens recueillis à sa place par ses enfants, s'il était dans la détresse, et que les revenus de ces biens excédassent le nécessaire pour les enfants.

122. L'usufruit paternel s'exerce sur toutes les li-
béralités qui rendent les enfants propriétaires de meubles ou d'immeubles ; à moins que leur bienfaiteur
n'en ait interdit la jouissance à l'usufruitier. (V. ci-
après , n°s 134 et suivants).

123. Le trésor que trouverait un enfant, ou qui serait trouvé dans son fonds , n'appartiendrait qu'à lui ,
mais la part qui lui en reviendrait serait remise à l'u-
sufruitier qui ne lui en devrait que la valeur capitale ,
lorsqu'il lui remettrait sa fortune.

124. Les droits de l'usufruitier sur les immeubles
de ses enfants , sont absolument les mêmes que ceux
réglés par les articles 682 et suivants du code civil , à
l'égard de l'usufruit ordinaire.

125. Quant aux meubles , il a le droit de les conserver en nature , pour en faire l'usage auquel chacun
de ces meubles est destiné. Il est seulement chargé d'en
faire faire, à ses frais , l'estimation *à leur juste valeur*, et de rendre, à la fin de sa jouissance, le prix es-
timatif de ceux qu'il ne pourrait pas représenter
(article 453). Sans cette faculté, au décès du père et de
la mère , le survivant aurait été contraint de souffrir
la vente de la majeure partie de son mobilier. Elle est
donc infiniment précieuse , et il importe d'en reconnaître l'étendue.

D'abord, de ce que cette disposition fait partie du
chapitre de l'*administration du tuteur* , on pourrait
croire que la faculté qu'elle donne aux pères et mères,
ne peut être exercée par eux , que quand ils administrent la tutelle ; surtout si l'on remarque que , placée

après l'obligation imposée au tuteur de vendre ces meubles, dans le mois de l'inventaire, la faculté de les garder ne leur est accordée que pour les *dispenser* de cette obligation, et que c'est un expert choisi par le *subrogé-tuteur*, qui en fait l'estimation.

Quoi qu'il en soit, c'est un point de droit universellement admis que, lors même que le père se serait fait dispenser de la tutelle, il n'en aurait pas moins cette faculté, qui est de l'essence du droit d'usufruit; par suite du principe commun à tous les usufruitiers, posé dans les articles 587, 589 et 615. Il en serait de même de la mère qui refuserait la tutelle. Je ferai seulement observer que, dans ce cas, ce serait au tuteur à faire choix de l'expert.

126. Une difficulté plus sérieuse s'est élevée, en 1806, devant le tribunal de Villefranche, puis à la cour d'Aix. Il s'agissait de *marchandises de commerce* que la veuve d'un marchand désirait conserver, pour continuer le commerce qu'elle faisait avec son mari, et, à ce moyen, élever plus facilement ses trois enfants. Le subrogé-tuteur lui opposa l'article 533; qui, en effet, porte : « ce qui fait l'objet d'un commerce, n'est pas » compris sous le mot meubles, quand il est employé » seul dans les dispositions de l'homme ou de la loi, » sans autre addition ni désignation. » Ce motif spécieux n'en imposa pas aux premiers juges; la demande de la veuve fut accueillie. Mais, sur l'appel, l'exception tirée de l'article 533 fut admise; et par une inconséquence inexplicable, la cour, tout en condamnant cette veuve à vendre les marchandises, l'autorisa ce-

pendant à les garder en nature , en donnant caution pour la représentation de leur valeur estimative; obligation dont la dispensait très-formellement l'article 601. En sorte que , dans cet arrêt, il y a certainement infraction à l'article 533 , s'il était applicable ; ou , s'il ne l'était pas , à l'article 601.

127. Au surplus, la seule question à examiner pour le moment , est de savoir si l'article 453 peut, comme cette cour l'a décidé, subir la modification que semble prescrire l'article 533 ? La question est grave. Dans la cause jugée , il ne s'agissait que de marchandises de commerce; mais s'il est applicable dans cette conjoncture , il faudrait lui obéir dans toutes celles que signale sa longue nomenclature : c'est-à-dire, en ce qui regarde les pierreries, les livres, les médailles, les instruments, les chevaux , des sciences, des arts et des métiers , le linge de corps , équipages, armes, grains, vins, foins et autres denrées.

Pour reconnaître que cette disposition n'a aucun rapport avec l'article 453 , il suffit, sans doute, de voir les privations sans nombre que la vente de ces objets ferait éprouver au survivant et à ses enfants ; quand , au contraire , le but de l'article 453 est de les maintenir dans la jouissance d'un mobilier qui, quel qu'il soit, n'a été composé que pour les besoins et les habitudes de la famille.

Au surplus, qu'on interprète, si l'on veut, cet article par l'article 533 ; l'erreur de la cour d'Aix n'en sera que plus saillante. Lorsqu'une règle de droit est suivie immédiatement d'une règle d'exception; lorsque toutes deux expriment la même volonté, l'une positivement, l'autre négativement ; et que la seconde permet de s'abstenir de ce que la première ordonne de faire, n'est-ce pas vouloir s'égarer, que de les interpréter isolément, et n'y pas voir les deux parties d'une même pensée ? C'est ce qu'a fait la cour d'Aix.

L'article 452 veut que le tuteur vende *tous les meubles, autres que ceux que le conseil de famille l'a autorisé à conserver en nature.* Certainement, cette disposition comprend toutes les espèces de meubles ; et de suite, l'article 453 ajoute que *les pères et mères, tant qu'ils ont la jouissance propre et légale des biens des mineurs, sont dispensés de vendre les meubles, s'ils préfèrent les garder en nature ; qu'ils en feront faire, à leurs frais, une estimation, à juste valeur ;... et rendront la valeur estimative de ceux des meubles qu'ils ne pourraient représenter en nature.* Après ce rapprochement, qui aurait le courage de persister à dire, que, dans le second article, le mot *meuble* est *seul, sans autre addition ni désignation ?* N'est-il pas suffisamment expliqué par ce qui vient d'être recommandé au tuteur autre que le père ou la mère ? N'a-t-il pas encore, pour désignation de son étendue, ces mots : *tant qu'ils ont la jouissance propre et légale des biens du mineur* ; ce qui comprend tout ?

J'ajoute enfin qu'en effet ce n'est pas cet article qui crée le droit des pères et mères de conserver en nature les meubles du mineur ; il ne fait que se référer à l'article 384, qui leur concède la jouissance non-seulement de tous les meubles, mais de tous les biens.

C'est pourquoi il n'emploie que le mot générique, certes bien suffisant, pour régler l'exercice d'un droit qui comprend toutes les espèces.

Je n'ai autant insisté dans cette réfutation de l'arrêt de la cour d'Aix, que parce qu'il est, je crois, le seul sur la question; qu'il est présenté dans les recueils de MM. Sirey et Dalloz, sans aucune observation critique, comme un arrêt de doctrine; et qu'à mes yeux, cette doctrine serait funeste, surtout aux familles des commerçants.

128. J'en conclus qu'un marchand, marié sous le régime de la communauté, n'est pas exposé, comme cet arrêt pourrait le faire craindre, à voir bouleverser son commerce par la vente de la moitié qu'ont ses enfants dans toutes les marchandises qui le composent. Le droit des enfants ne consiste que dans la juste valeur de ces marchandises; celui du père est d'en devenir le propriétaire pour le prix de l'estimation, et d'en disposer à son gré, comme il le faisait auparavant. Le bénéfice qu'il pourra faire en les vendant ainsi, n'est que la juste indemnité des peines, des risques et des retards dans la rentrée des fonds, attachés à la vente en détail.

129. Il devient également, par suite de l'inventaire, propriétaire des capitaux dont il ne peut jouir qu'en les employant à son usage; à la charge d'en compter à ses enfants à la fin de son usufruit (article 587).

130. Il a cela de commun avec les autres usufruitiers; mais il a de plus, que l'article 601 le dispense de donner caution. Cette dispense, qui laisse ainsi

une partie de la fortune des enfants à la merci de l'u-
sufruitier, a étonné tous ceux qui ne l'ont considérée
que sous le rapport matériel de l'intérêt; mais, pour
s'en faire une juste idée, il faut l'envisager sous le
point de vue moral. On doit bien se persuader que les
habiles auteurs du code civil ont aperçu tous les inconvénients qui peuvent en résulter; mais qu'ils en
ont reconnu de plus graves encore, dans l'obligation
qui serait faite aux pères et mères de fournir ce cautionnement.

On ne peut pas se dissimuler que ce serait, en quelque sorte, avilir l'autorité paternelle et compromettre
son droit à l'honneur et au respect des enfants. Ce
serait priver le plus grand nombre des pères et mères
des avantages de l'institution elle-même. Qui voudrait,
en effet, cautionner celui qui inspirerait des craintes à
la famille de ses enfants? et l'on sait que les fortunes
modiques sont les plus nombreuses. Ce serait enfin an-
nihiler la puissance paternelle, déjà infiniment réduite.

Cette dispense est un hommage réfléchi, rendu à
l'éminence de l'autorité paternelle sur les enfants. On
peut, d'autant moins en douter qu'on la retrouve dans
la simple tutelle des pères et mères, quand ils n'ont
pas l'usufruit légal. Ils restent saisis de toutes les valeurs mobilières, et néanmoins affranchis de toutes les
précautions prises contre le tuteur élu. Ils ne sont as-
sujettis, comme lui, ni à faire régler, par le conseil
de famille, la dépense annuelle des mineurs, ni à présenter, chaque année, au subrogé-tuteur, un état de
la situation de la tutelle (articles 454 et 470).

Je dois toutefois faire observer que, dans cette hypothèse, où les pères et mères n'ont que la tutelle de
leurs enfants, leur inconduite, comme leur incapacité,
peut leur faire retirer cette administration, ainsi que
je l'ai dit (n° 40), et qu'on le verra plus complètement
dans la troisième partie ; mais il n'en est pas de même
de l'usufruit légal , qui, attaché à la puissance paternelle, ne peut tomber qu'avec elle , dans les cas de
déchéance que j'ai exposés (n° 43 et suivants). Hors
ces cas, quel que puisse être l'état de l'usufruitier quant
à ses mœurs et à sa fortune, on ne peut exiger de lui
ni cautionnement, ni aucune des mesures de précaution
qui en tiendraient lieu.

Cette doctrine est si opposée aux principes ordinaires sur la responsabilité de ceux à qui la chose d'autrui est confiée, que, deux fois, la cour de Toulouse a
eu à réformer des décisions contraires du tribunal de
la même ville.

La première fois , il s'agissait d'un père qui n'avait
plus l'usufruit légal, mais qui avait conservé l'administration des biens de ses enfants mineurs. La demoiselle
Bertrand, l'un de ces enfants, ayant obtenu contre le
sieur Bellaud, une condamnation en 2,000 fr. de dommages et intérêts ; celui-ci, qui ne pouvait se libérer régulièrement qu'entre les mains du sieur Bertrand père,
alors obéré de dettes , et saisi dans ses biens, crut devoir prendre des mesures pour assurer sa libération. En
conséquence , après avoir consigné le montant de sa
dette , il assigna le sieur Bertrand pour qu'il eût, avant
de retirer les deniers consignés , à lui donner caution.

Effectivement le tribunal, le 11 juillet 1818, trouvant dans le dérangement des affaires du sieur Bertrand, un juste motif d'assurer à sa fille le capital qui
lui revenait, soit par un emploi, soit par un cautionnement, ordonna que son père ne pourrait en disposer,
qu'après avoir rempli l'une ou l'autre de ces conditions. Mais, le 26 août suivant, la cour, réformant ce
jugement, relaxa le sieur Bertrand des conditions mises par les premiers juges, au paiement qui devait lui
être fait. Des nombreux motifs de l'arrêt, il suffit de
s'arrêter à celui-ci : « Aucune disposition de la nou-
» velle législation n'impose au père l'obligation de
» fournir caution ou emploi aux débiteurs de ses en-
» fants : le silence du législateur, à cet égard, laisse
» subsister les anciens principes, qui mettaient l'admi-
» nistration du père à l'abri de toutes recherches, et
» qui lui donnaient tout droit de poursuivre le paie-
» ment des sommes dues à ses enfants, sans que, pour
» s'y soustraire, on pût lui opposer le défaut de cau-
» tion ou d'emploi. Il y a d'autant plus de raison de
» juger ainsi, que, d'après la nouvelle législation, le
» tuteur datif qui poursuit le paiement des sommes
» dues à un mineur, n'est nullement tenu de fournir
» aux débiteurs une caution ou un emploi ; et ces der-
» niers sont obligés de se libérer entre ses mains. Si
» la loi accorde un tel degré de confiance à un étran-
» ger....., à plus forte raison, faut-il croire qu'elle a
» entendu l'accorder à un père, qui a sur ses enfants
» un pouvoir naturel, inhérent à son caractère, et
» que les sentiments de la nature doivent porter à

» n'en user que pour leur avantage. » (1)

Cet arrêt n'eut pas l'assentiment du tribunal; car, trois ans après, la même question s'y présenta, sous un aspect plus favorable encore, s'agissant d'un père ayant l'usufruit légal; le tribunal n'en persista pas moins dans son premier sentiment.

Le sieur M.... avait demandé au conseil de famille de ses enfants, l'autorisation de vendre des bois de construction qui leur appartenaient. Le conseil la lui avait donnée, mais à la condition que le prix en provenant, resterait entre les mains du commissaire-priseur, jusqu'à ce qu'il en eût été fait un emploi sûr ; ajoutant qu'attendu l'insolvabilité du sieur M...., il en serait de même de tous les autres capitaux à recouvrer pour le compte de ses enfants. Le tribunal, trouvant que cette mesure conciliait les intérêts du père et des enfants, homologua la délibération.

La cour, au contraire, en prononça l'annulation, par arrêt du 2 juillet 1821. Ses motifs sont à peu près ceux de son premier arrêt; auxquels elle ajoute » que » la délibération de la famille et la décision des pre-» miers juges contrarient encore la loi, sous un autre » rapport; puisque, dans l'espèce, le sieur M... a l'u-» sufruit légal des biens de ses enfants mineurs, dont » aucun n'est parvenu à l'âge de 18 ans. Or, d'après » l'article 587, l'usufruitier a le droit de se servir de » l'argent compris dans l'usufruit; il n'est obligé que de » le rendre à la fin de l'usufruit; et d'après l'art. 601,

---

(1) Dalloz, 22, 2, 123.

» l'usufruitier légal est dispensé de donner caution : on
» ne peut donc pas le soumettre à un emploi qui le
» priverait de ce libre usage autorisé par l'article 587,
» et qui ne serait qu'un mode de cautionnement. » (1)

131. Je crois cependant que, sans porter atteinte à ces principes, il serait possible, au moins fort souvent, de concilier les devoirs de la piété filiale avec l'intérêt des enfants. Lorsque l'infortune de l'usufruitier ne peut être attribuée qu'à cette fatale série d'évènements malheureux, dont on voit quelquefois l'homme honnête et laborieux accablé ; sans doute, aucune précaution ne doit être prise : d'ailleurs celui-là n'abusera pas de son pouvoir. Mais, il faut le dire, ce cas est le plus rare. Presque toujours, l'insolvabilité n'est le résultat que de l'inconduite. Si donc, au moment où il survient aux enfants une succession dont l'usufruit se trouve dévolu à leur père, celui-ci est encore dominé par les mauvaises passions qui l'ont conduit notoirement de la prodigalité à la misère ; dans son intérêt, autant que dans celui de ses enfants, il faut le protéger contre lui-même. Ses proches assemblés, d'une part, l'excluront de la tutelle, en conformité de l'article 444; de l'autre, ils provoqueront, auprès du tribunal, la confirmation de cette exclusion, et la nomination d'un conseil judiciaire, en invoquant l'article 513. Non-seulement il ne pourra pas, sans le concours de ce conseil, recevoir les capitaux de ses enfants ; mais même les siens, s'il lui en reste, seront placés sous la même sauve-garde. En

____

(1) Dalloz, 22, 2, 39.

marchant dans cette voie, on restera , à l'égard de l'autorité paternelle , dans les limites que la loi a tracées elle-même par les articles cités.

132. A l'universalité de l'usufruit légal , l'article 387 indique deux cas d'exception. Le premier est celui où l'enfant, faisant un travail séparé, ou exerçant une industrie séparée , se forme un pécule ; l'usufruitier ne peut y rien prétendre. Pour ne pas se méprendre sur le sens de l'article qui établit cette exception , il est indispensable de le combiner avec celui de l'article 373. Ce dernier article , ainsi qu'on l'a vu ci-dessus (n°s 21 et suivants) , met l'enfant, depuis son premier jour , jusqu'à son émancipation ou sa majorité , dans une dépendance sans réserve , de la volonté de son père. Pour que ce dernier n'ait pas droit aux bénéfices qu'il a pu faire par son travail ou une industrie séparée , il faut donc qu'il soit constant que c'est du consentement formel ou tacite du père , que l'enfant s'est ainsi occupé pour son compte personnel.

Si , par exemple , le fils d'un maître d'écriture, d'escrime ou de danse, déjà assez instruit par son père dans l'art qu'il professe , pour le professer lui-même, se procurait secrètement des élèves , et se formait un pécule à l'insu de son père , chez lequel il aurait continué de trouver nourriture et entretien ; son père , venant à le découvrir , aurait très-certainement le droit de le lui reprendre. Interpréter autrement l'article 387 , ce serait le mettre en contradiction manifeste avec l'article 373 , et ébranler une des bases de la puissance paternelle.

Il faut en dire autant de l'enfant qui, déjà capable de concourir par ses travaux au bien-être de sa famille, s'échapperait de la maison paternelle, pour aller, au loin, les utiliser à son profit.

133. J'en conclus encore que le père, en consentant à ce que son fils, qui lui doit tout son temps, l'emploie à une industrie séparée, peut y mettre pour condition qu'il lui fera état d'une partie de ses bénéfices.

134. Le second cas d'exception est celui où des biens sont donnés ou légués aux enfants, sous la condition expresse que les père et mère n'en prendront pas les revenus. Quoique cette disposition soit parfaitement claire, et embrasse, sans exception ni réserve, tout ce qui peut être donné aux enfants, plusieurs jurisconsultes, ainsi qu'on peut le voir dans la première partie de ce traité (n° 213), prétendent que, si les dons ou legs ainsi faits aux enfants, provenaient de leur père ou de leur mère, le survivant, ayant l'usufruit légal, pourrait faire distraire de cette libéralité la portion dont le donateur ne pouvait pas priver ses enfants, et en aurait la jouissance, malgré la disposition prohibitive du donateur. Je crois avoir suffisamment démontré l'erreur de ce système, dans lequel on se prévaut contre les enfants, de ce qui n'est écrit dans la loi qu'en leur faveur.

135. Cette question en a fait naître une autre devenue également un sujet de controverse. Celui qui donne des biens aux enfants, avec la condition que les revenus ne tomberont pas dans l'usufruit paternel, peut-il aussi interdire à l'usufruitier l'administration

de ces biens, et la confier à une personne de son choix, disposition formellement admise dans le droit romain par la Novelle 117 ? Nonobstant cette imposante autorité, la cour de Besançon, à laquelle cette question a été soumise, a, par arrêt du 15 novembre 1807, déclaré qu'une telle condition, dans notre législation actuelle, était contraire aux lois et aux bonnes mœurs.

MM. Merlin et Toullier ont adopté, sans réserve, cette décision. MM. Duranton et Proudhon ont distingué entre le point de fait qui a donné lieu à l'instance, et la question de droit posée et résolue par l'arrêt. Sous le rapport du point de fait, ils approuvent l'annulation de la clause par laquelle le testateur avait privé le père de son légataire de l'administration de la fortune par lui léguée à son fils, et le motif de leur approbation est que le père, ainsi molesté, l'était injustement, étant notoirement aussi recommandable par sa fortune, que par ses mœurs. Mais ils reprochent à la cour de Besançon de ne s'être pas bornée à ces circonstances, pour rendre au père l'administration qui lui était enlevée par une clause conçue *ab irato*, et d'avoir décidé, en principe, qu'une telle disposition était toujours contraire aux lois et aux bonnes mœurs.

M. Proudhon, surtout, a savamment discuté les motifs nombreux et séduisants que donne l'arrêt sur la question ainsi réduite. Sa dissertation est si complète, si convaincante, sur le point de droit, que je n'ai pas la prétention de pouvoir y rien ajouter.

Il n'en sera pas de même de ce qu'il dit sur le point de fait. Suivant lui, « s'il est prouvé que la clause qui

» prohibe au père l'administration des biens donnés
» au fils , n'est qu'une disposition *ab irato* , elle doit
» être déclarée nulle ; parce que la morale réprouve les
» actes de vengeance , et que la justice ne peut sanc—
» tionner l'œuvre de la passion. »

Sans doute, il faudrait prononcer ainsi, si l'on trouvait , dans le testament même , la preuve qu'il n'a été
inspiré que par l'esprit de vengeance ; comme si la
clause était conçue en termes injurieux ; parce qu'alors
elle serait contraire aux bonnes mœurs. Mais, dans le
testament dont il s'agit , il n'y avait pas un mot dont
on put tirer cette conséquence. Aussi, M. Proudhon
commence-t-il sa seconde proposition par ces mots :
s'il était prouvé. Comment donc admettre à prouver
dans quel esprit un testament a été dicté ? Quel texte
de loi peut autoriser les juges à faire ainsi le procès à
l'esprit du testateur, hors les cas de dol , de fraude ,
de captation ou de séduction ? La clause , par elle·
même , est certainement licite , puisqu'elle est spécifi-
quement autorisée par l'article 387 ; le testateur n'a
donc fait qu'user de son droit : et celui qui use d'un
droit légitime , doit compter sur l'appui de la justice ,
quel que puisse être le motif secret qui a pu le déterminer , et dont il ne doit compte qu'à Dieu.

136. Pour que les revenus de la chose donnée ne
tombent pas dans l'usufruit, on a vu que la prohibi-
tion doit être *expresse* ; mais elle l'est chaque fois que
le don est fait de manière à ce qu'il ne soit pas possible
de douter que telle a été la volonté du donateur. On a
cependant tenté de faire interpréter cette disposition ,

comme si l'exclusion devait être *littérale*, et en termes
sacramentels.

Le sieur Sevenet, par son testament, avait légué
au sieur Compigny, son petit-fils, âgé de 7 ans, une
somme de 2,000 francs ; voulant que la moitié de cette
somme fût employée à son éducation, et l'autre moitié
placée. Il ajoutait enfin que son exécuteur testamentaire toucherait tout ce qu'il léguait à son petit-fils ;
qu'il en ferait le placement et l'emploi, jusqu'à la majorité de l'enfant. Nonobstant cette disposition, le père
du légataire prétendit que c'était à lui à percevoir les
intérêts du legs, le testateur ne lui en ayant point interdit expressément le droit. Mais le tribunal de la
Seine, le 9 mai 1811, rejeta sa demande : « Attendu
» qu'il résultait de la disposition..... que l'intention
» expresse du testateur a été que la somme léguée et
» ses produits profitassent en entier au légataire. »
Jugement confirmé par arrêt de la cour royale, du 24
mars 1812 (1).

On doit s'attacher à cette jurisprudence, parce
qu'elle est conforme au principe général sur l'interprétation des testaments ; mais aussi parce qu'elle
laisse plus de liberté au testateur. Quoique cette exclusion indirecte de l'usufruitier produise le même
effet que celle directe, elle est moins choquante. Ainsi
une femme, à qui il répugnerait d'écrire dans son testament qu'elle interdit à son mari de rien prendre
dans ce qu'elle laisse à leurs enfants, se décidera plus
facilement à charger un tiers d'exécuter ses volontés.

(1) Sirey, 12. 2. 329

137. Sans cette interposition d'un tiers, un donateur peut indirectement exclure l'usufruitier de sa libéralité, en lui imposant l'obligation de faire état à ses enfants, lors de leur émancipation ou de leur majorité, de tous les produits de la chose donnée.

138. Indépendamment des deux cas d'exception compris dans l'article 387, il est certains produits qui, quoique annuels, ne doivent pas tomber dans l'usufruit légal, n'étant eux-mêmes que des capitaux. Tels sont ceux d'un bail à ferme, ou d'une entreprise temporaire, qui ferait partie d'une succession échue aux enfants. Le père continuant l'exploitation du domaine affermé au défunt, ou de l'entreprise dont ce dernier s'était chargé, sera comptable envers ses enfants de tous les bénéfices qu'il y a trouvés. Ces bénéfices ne sont que de vrais capitaux, dont, comme usufruitier, il a pu se servir, mais que ses enfants doivent retrouver dans le compte de sa gestion.

139. Ce point de droit a été soumis à la cour de Lyon, au sujet de superficies de bois à couper pendant plusieurs années, vendues à un marchand de bois. Sa veuve faisait état à ses enfants du bénéfice qu'elle avait fait, en continuant l'exploitation de ces bois. Mais un de ses créanciers intervînt dans l'instance, et prétendit que ce bénéfice devait lui rester, comme faisant partie de son usufruit. Cette prétention ayant été admise par le tribunal de Belley, il y eut appel pour les enfants. Le jugement fut réformé, et le compte de tutelle maintenu, par arrêt du 26 avril 1822. Ses principaux motifs sont « que l'usufruit que la loi accorde à la veuve sur

» les biens de ses enfants, est soumis à l'obligation de
» conserver la substance desdits biens ; que si l'article
» 590 lui donne le droit de couper les bois taillis pro-
» venant des propriétés de ses enfants, ce droit ne
» peut s'étendre aux bois affermés ou achetés par son
» mari ; parce qu'il y aurait impossibilité de conserver
» la substance, et qu'elle aurait la chose et les fruits ;
» que le produit des bois dont il est question, forme
» un capital qui appartient aux enfants, et dont elle a
» eu la jouissance jusqu'à la fin de son usufruit. » (1)

140. La même décision a été prise par la cour de Rouen, à l'égard des produits d'un office, retenus pour un certain temps, et comme condition de la vente. En 1827, le sieur Fils, courtier d'assurances, au Hâvre, avait vendu son office au sieur Lahure; et, indépendamment du prix principal porté à 105,000 fr., il s'était réservé la moitié des produits de cet office, pendant six ans de paix. En conséquence, pendant cette période, le vendeur et l'acheteur devaient faire valoir l'office en société, et en partager les produits, après le prélèvement des dépenses. Deux ans après, le sieur Fils étant décédé, sa veuve avait fait faire son travail par un commis ; et pendant les quatre dernières années, elle avait reçu, pour sa part des bénéfices, 73,904 fr. Lors du règlement de son compte de tutelle, en 1836, elle prétendit garder cette somme, qui, à l'entendre, représentait des revenus, et lui appartenait en sa qualité d'usufruitière des biens de

(1) Sirey, 23. 2. 282

ses enfants. Son système eut un plein succès au tribunal du Hâvre; mais il échoua devant la cour de Rouen. Dans son arrêt, du 19 juillet 1837, elle conclut de la nature du traité, des circonstances de la cause, et particulièrement de la fixation du prix à 105,000 fr., somme qu'elle juge notoirement inférieure à la valeur réelle de l'office; que la moitié des revenus, retenue pendant six ans, était un complément du prix, dont la veuve ne devait conserver que les intérêts. (1)

§. 4.

CONDITIONS ET CHARGES DE L'USUFRUIT PATERNEL.

SOMMAIRE.

141. 1re *obligation, inventaire;*

142. *Dans les dix jours de la nomination du subrogé-tuteur.*

143. *La déchéance, faute d'inventaire, est irréparable.*

144. *Inventaire infidèle ne remplit pas la condition.*

145. *Omissions volontaires.*

146. *Le défaut d'inventaire n'entraîne la déchéance qu'à l'égard de la succession pour laquelle il a eu lieu.*

147. 2e *obligation. Aliments, entretien et éducation des enfants.*

148. *Différences entre cette obligation et celle naturelle.*

149. *Actions qui en dérivent.*

150. 3e *obligation. Paiement des intérêts des capitaux.*

(1) Journal du palais, t. 109, p. 118.

---

141. La première condition imposée par l'article 385 à celui qui recueille l'usufruit paternel, l'assujettit à toutes les charges dont sont tenus tous les usufruitiers ; et l'article 600 porte que ceux – ci ne peuvent entrer en jouissance « qu'après avoir fait » dresser, en présence du propriétaire, un inventaire » des meubles, et un état des immeubles sujets à l'u- » sufruit. »

Du texte impérieux de cette disposition, et du but louable qui en est l'objet, la conséquence inévitable est que, si le père s'empare, sans compte ni mesure, d'une succession ouverte au profit de ses enfants, ceux-ci, jouissant de leurs droits, auront contre lui une action, non-seulement pour établir, à la faveur d'un inventaire par commune renommée, les valeurs mobilières de la succession, mais aussi pour qu'il leur soit fait état de tous les revenus par lui perçus pendant sa détention illégale.

Indépendamment de cette règle générale, les auteurs du code civil ont cru devoir la renouveler en traçant les règles spéciales au régime de la communauté, et l'article 1442 porte que le défaut d'inventaire fait perdre au survivant l'usufruit légal.

Par une fatalité que je ne puis m'expliquer, cet article, qui ne peut que fortifier la conséquence que j'ai tirée des articles 385 et 600, a tellement préoccupé tous les jurisconsultes qui ont écrit sur ce sujet, qu'ils n'ont pas plus tenu compte des deux autres que s'ils n'étaient pas dans le code, et que, n'y voyant que cet article 1442, ils en concluent que, spécial au régime de la communauté, la peine qu'il prononce ne peut pas être étendue au régime de la dot. Mais ce qui m'étonne plus encore, c'est que M. Toullier, le seul qui ne partage pas cette opinion qu'il réfute avec vigueur (t. 13, n° 9), se borne à démontrer qu'entre les deux régimes, pour le cas où le survivant s'empare de tout sans inventaire, il y a une si parfaite analogie, que la même règle doit être appliquée à tous deux, sans dire un mot des articles dont j'argumente.

La cour de Toulouse, qui la première, je crois, a eu à résoudre cette question, a suivi l'opinion du plus grand nombre ; mais, au moins, elle s'est occupée de la règle commune à tous les usufruitiers, et a cru ne pas pouvoir prononcer la déchéance de l'usufruit légal, parce que cette règle ne la prononce pas. Son arrêt est du 19 décembre 1839. (1)

Ainsi, dans ce système, si les époux ont vécu sous le régime dotal, ou s'ils ont été séparés de biens, soit par leur contrat de mariage, soit par jugement ; à la mort de l'un d'eux, celui qui survivra pourra impunément mettre la main sur l'argent comptant, les bijoux,

____

(1) Journal du palais, t. 1er de 1840, p. 257.

les capitaux, et disposer des meubles. Il faudra l'en croire sur la consistance de ce qu'il a trouvé. On aura, il est vrai, la ressource d'un inventaire par commune renommée, mais qui ignore combien ce procédé est difficile et insuffisant, pour prouver, après quinze ou dix-huit années, ce qu'était le mobilier d'une famille, et surtout ce qu'on confie rarement à ses voisins, le numéraire et les valeurs de portefeuille. Le motif d'une doctrine aussi relâchée est que, la disposition de l'article 1442 étant une peine, on ne peut pas l'étendre à des cas différents de celui pour lequel elle l'a prononcée, quelque analogie qu'il y ait entre ces divers cas.

Je dis, d'abord, avec M. Toullier, que dans cette hypothèse, l'analogie est si parfaite, et le point d'équité si évident, que cela pourrait suffire ; mais ce n'est pas sur cette analogie que je fonde mon principal argument. Je l'appuie sur le texte, tout aussi formel que celui de l'article 1442, de l'article 600. « L'usu- » fruitier ne peut entrer en jouissance, qu'après avoir » fait dresser....... un inventaire des meubles et un » état des immeubles, etc. » Cette locution *ne peut entrer en jouissance*, est certes tout aussi impérative que celle de l'article 1442. Elle frappe d'illégalité toute main-mise sur les choses sujettes à l'usufruit, avant d'avoir rempli une condition aussi positivement exprimée. Celui qui n'y a pas satisfait, n'a donc pas eu un instant de jouissance légale. Il a bravé la loi, il a pris ce qu'il devait demander, et lui seul sait ce qu'il a pris ; il ne peut donc réclamer un droit dont il a dédaigné de remplir la principale condition.

L'article 269 de la coutume de Paris exigeait aussi du gardien de faire procéder à l'inventaire sans prononcer de peine, et sans la locution prohibitive de l'article 600. La plupart des commentateurs, particulièrement Lemaître (p. 338), et Bourjon (t. 1, p. 838), émettaient le vœu que, lorsqu'on réformerait la coutume, on y insérât que le gardien ne gagnerait les fruits que du jour qu'il aurait fait faire l'inventaire. C'est ce vœu, fort judicieux, qui a été entendu des auteurs du code civil, et c'est pour y répondre, qu'ils ont conçu la disposition prohibitive ; néanmoins, les commentateurs ne veulent y voir qu'une règle comminatoire, à laquelle on peut se dispenser d'obéir ! Ce qui paraît avoir le plus déterminé la cour de Toulouse, c'est que la règle commune à tous les usufruitiers, en leur imposant l'obligation de faire inventaire, ne prononce pas leur déchéance de l'usufruit, s'ils négligent cette formalité. Mais elle fait plus ; elle leur défend de s'en saisir avant d'avoir satisfait à ce devoir. On ne peut être déchu d'un droit que quand on en jouit.

142. Je ne puis pas davantage adopter l'opinion de ces jurisconsultes qui donnent au survivant des époux, pour faire procéder à l'inventaire, le même délai qu'à l'héritier, c'est-à-dire trois mois (article 795). Ce long délai a été, de tout temps, jugé nécessaire pour appeler à la succession tous ceux qui peuvent y avoir droit, et il est sans inconvénient ; l'article 819 voulant que, si tous les héritiers ne sont pas présents, ou s'il y a parmi eux des mineurs ou des interdits, le scellé soit apposé dans le plus bref délai.

Donner ces trois mois au survivant pour faire inventaire, c'est sans raison, et non sans danger, prolonger la tentation dans laquelle il se trouve, ayant sous la main une infinité de choses dont personne autre que lui ne connaît l'existence. L'article 451 est le seul qui lui soit applicable. S'il est appelé à l'usufruit, il l'est aussi à la tutelle ; et comme elle lui appartient de plein droit, c'est dans les dix jours de la nomination du subrogé-tuteur qu'il doit faire procéder à l'inventaire.

143. La déchéance encourue par le survivant, pour n'y avoir pas fait procéder, dans le délai utile, est-elle tellement irrévocable, qu'il ne puisse pas recouvrer l'usufruit, au moins pour l'avenir, en remplissant cette formalité ? M. Proudhon, qui élève lui-même cette question (n° 273), pense que : « Si les » effets de la communauté existent encore en nature, » ou qu'il n'y en ait que peu de distraits, sans qu'on » aperçoive de soustractions frauduleuses, l'inven- » taire, pouvant être fait encore avec exactitude...., » doit avoir son effet dans le futur. » On ne peut que s'étonner de trouver une telle proposition dans un traité aussi plein de science et de jugement. De ce que tous les meubles sont restés sur place, pourrait-on conclure que le coffre-fort, l'écrin et le portefeuille sont encore dans l'état où ils étaient le jour du décès ? Parce qu'on n'apercevrait pas de soustractions frauduleuses, faudrait-il croire qu'il n'y en a pas eu de commises ? C'est, en créant une exception, proposer aux juges de se jeter dans le plus funeste arbitraire, que le texte de la loi repousse invinciblement. « Le

» défaut d'inventaire *fait perdre*, etc. » Voilà son texte. En droit, ce qui est perdu ne se retrouve jamais. C'est une vérité tellement triviale qu'elle est passée en adage : *Frustra impletur defecta semel conditio.* Aussi ce système de tolérance ayant été présenté au tribunal de Valenciennes, et sur appel à la cour de Douay, y a-t-il été déclaré inadmissible, par arrêt du 15 novembre 1833 (1).

144. S'il importe que l'inventaire soit fait en temps utile, il n'est pas moins essentiel qu'il soit l'œuvre de la loyauté. S'il est infidèle, si des détournements ont eu lieu ; s'il devient constant que le survivant, en affirmant la sincérité de ses déclarations, s'est parjuré ; ce n'est pas par un crime, qu'il a pu satisfaire à la loi. Il n'encourrait pas seulement les effets de l'action en spoliation ; la déchéance de l'usufruit serait inévitable.

145. Il faut cependant se garder de réputer soustractions frauduleuses des omissions innocentes et involontaires, qui peuvent échapper à la personne la plus scrupuleuse. Presque toujours dans les causes de cette nature, la qualité des parties, leurs antécédents, le caractère des faits, offrent aux magistrats des signes non équivoques de bonne ou de mauvaise foi. Dans le doute, la présomption est pour la bonne foi.

146. N'y aurait-il pas encore une erreur dans cette autre proposition de M. Proudhon, que le survivant d'époux en communauté qui ne fait pas d'inventaire, perd l'usufruit, non-seulement des biens du prédécédé,

____

(1) Journal du palais, t. 99, p. 172.

mais de ceux que ses enfants avaient déjà, et de ceux qui leur parviendraient par la suite ? Tout-à-l'heure je trouvais sa tolérance excessive, ici son intolérance me semble inadmissible. L'article 1442 dit, il est vrai, que le défaut d'inventaire fait perdre, en outre, à l'époux survivant, la jouissance des revenus des enfants : mais cela ne peut s'entendre que des revenus des biens de la succession dont la loi s'occupe. Toutes les parties d'une disposition se réfèrent à son objet, *materiæ subjectæ*, et ne peuvent pas aller au-delà. En cela, cet estimable professeur oublie ce qu'il vient de dire sur la première question, qu'une disposition pénale doit toujours être rigoureusement restreinte, dans son application, au cas par elle signalé.

J'irai jusqu'à dire qu'il y aurait injustice, parce que le survivant n'aurait pas obéi à la loi dans une circonstance, à étendre sa punition même à celles dans lesquelles il aurait satisfait à ses prescriptions. Si le texte de la disposition était formel, il faudrait faire taire ces réflexions ; mais, s'il faut une argumentation comme celle de M. Proudhon, pour y trouver cette injustice, il est sage de s'y refuser.

147. La seconde charge de l'usufruit paternel est de fournir aux enfants *la nourriture, l'entretien et l'éducation selon leur fortune.*

On peut s'étonner de voir imposer encore aux pères et mères une obligation déjà écrite dans l'article 203, comme une conséquence du seul fait du mariage ; mais l'étonnement cessera, quand on se sera pénétré de l'extrême différence de ces deux obligations.

148. 1° Par l'article 203 , la loi ne fait que donner sa sanction à l'obligation naturelle des pères et mères envers leurs enfants ; obligation à laquelle ils ne peuvent jamais se soustraire. Par l'article 385 , au contraire , elle leur propose une obligation civile , comme condition d'un avantage qu'elle leur laisse la liberté d'accepter ou de refuser.

2° Tant qu'ils ne sont que dans les liens de la première obligation , ils ne doivent à leurs enfants la nourriture , l'entretien et l'éducation , que proportionnément à leurs facultés personnelles ; mais , du moment où il survient à ces enfants une fortune particulière , et qu'ils en acceptent la jouissance ; c'est aux produits de cette fortune qu'ils doivent proportionner et la nourriture et l'entretien , et surtout l'éducation des enfants.

3° Enfin , l'obligation naturelle cesse , aussitôt que les enfants peuvent trouver dans les produits de leurs travaux les moyens de subvenir à leurs besoins. Il n'en est pas de même de l'obligation civile ; le père ou la mère qui la contracte , en acceptant l'usufruit , doit la remplir dans toute son étendue , sans pouvoir s'attribuer la moindre portion dans ce que les enfants ont pu économiser sur le prix de leurs travaux. C'est surtout, dans cette circonstance, que s'applique l'exception de l'article 387 sur le travail séparé des enfants.

149. De ces principes peuvent naître plusieurs actions contre les pères et mères qui méconnaîtraient les nouveaux devoirs que l'usufruit paternel ajoute à ceux de la paternité.

Si, par exemple, une personne riche, frappée des heureuses dispositions de l'enfant d'un homme de peine, et désirant le tirer du malheureux état de son père, lui faisait un legs considérable, et que le père en consommât tous les revenus, sans s'occuper de remplir les vues du bienfaiteur de son fils, ne faisant ni pour son entretien, ni pour son instruction, rien de plus qu'auparavant ; le subrogé-tuteur serait indubitablement fondé à le traduire en justice, pour y faire régler le mode de l'éducation de l'enfant, et faire condamner le père à toutes les dépenses jugées nécessaires.

L'enfant lui-même, si son subrogé-tuteur n'avait pas veillé à ses intérêts, parvenu à sa majorité, pourrait réclamer de son père toute la portion de ses revenus qu'il aurait dû employer à son éducation, et par lui abusivement conservée.

La même action pourrait être utilement exercée par l'enfant que son père aurait laissé en domesticité, et qui aurait gagné, à la sueur de son front, des aliments et un entretien qu'il aurait dû trouver dans la maison paternelle.

150. La troisième charge de l'usufruit paternel est le paiement *des arrérages ou intérêts des capitaux*. Les commentateurs se sont encore divisés sur l'interprétation de ce texte. M. Duranton et M. de Villargues s'arrêtent au sens le plus naturel, le plus équitable ; et comme l'usufruitier ne pourra prétendre aux produits qu'à partir de l'ouverture de son droit, de même il ne devra acquitter les arrérages ou intérêts dus sur ces produits, qu'à compter du même moment. *Le*

système contraire, dit **M.** Duranton, *ne reposerait que sur une erreur.*

M. Proudhon n'a pas reculé devant cette erreur, il veut que l'usufruitier soit tenu de tout ce dont la succession se trouve arriérée sur les arrérages ou intérêts qui ont couru avant son ouverture, quelle qu'en puisse être l'énormité.

Aux arguments qu'il multiplie sur le texte, je ne répondrai que par une réflexion générale. Puisqu'il faut tant raisonner pour se persuader que c'est ainsi qu'on doit l'entendre, il est donc vrai que grammaticalement il faut l'entendre autrement. Or, avec des raisonnements, quelqu'ingénieux qu'ils soient, on n'obtient jamais que des probabilités ; et ce n'est pas avec des probabilités qu'on parvient à faire dire à la loi ce qu'elle ne dit pas. D'ailleurs, contre les probabilités de **M.** Proudhon, il s'en élève une beaucoup plus sérieuse. Si les rédacteurs de l'article avaient eu la pensée qu'il leur suppose ; comme il ne fallait qu'un mot de plus dans la disposition pour lui donner ce sens, très-probablement, et je puis dire, très-certainement ils l'y auraient placé.

151. Dans ce combat de probabilités, qui doit l'emporter ? Ce ne seront pas, à coup sûr, celles qui font aller plus loin que la lettre de la loi pour la rendre injuste, en grevant l'usufruit d'une obligation sans cause, qui souvent forcerait celui à qui cet usufruit serait dévolu à y renoncer. Ce sera donc celui qui ne fait voir dans la loi que ce qui y est, et met dans un juste équilibre les avantages et les charges de l'usufruit paternel.

En vain M. Proudhon ajoute que l'article 385 a été tiré du droit coutumier sur la garde. Ce droit chargeait, il est vrai, le gardien de payer toutes les dettes, mais il lui concédait tout le mobilier pour les payer. A la vérité, la coutume de Paris, depuis sa réformation, tout en continuant de le charger des dettes, ne lui laissait plus les meubles que l'ancienne coutume lui attribuait. Aussi, les jurisconsultes déploraient-ils cette innovation, et c'est sur cette œuvre imparfaite que M. Proudhon fonde son dernier moyen!

J'ai combattu son opinion avec d'autant plus de confiance, que la cour de Lyon l'a réfutée dans son arrêt du 16 février 1835, déjà cité, n° 112; réformant, en cette partie, un jugement du tribunal de la même ville, qui avait suivi ce système. Les motifs de sa décision sont: « Que, si la rédaction de l'article 385
» et son rapprochement avec les principes du droit
» coutumier sur cette matière, ont pu déterminer des
» auteurs graves à mettre les intérêts échus avant l'ou-
» verture de l'usufruit, à la charge de l'usufruitier; la
» saine interprétation de cet article, la différence
» mise par le code entre l'usufruit et l'ancienne garde,
» repoussent cette entente trop rigoureuse du texte,
» qui n'est point, d'ailleurs, assez explicite pour qu'on
» puisse en induire une dérogation au droit commun;
» que ce qui était juste dans le droit coutumier contre
» le gardien qui profitait des droits échus avant l'ou-
» verture de son droit de garde, et quelquefois des
» capitaux de créances mobilières, ne le serait plus
» aujourd'hui contre l'usufruitier légal, dont le droit

» ne s'étend à aucun profit antérieur à l'ouverture de
» son usufruit. »

152. La quatrième charge de cet usufruit est le
paiement des frais funéraires et de dernière maladie.
Cette disposition ne peut s'entendre que des frais faits
pour les personnes dont la succession échoit en propriété aux enfants, et en usufruit à leur père ou à leur
mère ; ainsi que la jurisprudence l'avait établi partout où le droit de garde était admis. Telle a été
l'opinion générale à l'apparition du code, et elle est
restée invariable. M. Delvincourt est, je crois, le seul
qui ait pensé qu'il ne s'agissait que des frais des obsè-
ques de l'enfant. Son unique raison est que cette obligation ne se trouve qu'à la dernière ligne de l'article
385 ; tandis que les anciens auteurs, pour charger le
gardien des frais funéraires de celui dont héritait l'enfant, avaient soin de le dire dès la première ligne. Cet
argument a étonné tout le monde, et n'a persuadé personne.

Il peut cependant arriver que cette obligation s'é-
tende aux frais funéraires et de dernière maladie d'un
et même de plusieurs des enfants, s'ils laissent un ou
plusieurs frères ou sœurs âgés de moins de dix - huit
ans, qui recueillent leur succession. Le père ou la
mère de tous ces enfants ne pourra conserver l'usufruit sur la portion dévolue aux survivants, qu'en ac-
quittant proportionnément toutes les obligations dont
le charge l'article 385.

153. Avant le code, la jurisprudence avait mis les
frais du deuil de la veuve au rang des frais funéraires ;

c'est, en abondant dans ce sens, que les auteurs du code en ont chargé les héritiers du mari, sous le régime de la communauté ; on doit donc continuer de l'y comprendre. Telle a été l'opinion de M. Persil dans son *traité des privilèges et hypothèques ;* et tous les auteurs qui ont écrit depuis, sur ce sujet, ont applaudi à sa proposition.

154. Je pense qu'il faut en dire autant des frais de deuil des domestiques, dans les familles où il est d'usage de faire cette dépense. Comme ceux de la veuve, ils ont pour objet d'honorer la mémoire du défunt, et font partie de la pompe funèbre.

155. Les largesses qu'il est aussi de louable usage de distribuer aux pauvres, au moment de l'inhumation, sont dans la même catégorie. C'est encore un des points jugés par la cour de Lyon, dans l'arrêt que j'ai rapporté (nᵒˢ 112 et 151).

§. 5.

CAUSES QUI FONT CESSER L'USUFRUIT PATERNEL.

SOMMAIRE.

156. L'usufruit légal n'étant qu'une des prérogatives de la puissance paternelle, celui qui, par une des causes que j'ai fait connaître (n°s 39 et suivants), a été jugé indigne de l'exercer, a également perdu tout droit à l'usufruit légal. Si cependant il était dans le besoin, ou seulement dans la gêne, et que les biens échus à ses enfants leur procurassent un revenu supérieur à leurs dépenses, il pourrait obtenir du conseil de famille, et, en cas de refus, du tribunal, tout ce qui pourrait adoucir son sort, sans priver les enfants de leur nécessaire. Rien n'efface l'obligation naturelle des enfants de secourir, quand ils le peuvent, ceux qui leur ont donné le jour, et sont tombés dans la détresse (article 205).

157. Une des obligations de l'usufruitier est d'apporter à la conservation des biens de ses enfants, tous les soins du bon père de famille. S'il y manque, s'il dégrade les fonds ; si, faute d'entretien, il les laisse dépérir ; l'article 618 le livre à la sagesse des magis-

trats, qui, suivant les circonstances, peuvent prononcer ou l'extinction de l'usufruit, ou sa conversion en une prestation annuelle en argent. On ne peut pas douter que cette disposition ne s'applique à l'usufruit paternel comme à tout autre. La première condition écrite dans l'article 385, est de soumettre les pères et mères aux charges auxquelles sont tenus les usufruitiers.

Mais, s'il a la tutelle, comme on ne peut lui retirer l'administration des biens, sans le destituer, il faut que ses abus aient l'extrême gravité qui seule peut déterminer à avilir à ce point un père ou une mère aux yeux de ses enfants.

158. Si c'était seulement à l'égard de la personne de ses enfants que l'usufruitier méconnût ses devoirs; s'il ne prenait ni pour leur santé, ni pour leur instruction, tous les soins sans lesquels ils ne peuvent avoir qu'un malheureux avenir; mais qu'aucun reproche ne pût lui être fait sur la partie matérielle de son usufruit; quoique la tutelle dût lui être enlevée, l'usufruit, qui en est indépendant, lui resterait. M. Proudhon (n° 190) pense, il est vrai, le contraire, et croit que, dans ce cas, il pourrait être déchu même du bénéfice de l'usufruit légal. Je ne chercherai pas ma réponse ailleurs que dans le même auteur (n° 134); « la » puissance paternelle, qui est un droit utile dans » celui qui en est revêtu, est bien différente de la » tutelle, qui n'est qu'une charge tout à l'avantage des » enfants; non-seulement la puissance paternelle et la » tutelle sont très-distinctes, mais elles sont sépara-

» bles ; la privation de l'une n'opère pas la déchéance
» des droits de l'autre. En conséquence , la mère qui
» n'accepte pas la tutelle , ou le père qui en est excusé
» ou *exclus* , n'en doivent pas moins conserver l'un et
» l'autre les droits de la puissance paternelle et l'usu-
» fruit qui y était attaché. »

Cependant un arrêt de la cour de Paris , du 4 février 1832 , a déclaré un père déchu de l'usufruit, par
le seul motif qu'il laissait ses enfants dans un dénûment absolu. Mais il est probable que son usufruit
n'excédait pas les besoins de ses enfants ; les circonstances de la cause donnent à le penser : un des motifs
de sa destitution est qu'il venait de vendre un mobilier précieux. Dans ce cas , sans doute , les tribunaux
peuvent et doivent prononcer la déchéance ; mais
quand cet usufruit laisse au père un notable excédant
sur les dépenses , ils ne pourraient pas , sans se livrer
à un injuste arbitraire , l'en priver ; la loi qui a précisé
les cas de déchéance , n'y ayant pas compris celui-ci.

159. La mère qui contracte un second mariage ,
abdique, par ce fait , l'usufruit légal (article 386). Elle
ne conserve même la tutelle qu'autant qu'elle y est
maintenue par le conseil de famille de ses enfants (article 395).

160. Mais si ce mariage était annulé, pourrait-elle,
en recouvrant son indépendance , recouvrer également son usufruit ? M. Proudhon (n° 144) enseigne
que , par le seul fait du mariage , elle l'a irrévocablement perdu ; à moins qu'en le contractant, elle n'eût
fait que céder à la violence. Son motif , pour traiter

aussi sévèrement une femme qui se croyait mariée et ne l'est pas, est qu'elle a voulu se marier, au préjudice de ses enfants; que, s'il se trouve qu'elle ne l'est pas, elle n'en est pas moins *en faute* à leur égard. Cette sévérité n'a certes pas été dans la pensée des auteurs de l'article 386. En refusant l'usufruit à la veuve qui se remarie, ils n'ont pas entendu la punir *d'une faute*, et renouveler l'improbation des secondes noces, qui jeta quelques troubles dans l'église, au 4ᵉ siècle, et fut condamnée comme hérésie par le concile de Nicée (*Can.* 8). Ce qui le prouve, c'est que le même fait, de la part du père, est très-licite, et ne lui fait pas perdre l'usufruit. La seule raison de cette différence entre le père et la mère, est que celle-ci, passant dans un nouveau lien, se donne un maître; que lui conserver l'usufruit, c'eut été le donner au second mari. C'est, en effet, l'unique motif donné par M. Réal, orateur du gouvernement, en présentant cette partie du code. « Il y aurait eu, dit-il, inconvenance à éta-
» blir en principe que la mère pût porter dans une
» autre famille les revenus des biens de ses enfants du
» premier lit, et enrichir ainsi à leur préjudice son
» nouvel époux. » (1)

---

(1) Il y a dans les articles 201 et 202, un vice de rédaction qui mérite d'être remarqué. Ces articles ne sont que la reproduction littérale de la législation canonique, fondée sur la décision du pape Innocent III (*Cap. ex tenore* 14, *ext. qui filii sint legitimi*). Mais alors le mariage, étant célébré à l'église, avait des effets religieux quant au lien, et des effets civils quant aux intérêts; en sorte que, s'il se trouvait nul, mais contracté de bonne foi, le lien seul était brisé; les intérêts étaient conservés autant qu'ils pouvaient l'être, et les enfants étaient légitimes. Actuellement, c'est loin de l'autel, et devant

Lors donc que le second mariage est annulé, la mère recouvre son indépendance, ou plutôt elle ne l'a pas perdue un seul instant ; et quelle que soit la cause de la nullité du mariage, il suffit qu'il soit certain qu'elle seule profitera de l'usufruit, pour qu'elle conserve un droit que la loi lui défère.

M. Duranton reconnaît que, si le mariage est annulé, il doit être considéré comme n'ayant pas eu lieu, et la jouissance de la femme comme n'ayant pas cessé ; mais il est tombé, suivant moi, dans une autre erreur ; il pense qu'il en devrait être autrement, si, attendu la bonne foi des époux, le mariage produisait les effets civils. Ainsi, il suppose que, dans ce cas, le mariage produit tous les effets civils du mariage régulier. S'il en était ainsi, l'annulation de ce mariage le laisserait subsister en entier ; car il n'a plus que des effets civils, depuis que, suivant l'expression de M. Portalis, la législation s'est *sécularisée*. Mais les articles 201 et 202, loin d'avoir un sens aussi étendu, ne font produire au mariage nul ses effets que restrictivement, *à l'égard des époux* et de leurs enfants ;

---

l'officier de l'état civil, que le contrat est formé ; il ne peut plus avoir que des effets civils ; le lien lui-même n'a pas d'autre caractère ; et cependant, c'est sans en excepter un seul, qu'on dit : « le mariage » déclaré nul produit néanmoins les effets civils, tant *à l'égard des* » *époux*, qu'à l'égard de leurs enfants. » Ainsi les époux ne sont pas déliés de leurs obligations, et chacun d'eux pourrait contraindre l'autre à les exécuter. Jusqu'à la rectification de ce texte, qui, pris à la lettre, est inconstitutionnel, il faut nécessairement supposer que le mariage a encore des effets religieux, et que ce sont ceux-là seulement qui cessent quand l'annulation est prononcée.

c'est-à-dire, ceux auxquels ils auraient donné le jour. Il n'en produit donc aucun à l'égard des tiers ; et quand M. Duranton étend cette disposition aux enfants du premier lit, il en fait évidemment une fausse application. Le seul objet des deux articles est de maintenir *en faveur des époux* les avantages sur l'espoir desquels ils ont contracté, et de légitimer les enfants nés d'une union qu'ils croyaient légitime. C'est ainsi que tous les auteurs, et M. Duranton lui-même (t. 2, n° 367), ont interprété ces articles.

161. La mère qui, remariée régulièrement, retombe en veuvage, par la mort de son second mari, retrouve aussi son indépendance ; mais l'usufruit légal est irrévocablement perdu pour elle, le mariage n'eût-il pas duré vingt-quatre heures. La loi l'a prévenue qu'il cesserait en cas de second mariage ; la condition qui le lui enlève sans retour, est accomplie.

162. Celle qui, pour conserver cet usufruit, ainsi que sa liberté, au lieu de s'enlacer dans des nœuds légitimes, se livre à une vie licencieuse, soit en vivant en concubinage, soit en s'adonnant plus ardemment encore au libertinage, pourra-t-elle conserver ce droit qu'on lui refuserait, si elle contractait un nouvel engagement, sous les auspices de la religion et des lois ? L'ancienne jurisprudence la déclarait indigne du bénéfice de la garde ; mais alors aucune loi, sur ce point de droit, n'empêchait les magistrats de suivre les conseils de l'indignation. Il n'en est plus ainsi : on l'a déjà vu, les règles d'admission et d'exclusion, à l'égard de l'usufruit paternel, sont disertement écrites dans le

code. Celles sur ses rapports avec la tutelle , y sont également, et de leur ensemble il résulte, 1° que, comme je l'ai déjà dit plusieurs fois, l'usufruit paternel est indépendant de la tutelle et de la garde des enfants.

2° Que le second mariage de la mère est le seul motif qui puisse lui faire perdre cet usufruit;

3° Que l'inconduite de celui qui exerce la tutelle , à quelque titre que ce soit , et les funestes conséquences qu'elle peut avoir sur les enfants , ont été prévues par les auteurs du code ; mais ne peuvent autoriser qu'à le destituer de cette tutelle. Il est, dès-lors , évident que, dans cet état de la législation , il n'est pas au pouvoir des juges de sortir de ce cercle.

163. Destituer cette mère impudique , c'est tout ce qu'ils peuvent et doivent faire. Cette mesure, d'ailleurs, satisfait, autant qu'il est possible dans cette déplorable conjoncture , à ce que la morale peut exiger. Il ne reste plus qu'une question d'intérêt ; et c'est sur les questions de cette nature que les juges doivent se renfermer , avec le plus de soin , dans les bornes de leur mandat.

Si l'on se méprend sur le vrai motif de l'article 386, si l'on ne croit pas ce qu'a dit **M. Réal** , que ce motif est seulement d'empêcher le second mari de s'enrichir des biens du premier ; si , au contraire , on croit, comme **M. Proudhon** , que les législateurs , par une partialité inexcusable , voyant dans les seconds mariages un acte licite de la part du mari, et *une faute* de la part de la femme , ont voulu punir cette veuve , comme infidèle à ses premiers serments ; il sera rationnel d'en conclure, et même *a fortiori*, que la veuve dissolue doit aussi perdre l'usufruit. C'est cette méprise qui a dicté à la cour de Limoges deux arrêts, des 16 juillet 1807 et 2 avril 1830 (1), par lesquels elle a déclaré déchues de leur usufruit, deux veuves, dont l'inconduite scandaleuse ferait excuser l'arbitraire de ces arrêts, si jamais il pouvait l'être.

Ces décisions ont entraîné le suffrage de M. Delvincourt (2); et même celui de M. Proudhon, oubliant, encore une fois (n° 146) la théorie de son n° 134. La réunion de ces autorités n'a pas empêché la cour d'Aix, par son arrêt du 30 juillet 1813 (3), de ramener la question aux vrais principes qui doivent la faire résoudre. L'examen détaillé que je pourrais faire des motifs des deux cours, ne ferait que donner à cette discussion une étendue peu utile. Je laisse aux amis de la saine doctrine le soin de comparer ces motifs; et je ne doute pas qu'ils ne donnent la préférence à ceux de la cour d'Aix. On peut, à son arrêt, joindre celui de la cour de Paris, du 26 décembre 1810 (4), qui a jugé dans le même sens, à l'égard du père, et réformé un jugement du tribunal de Joigny, dans lequel se retrouvait tout le système de la cour de Limoges.

164. Un des motifs de cette dernière cour mérite une attention particulière. Elle voit, avec raison, dans

---

(1) Dal., per. 22. 2. 124.
(2) T. 1, p. 457.
(3) Journal du palais, t. 39, p. 39.
(4) *Idem*, t. 29, p. 217.

la conduite désordonnée de la veuve , un péril à peu
près certain pour les capitaux soumis à son usufruit ;
la misère étant , presque toujours , la compagne du
libertinage. Son erreur est dans la conséquence qu'elle
en a tirée , qu'il fallait lui reprendre l'usufruit. Dans
une telle occurrence , sur la réclamation du tuteur , si
de l'instruction il résultait que le désordre de la mère
dans ses affaires , est le même que dans ses mœurs ,
les juges s'empresseraient de lui nommer un conseil
judiciaire. C'est la même question que celle que j'ai
traitée dans le paragraphe précédent (V. n°s 119 et
120).

165. L'usufruit paternel s'éteint , de plein droit ,
si l'enfant, sur la vie duquel il est établi, vient à mourir avant d'avoir accompli sa 18e année. La rédaction
de l'article 384 n'est pas aussi précise qu'elle aurait
pu l'être ; mais , comme ce droit ne prend sa source
que dans la puissance paternelle , et que toute puissance s'évanouit, quand son sujet tombe , un assentiment général a fait justice de l'équivoque.

166. L'usufruit peut aussi cesser aussitôt que l'enfant a atteint sa 15e année accomplie , si celui qui l'exerce use de la faculté qu'il a , aux termes de l'article
477 , de l'émanciper ; faculté dont les développements
trouveront place dans le chapitre qui suit (section 1re).

167. Lors même que plus tard il aurait de justes
motifs de regretter cet acte de désintéressement , et
parviendrait à faire révoquer l'émancipation , il ne recouvrerait pas son usufruit. D'une part , l'article 384 ,
qui fait cesser cette jouissance au jour de l'émancipa-

tion, ne dit pas qu'elle pourra revivre, si l'émancipation est révoquée ; de l'autre, l'article 486 porte que, du jour de la révocation, le mineur rentrera en tutelle : ce qui semble exclure la renaissance de l'usufruit.

168. Le mariage de l'enfant a tous les effets de l'é-mancipation, et par conséquent, celui de le remettre en jouissance de tous ses biens (article 476).

169. Dans ce cas, comme dans le précédent, si la remise de l'usufruit avant le terme que la loi lui a marqué, faisait aux créanciers de l'usufruitier un préjudice certain, ils seraient bien fondés à s'opposer, non, bien entendu, à l'affranchissement obtenu par l'enfant, mais à la remise prématurée qui lui serait faite de ses biens ; pour, par eux, en saisir les revenus jusqu'au terme légal des droits de l'usufruitier. Tout ce que j'ai dit (n° 107) au sujet de la renonciation faite par l'usufruitier, soit au moment où ce droit lui échoit, soit après, s'applique également à la remise des biens par suite de l'émancipation. Dans tous ces cas, c'est de la part de l'usufruitier une libéralité à ses enfants ; et il n'est permis d'être libéral qu'à celui qui ne doit rien. « Le père n'a pu, ni directement, ni indirectement, » renoncer à un usufruit par lui acquis, au préjudice » de ses créanciers. » Arrêt de la cour de cassation, du 11 mai 1819 (V. n° 107).

170. Si, pendant l'absence prolongée de son mari, la mère qui, aux termes de l'article 141, exerce tous ses droits à l'égard de leurs enfants, leur avait fait la remise de leurs biens, en les émancipant ou les mariant ; cette remise serait irrévocable. Le père revien-

drait, avant qu'ils eussent accompli leur 18ᵉ année,
qu'il ne pourrait pas faire revivre son usufruit légal.
(V. ci-après, n° 174).

Chapitre II.

**PUISSANCE PATERNELLE DEPUIS LA PUBERTÉ DES ENFANTS
JUSQU'A LEUR MAJORITÉ.**

SOMMAIRE.

171. La puberté, par elle-même, ne fait tomber
aucune des prérogatives de la puissance paternelle ;
l'enfant doit à ses père et mère, jusqu'à sa majorité,
la même obéissance que durant son premier âge. Si,
cédant à l'impatience de ses désirs, ils allègent le
poids de leur autorité sur lui, il ne le devra qu'à leur
bienveillance.

Ses désirs, il faut le reconnaître, sont dans l'ordre
de la nature. Ce sont l'énergie que ses organes ont acquise, et le développement de son intelligence, qui les
ont fait naître, surtout si l'on a pris soin de son éducation. Il a observé, avec plus de curiosité que de discernement ; mais il a appris comment et pourquoi il

est venu au monde ; il voudrait déjà y prendre rang.
S'il a quelque savoir, il voudrait en tirer parti, et en
conserver les profits. Si la mort, en le privant de son
père ou de sa mère, l'a rendu propriétaire, il voudrait
jouir de ce qui lui appartient. Enfin, et ce désir n'est
pas le moins ardent, plus il est sage, plus le célibat
lui déplait ; il aspire au mariage.

172. C'est à la sagesse des pères et mères, que la
loi se confie, pour se prêter à ses désirs, ou les com-
primer, suivant le plus ou moins de maturité qu'ils
aperçoivent dans ses dispositions. Elle se borne donc à
leur donner la faculté d'émanciper les fils et les filles,
dès l'âge de 15 ans ; de marier les filles au même âge,
et les fils seulement quand leur 18e année est révolue.
(articles 477 et 144 du code civil). Chacune de ces deux
concessions mérite d'être traitée séparément.

Section Ire.

ÉMANCIPATION.

SOMMAIRE.

<table>
<tr><td>173. Effets de l'émancipation à l'égard des pères et mères.</td><td>176. A qui appartient la faculté d'émanciper l'enfant mineur.</td></tr>
<tr><td>174. A l'égard des enfants.</td><td>177. Cette faculté est indépendante de la tutelle.</td></tr>
<tr><td>175. Leurs obligations envers leurs père et mère.</td><td>178. La mère l'exerce pen-</td></tr>
</table>

173. J'ai dit que l'émancipation de l'enfant mineur était, de la part des père et mère, l'acte de la plus pure bienveillance ; en effet, elle ne fait cesser aucune des obligations naturelles et civiles que sa filiation leur impose ; particulièrement celle de subvenir à tous ses besoins, si, contre cet espoir, il ne parvient pas à y pourvoir lui-même. Cependant elle les dépouille des plus importants de leurs droits sur sa personne et ses biens, sans qu'ils puissent y mettre d'autres exceptions ou conditions que celles de la loi. *Actus legitimi qui recipiunt diem vel conditionem, veluti mancipatio..... in totum vitiantur per temporis, vel conditionis adjectionem.* (*L.* 77, *ff. de reg. jur.*). Si tel était le principe chez les romains, qui avaient fait de la puissance paternelle un pouvoir despotique ; à plus forte raison, doit-il régir en France cette puissance, que nos législateurs n'ont admise qu'en faisant de l'intérêt des enfants, sa base principale.

174. Quant aux enfants, ils entrent en pleine li-

berté de leurs actions ; ils vivront où ils voudront, et comme ils voudront. Ils administreront leurs biens et disposeront de leurs revenus à leur volonté (1). S'ils ont un métier, un art, un talent, ils l'exerceront à leur profit. De l'obéissance sans bornes que, la veille encore, ils devaient à celui qui a rompu leurs liens, ils n'auront plus qu'à lui porter honneur et respect, sauf, toutefois, à se soumettre à son autorité, s'il leur convient de faire ce qu'ils ne peuvent pas entreprendre sans son consentement.

175. Cette indépendance du mineur émancipé dans la gestion de ses affaires, ne peut, en effet, rencontrer aucun obstacle, tant qu'il n'éprouve aucune nécessité qu'il ne puisse satisfaire. Mais si d'impérieuses circonstances l'obligent d'implorer le secours de son père ou de sa mère, il ne peut pas éprouver de refus. Avant tout cependant, il devra, pour justifier sa demande, donner, sur son administration, tous les détails qu'on exigera de lui.

Il pourrait également être obligé de subir l'appréciation de ses ressources et de ses dépenses, si son père ou sa mère, ou tous deux, manquant du nécessaire, et réclamant son superflu, il ne s'empressait pas d'aller au-devant de leur action.

176. Par qui et comment une telle liberté peut-elle être accordée à l'enfant mineur? La faculté de l'en faire jouir, dès qu'il a accompli sa 15e année, est dé-

_____

(1) Pour l'étendue et les limites de leur droit à administrer leur fortune, v. la 3e partie, chap. V.

férée par l'article 477, d'abord à son père, et, *à son défaut*, à sa mère. Les aïeuls ne les remplacent pas, comme pour le mariage. Le conseil de famille et le tuteur ne peuvent en user, que quand l'enfant est resté sans père ni mère (articles 478 et 479). Dans ce cas même, il faut qu'il ait sa 18e année.

177. La première conséquence de l'ensemble de ces dispositions est que ce droit, fort important sur la destinée de l'enfant, est attaché à la paternité et à la puissance qui en dérive ; que dès-lors, comme toutes les autres prérogatives de cette puissance, il est tout-à-fait indépendant de la tutelle. Ainsi, que le père en ait été excusé ou exclus, même pour inconduite ; que la mère l'ait refusée, ou qu'en se remariant, elle n'y ait pas été confirmée ; ou que ses mauvaises mœurs l'en aient fait destituer ; tant qu'un des deux est présent, c'est à lui seulement qu'est dévolu le pouvoir de l'émancipation. En sorte que, quand il n'a pas la tutelle, il la fait cesser à son gré, dès que l'enfant a 15 ans, sans que ni le tuteur, ni le conseil de famille, puissent le contrarier à ce sujet. Le mari même ne peut pas empêcher sa femme d'émanciper les enfants d'un lit précédent.

La clarté de ces dispositions n'a pas empêché que leur interprétation n'ait été, deux fois, l'objet d'une discussion judiciaire, en 1807, devant la cour de Colmar, et en 1808, devant celle de Liége : mais elle y a été uniformément jugée en faveur de la mère. C'est dans l'espèce soumise à cette dernière cour, que l'importance du droit de la mère se fait mieux sentir.

Une femme, restée veuve avec une fille de son premier lit, âgée de plus de quinze ans, s'étant remariée, sans avoir été confirmée dans la tutelle de cet enfant, le conseil de famille lui nomma un tuteur, qui, insensible aux remontrances de la mère et aux larmes de la fille, les sépara, en mettant la fille dans une pension. La mère l'en retira aussitôt; et menacée par le tuteur de la reprendre, elle l'émancipa. La notification qu'elle lui fit faire de l'émancipation, ne l'arrêta pas, et deux gendarmes vinrent arracher sa fille de ses bras, pour la remettre dans la pension. Sur la demande de la mère, portée devant le tribunal de Liége, on soutint que l'émancipation était un effet de l'autorité tutélaire, et que la mère, en perdant la tutelle, avait perdu tous ses droits à cette autorité, qui, dès cet instant, avait été transmise au tuteur. Ce système prévalut devant les premiers juges; mais la cour, par arrêt du 6 mai 1808, en reconnaissant la validité de l'émancipation, déclara la personne de la fille affranchie du pouvoir du tuteur (1).

178. L'article 477 donnant à la mère, *à défaut du père*, le pouvoir d'émanciper l'enfant, il en résulte que si, lorsque cet enfant accomplit sa quinzième année, le père est absent sans nouvelles, la mère est investie de la faculté d'émanciper l'enfant, et de lui remettre ses biens, si elle le juge capable de les administrer. Cette locution *à défaut du père*, comprend,

______

(1) Cet arrêt, ainsi que celui de la cour de Colmar, du 17 juin 1807, sont rapportés dans la jurisprudence générale de Dalloz (t. 12, p. 777, nos 1 et 2).

dans la généralité de son acception , toutes les conjonctures qui privent le père de l'exercice de cette belle
prérogative ; et comment en douter , puisqu'en ce cas ,
la mère peut marier l'enfant (art. 149) et l'autoriser à
faire le commerce (art. 2 du code de commerce)? Aucun
jurisconsulte n'a élevé de doute à cet égard. Cependant
M. Duranton (n° 655), sans contester positivement
ce droit à la mère, pense que, du moins, l'émancipation par elle donnée ne devrait pas priver le père de
son usufruit, s'il revenait reprendre le gouvernement
de la famille , avant la dix-huitième année de l'enfant.
Mais c'est séparer l'effet de la cause contre l'expresse
volonté du législateur. L'article 384 fait cesser l'usufruit dès que l'enfant est émancipé. Qu'il le soit par le
père ou par la mère, la disposition est générale, sans
exception ni distinction. Comment l'autorité judiciaire
s'arrogerait-elle le droit d'en faire? Si l'émancipation
est valable , elle ne peut pas devenir stérile. M. Duranton reconnaît que , si la mère avait marié l'enfant,
le père absent ne pourrait pas , à son retour, reprendre les biens. Il en donne pour motif, que le mariage
est favorable. Mais tout est favorable dans l'émancipation ; il s'agit de mettre l'enfant en liberté , et de cesser de s'enrichir à ses dépens.

179. La mère a également le droit de la donner à
ses enfants, lorsque, parvenus à l'âge où ils peuvent
jouir de cet avantage, leur père , frappé d'interdiction
pour aliénation mentale ou condamnation judiciaire ,
ne peut pas le leur procurer lui-même.

180. La puissance des pères et mères sur leurs en-

fants étant dans l'ordre de la nature, la faculté de les en affranchir découle manifestement de la même source; le droit de commander emporte toujours celui de dispenser de l'obéissance. De ces vérités il faut conclure que les pères et mères des enfants naturels ont, à l'égard de leur émancipation, le même pouvoir que ceux des enfants légitimes. Ce point de droit a été sanctionné par un arrêt de la cour de Limoges, du 2 janvier 1821, réformant un jugement du tribunal de Guéret, qui avait annulé l'émancipation d'une fille naturelle faite par sa mère (1).

Cette cour, il est vrai, en fondant son principal motif sur le droit naturel, a cru pouvoir s'appuyer aussi sur la généralité des expressions de l'article 477. Mais plus on examine l'ensemble et les détails du titre 10, sur la minorité, plus on reste convaincu que ses auteurs n'y ont pas honoré les enfants naturels du moindre souvenir, et ne s'y sont occupés que des enfants légitimes. Ce qui est décisif sur cette question, c'est que l'article 383 consacre le droit des pères et mères naturels à la puissance paternelle; d'où résulte manifestement pour eux la faculté de l'émancipation, qui n'est autre chose que l'abdication des plus importantes prérogatives de cette puissance. Si donc le père et la mère d'un enfant illégitime se concertent pour le faire sortir de tutelle, ils en ont incontestablement le droit.

181. Mais, s'il y a entre eux dissentiment, la volonté du père peut-elle l'emporter sur celle de la mère,

____

(1) Journal du palais, t. 60, p. 513.

comme entre les époux légitimes ? Non sans doute. L'é-
mancipation n'ayant d'autre but que d'affranchir l'enfant de la tutelle, ce nouveau débat, entre le père et
la mère de l'enfant naturel, doit être réglé par le
même principe qui fait déférer sa tutelle à l'un d'eux,
quand ils se la disputent. Les tribunaux n'y considèrent que *le plus grand avantage de l'enfant* (1). Or, ce
qu'il y a de plus avantageux pour l'enfant qui désire
l'émancipation, c'est de l'obtenir, s'il la mérite, ou de
rester en tutelle, s'il n'en est pas digne encore. Et qui
peut mieux le juger que celui qui a sa tutelle ? C'est
donc à celui-ci que le droit de l'émanciper, ou de le
tenir plus long-temps en tutelle, appartient.

182. Quant à la forme de l'émancipation, elle consiste dans *la seule déclaration* qu'en fait le père ou la
mère devant le juge de paix de son domicile. Ces expressions de l'article 477 ont eu pour objet de dispenser des formes rigoureuses et symboliques, auparavant
en usage, et fort inutilement, puisque cet acte est
purement volontaire. Dans le Languedoc, et même à
Paris devant le lieutenant civil, l'enfant se mettait à
genoux devant son père, les mains jointes entre les
siennes, et le priait de l'émanciper. Ailleurs ce petit
drame n'était pas nécessaire; mais partout il fallait des
lettres du prince; et, conformément à la loi 5, *cod. de
emancip.*, la comparution en personne de l'émanci-
pateur et de l'enfant. Aujourd'hui le juge de paix ne
pourrait pas, sans s'exposer à la réformation de son

____

(1) V. ci-dessus, nᵒˢ 88 et suiv.

jugement, exiger cette comparution personnelle de l'é-
mancipateur. On stipule valablement devant le juge,
comme devant un notaire, par un mandataire porteur
d'un pouvoir régulier, dans tous les cas où la loi n'en
exige pas davantage.

183. Lorsque le mineur émancipé ne répond pas
dans sa conduite, aux espérances qu'en avait conçues
celui de ses père et mère qui l'a émancipé ; et qu'imprudemment il a contracté, *par voie d'achats ou autrement*,
des obligations que la justice est obligée de réduire,
il est exposé à perdre toute la capacité qui lui avait été
donnée, et à rentrer en tutelle. Son sort, à cet égard,
dépend entièrement de celui qui lui a accordé l'émancipation. Si c'est à son père qu'il en est redevable, et
que ce dernier soit décédé depuis, ce sera la mère qui
prononcera. A défaut de celle-ci, ce sera le conseil de
famille.

Dans tous les cas, la révocation se fait, comme l'é-
mancipation, devant le juge de paix ; et du moment
où ce magistrat l'a reçue, elle est irrévocable ; la majorité seule de cet enfant peut mettre un terme à sa
tutelle. (V. les articles 484, 486 et 487).

184. Lorsque l'enfant a été reconnu capable de
remplir les devoirs du mariage, il se trouve émancipé,
de plein droit, aussitôt après la célébration de cette
union devant l'officier de l'état civil (article 476). Mais
cette émancipation n'est pas plus révocable que le mariage dont elle n'est que la conséquence. A l'égard du
mari, les effets de la puissance que le mariage lui donne
sur sa femme, eussent été inconciliables avec ceux de

la tutelle de son père sur lui. Quant à la femme, à qui aurait-elle pu obéir lorsque son père et son mari lui auraient manifesté des désirs contraires ?

185. L'enfant mineur tomberait en viduité avant sa majorité, qu'il n'en conserverait pas moins le bénéfice de l'émancipation. Il suffit, pour en faire une règle de droit, que le code civil n'ait pas une disposition qui autorise à l'en priver, surtout quand on se rappelle qu'auparavant, la doctrine, à cet égard, était générale dans toutes les provinces où le mariage émancipait (1). La cour de Grenoble, ayant conçu une opinion contraire, après avoir réformé un jugement de première instance qui avait maintenu l'émancipation, a vu casser son arrêt par la cour suprême. Voici l'espèce.

En 1806, la demoiselle Dussere, âgée de 14 ans seulement, mais avec dispense, fut mariée au sieur Aymard, et dotée par son père de 10,000 fr., qu'il s'obligea de payer six mois après. Avant l'expiration de ce terme, le sieur Aymard étant décédé, sa veuve resta avec son père, qui, se croyant encore tuteur, garda la dot promise, et se fit même payer par les héritiers du mari ce qu'ils devaient à sa veuve. Mariée ensuite au sieur Duvernet, elle lui apporta en dot tout ce que lui devait son père. En 1812, les affaires de ce dernier étant en désordre, sa femme obtint sa séparation de biens ; ses immeubles furent vendus, un ordre s'ouvrit, et la dame Duvernet, pour le recouvrement de ses

____

(1) V. le nouveau Denisart, au mot *émancipation*, §. 2, n° 1.

créances , demanda à être colloquée au rang que lui assurait l'hypothèque légale du mineur sur les biens de son tuteur : prétendant que , sortie de tutelle par son premier mariage , le décès de son mari l'y avait fait rentrer, l'effet devant tomber avec la cause. Ce systè-me séduisant fut sans succès auprès des premiers juges, mais il réussit complètement devant la cour de Greno-ble , qui, par arrêt du 6 juin 1817, accorda à la dame Duvernet la collocation qu'elle demandait. C'est cette décision qui a été cassée, le 21 février 1821 , par les motifs suivants : « Considérant qu'aux termes de l'ar-
» ticle 476 du code civil, le mineur est émancipé, *de*
» *plein droit*, par le mariage ; que cet article , le seul
» qui prononce sur l'émancipation par mariage, la
» confère sans condition , ni terme, ni réserve, et par
» conséquent d'une manière absolue et irrévocable ;
» qu'ainsi elle est acquise au mineur qui se marie, soit
» qu'il ait l'âge fixé par la loi pour former cette union,
» soit que , plus jeune , il la contracte avec dispense
» du gouvernement , et qu'elle lui est acquise non-
» seulement pendant la durée du mariage , mais même
» après sa dissolution, quoiqu'alors il soit encore en
» minorité ; d'où il suit qu'en jugeant que la demoi-
» selle Dussere avait cessé d'être émancipée en deve-
» nant veuve , et que par suite elle était alors rentrée,
» de plein droit, sous la tutelle de son père , l'arrêt
» attaqué a violé l'article 476 du code civil. »

186. Quand l'enfant mineur a été émancipé , et qu'il est parvenu à sa 18e année accomplie, celui de ses père et mère qui a sur lui l'autorité , peut encore

ajouter beaucoup à sa capacité, en l'autorisant à faire le commerce, ou à exercer un des arts mis au rang de ceux qui constituent le commerce. A la différence de l'émancipation, qui ne peut pas être restreinte, cette autorisation peut être limitée à une espèce de commerce, ou à un des arts qui en ont le caractère. Il serait même prudent de le faire. Du moment où cette autorisation a été enregistrée et affichée au tribunal de commerce, cet enfant peut contracter et s'obliger, comme s'il était majeur, mais seulement pour ce qui concerne son négoce (article 2 du code de commerce).

187. Dans quelques désastres que cette autorisation imprudemment donnée à ce jeune commerçant, puisse l'entraîner, son émancipation n'est plus révocable. Loin que ses obligations soient réductibles quand on a abusé de son inexpérience, l'article 1308 du code civil le prive formellement du bénéfice de la restitution, ce qui n'est qu'une conséquence de l'article 487, par lequel il est réputé majeur pour les faits relatifs à son commerce.

Il en serait autrement, si, dans ses opérations commerciales, il avait dépassé les bornes posées dans l'acte de l'autorisation. Ses obligations ne seraient pas seulement réductibles, elles seraient annulées. Ceux qui auraient traité avec lui ne pourraient s'en prendre qu'à leur légèreté, de ne s'être pas assurés de la mesure de sa capacité commerciale, quand ils le pouvaient, en consultant les registres du tribunal de commerce.

188. Non-seulement l'enfant émancipé et âgé de 18 ans ne peut pas, sans cette autorisation, entreprendre

un commerce habituel, mais l'article 3 du code de commerce lui interdit également tous les actes accidentels énumérés dans les articles 632 et 633 du même code.

189. L'émancipation ne le dispenserait pas non plus de l'autorisation paternelle, s'il voulait s'enrôler volontairement dans le service militaire avant sa 20e année. Il était de la sagesse du législateur de ne pas laisser un enfant au-dessous de cet âge, braver la tendresse et les conseils de ses père et mère, pour se lancer dans une carrière où les succès sont aussi rares que les périls y sont fréquents.

Le code civil, conçu à une époque où la France, sous un chef avide de gloire et de puissance, soutenait, pour lui complaire, une guerre européenne, avait maintenu, par son article 374, la licence donnée par les lois révolutionnaires aux fils de famille, dès leur 18e année acquise, de courir, sans congé ni de leur père, ni de leur mère, les hasards de la vie de soldat, qui n'en eut jamais plus qu'à cette époque. Il pouvait même s'y livrer avant cet âge, avec le consentement de son père. Quant à la mère, on connaissait trop bien sa tendresse, pour qu'on lui permît d'y mettre obstacle. Mais, en 1832, lorsque la France fût devenue pacifique, on procéda à la révision des lois sur le recrutement de l'armée; cet article 374, dicté, en 1803, par Napoléon, qui sut porter sa suprême influence jusque sur la législation civile, subit deux importantes modifications. L'une restreint à la 20e année, l'âge auquel le fils de famille peut s'enrôler dans le service militaire, sans l'assentiment de ses parents; l'autre lui en ouvre les rangs plus tôt , mais pourvu qu'il justifie du consentement de son père et de celui de sa mère. (article 32 de la loi du 21 mars 1832).

Section II.

MARIAGE DE L'ENFANT MINEUR.

SOMMAIRE.

190. *Il ne peut pas se marier sans le consentement de celui de ses ascendants que les circonstances dans lesquelles il se trouve et la loi lui désignent.*

191. *Cet ascendant, s'il lui refuse son consentement, n'est pas obligé de lui en donner les motifs.*

192. *L'avis du père est décisif.*

193. *Il n'est pas moins nécessaire que la mère soit consultée.*

194. *Si elle ne l'a pas été, elle peut former opposition au mariage.*

195. *L'avis de la mère veuve, même lorsqu'elle est remariée, est décisif.*

196. *Les parents paternels ne peuvent pas le contrarier.*

197. *Son avis est également décisif quand le père vivant ne peut pas manifester sa volonté.*

198. *En cas de décès des père et mère , les aïeuls et aïeules les remplacent.*

199. *Comment se termine le dissentiment entre eux?*

200. *Quand l'ascendant est-il dans l'impossibilité de manifester sa volonté?*

201. *Preuve de l'absence.*

202. *Condamnation par contumace.*

203. *Preuve de la démence.*

204. *L'ascendant peut déléguer l'exercice de son pouvoir.*

205. *Il peut même donner à l'enfant un consentement indéterminé.*

206. *Action en nullité du ma-*

---

190. De toutes les exceptions mises par la loi à l'indépendance du mineur émancipé, la plus importante est celle qui le laisse, à l'égard du mariage, sous la puissance absolue de ses père et mère, sans le consentement desquels il ne peut pas le contracter, tant qu'il n'a pas atteint l'âge fixé par l'article 148. Si plus tôt il était libre dans son choix, incapable d'apercevoir le vrai mérite, encore moins de le goûter, pour

lui les convenances de famille et de fortune ne seraient
que des préjugés; des charmes extérieurs décideraient
de son sort ; et telle est la source des chagrins et des
regrets qui suivent ordinairement les mariages mal
assortis. Il ne suffit pas, d'ailleurs, pour trouver le
bonheur dans le mariage, de faire un bon choix : il faut
être soi-même dans un état de raison et de fortune qui
puisse faire espérer qu'on en remplira dignement toutes les conditions ; et les père et mère de l'enfant mineur en sont meilleurs juges que lui.

191. S'ils refusent leur consentement, leur décision
est souveraine; lors même que le mariage projeté
aurait l'approbation de tous les autres parents de l'enfant. Dans ce cas , avant le code, mais dans le pays
coutumier seulement , l'enfant qui obtenait de sa famille un avis favorable à son désir , était admis à
traduire devant le tribunal celui de ses ascendants dont
le consentement lui était nécessaire, pour y déduire
les motifs de son refus ; plusieurs arrêts ont , en
effet, autorisé des enfants mineurs à se marier nonobstant ce refus. Pothier (1), qui en cite trois du
parlement de Paris , semble approuver cette jurisprudence. Il ne peut plus en être ainsi aujourd'hui.
Les auteurs du code civil ont donné à la puissance paternelle , relativement au mariage , et pour toute la
France , la même souveraineté qu'elle avait dans les
pays de droit écrit. De là , le texte positif des articles
148 et 182 ; le premier portant que les mineurs *ne*

---

(1) Traité du contrat de mariage , no 332.

peuvent pas contracter mariage sans le consentement de leurs père et mère ; le second réglant le seul cas où le conseil de famille peut leur donner ce consentement ; le troisième qui fait, du défaut de consentement des pères et mères, quand ils ont pu le donner, le premier moyen de nullité du mariage. Aussi, de tous les jurisconsultes modernes, M. Delvincourt est-il le seul qui ait voulu faire revivre la jurisprudence des pays coutumiers. Tous les autres, notamment MM. Toullier, Duranton, Favard et Dalloz, ont unanimement professé la souveraineté de la décision des pères et mères. (V. n° 194).

192. Lors donc qu'avant l'âge de pleine licence, l'enfant qui veut se marier a son père et sa mère, c'est à tous deux qu'il doit soumettre son choix ; mais l'avis du père, soit qu'il donne, soit qu'il refuse son consentement, est décisif.

193. L'avis de la mère ne lui est demandé que par bienséance : c'est une des innombrables épines dont la femme est exposée à être blessée sous la puissance maritale.

194. Mais, au moins, ce devoir de respect et de bienséance doit-il être rempli par l'enfant ; s'il ne l'était pas, la mère serait fondée à former opposition au mariage. L'article 148 ne fait prévaloir l'opinion du père sur celle de la mère *qu'en cas de dissentiment;* il suppose donc une délibération entre eux. « Nous » avons prévu, dit en effet M. Portalis, en pré- » sentant le projet de cette partie du code civil, le » cas où le père et la mère, *dans leur délibération,*

» auraient des avis différents. » Un arrêt de la cour
de Riom , du 30 juin 1817, a justement vengé une
mère de l'offense qu'elle avait éprouvée dans une pareille circonstance.

Au mois de mai précédent, le sieur de Volongat
quitta le Puy , son domicile, pour se rendre dans une
de ses terres , avec sa fille âgée de quinze ans, et le
lendemain sa femme apprit que l'annonce du mariage
de son enfant avait été publiée et affichée à la mairie
du Puy. Aussitôt elle y forma opposition , donnant
pour motif qu'elle n'avait pas été consultée. Sur la demande en main-levée, formée contre elle par le sieur
Volongat , comme tuteur de sa fille , le tribunal du
Puy statua ainsi le 3 juin : « Attendu que, suivant l'ar-
» ticle 148 , le consentement du père et de la mère est
» simultanément nécessaire pour le mariage de la
» fille qui n'a pas 21 ans ; attendu que si, par excep-
» tion à ce principe, le même article veut qu'en cas de
» dissentiment entre le père et la mère, le consente-
» ment du père suffise, c'est parce qu'il fallait que le
» suffrage de l'un d'eux eût la prépondérance , afin
» que , dans la société des deux , tout résultat ne de-
» vînt pas impossible ; attendu qu'il n'est pas justifié
» que la dame de Volongat ait connu le mariage de sa
» fille antérieurement à la publication; qu'il en résulte
» qu'elle n'a été aucunement consultée sur ce mariage,
» ni par la fille , ni par le mari.... Que dans le doute
» qu'elle s'est formé , que sa fille consente librement à
» ce mariage, elle désire que sa fille se rapproche
» d'elle... Ordonne que le sieur de Volongat procurera

» dans le domicile habituel des époux , en la ville du
» Puy, des communications entre la mère et la fille
» pendant dix jours , pour être ensuite ordonné etc. »

Le sieur de Volongat conçut l'espoir de trouver la cour de Riom plus favorable à son absolutisme. Mais les motifs des premiers juges furent adoptés , et leur jugement confirmé (1).

195. Cette autorité sur le mariage de ses enfants mineurs , que la mère exerce si imparfaitement du vivant du mari , lui est dévolue en entier lorsqu'elle est veuve. Lors même qu'elle aurait refusé la tutelle , ou qu'étant remariée , le conseil de famille ne la lui aurait pas conservée, son autorité à l'égard du mariage des enfants n'en serait pas moins absolue. L'article 149 , prévoyant le cas du décès du père ou de la mère, ne met aucune différence entre l'un et l'autre , et défère au survivant la plénitude de l'autorité établie par l'article 148.

196. C'est particulièrement au sujet de cette veuve remariée et non tutrice , que M. Delvincourt, ainsi que je l'ai dit (n° 191), a émis l'opinion que , si elle consentait à un mariage qui répugnerait à la famille paternelle, cette famille serait fondée à s'y opposer, opinion victorieusement réfutée par MM. Duranton , (2) Favard et Dalloz.

197. Du vivant même du mari , s'il se trouve dans l'impossibilité de manifester sa volonté , la mère est

____

(1) Sirey, 17. 1. 313.
(2) T. 2 , n° 90.

également investie par ce même article 149 du pouvoir absolu sur le mariage de leurs enfants mineurs.

198. La puissance paternelle sur ces alliances ne s'arrête pas au premier degré ; elle s'étend jusqu'aux degrés ultérieurs, lorsque les enfants ont perdu leurs père et mère, ou que ceux-ci sont dans l'impossibilité de manifester leur volonté. Alors tous les aïeuls et aïeules doivent être consultés (article 510).

199. Dans chaque ligne, s'il y a dissentiment, le consentement de l'aïeul suffit. Mais si ce dissentiment est entre les deux lignes, que ce soit la ligne paternelle ou celle maternelle qui consente au mariage, cela suffit pour sa régularité. La prépondérance devait être conservée aux deux aïeuls sur leur femme, à cause de leur puissance maritale ; mais il n'y avait aucune raison de l'accorder à un des aïeuls sur l'autre, ni sur la femme de celui-ci.

200. Les articles 148 et 150 prévoient le cas où l'un des ascendants est dans l'impossibilité de manifester sa volonté ; mais ni dans ces articles, ni dans aucun autre, si ce n'est pour le cas de l'absence, on ne trouve de règle qui détermine quand et comment cette impossibilité doit être reconnue. Et dans la loi du 10 juin 1838, sur les aliénés, on n'a pas pensé au mariage de leurs enfants. Ainsi les législateurs ont laissé aux magistrats le droit de se décider, à cet égard, suivant les circonstances, et les documents qui leur sont présentés.

Cette impossibilité existe, en fait, lorsque l'ascendant a la raison aliénée, lorsqu'il est absent sans nou-

velles, ou mort civilement, ou condamné à une peine afflictive ou infamante, et mis en état d'interdiction légale.

201. Dans le cas d'absence, à défaut de jugement,
un acte de notoriété donné par le juge de paix du dernier domicile de l'ascendant, sur la déclaration de
quatre témoins, choisis par ce magistrat, la constatera
suffisamment (article 155).

202. Pour le condamné à la mort civile par contumace, qui est encore dans le délai utile pour la purger, M. Toullier a imaginé, par un défaut de réflexion,
bien rare de sa part, d'enseigner qu'il faut obtenir son
consentement, ou constater son absence dans la forme
prescrite par l'article 155. N'est-il pas évident, au contraire, qu'une absence, constatée par les actes qui précèdent sa condamnation, et par le jugement qui la prononce, est de toutes les causes qui peuvent éloigner un
individu de son domicile, la plus exactement établie ?
Aussi a-t-il contre lui MM. Duranton, Dalloz et Vazeille, qui eux-mêmes s'appuient sur le suffrage de Pothier (1) et sur la *loi* 12 § 15, *ff. de captiv. et post.
lim. rev.*

203. Relativement à l'aliénation mentale, M. Toullier me paraît encore plus exigeant que le législateur,
en voulant que l'impossibilité de l'ascendant, dans ce
cas, ne soit constante qu'autant que son interdiction
aura été prononcée par jugement. M. Duranton a mieux
aperçu le chagrin que pourrait éprouver une famille,
d'être obligée de rendre public l'état de démence ou

______

(1) Traité du contrat de mariage, t. 1, nᵒ 331.

d'imbécillité dans lequel serait tombé son chef ; mais il ne se prononce pas sur la nature de l'acte qui, dans cette conjoncture, peut remplacer le jugement d'interdiction, pour rassurer l'officier de l'état civil sur sa responsabilité. La cour de Poitiers, par un arrêt du 11 mars 1830, a aussi décidé que l'interdiction n'était pas indispensable, et qu'il suffisait que l'autorité judiciaire, par des mesures convenables, fût instruite de l'état actuel des facultés morales de l'ascendant. Ses principaux motifs sont : » Attendu que la loi, en sou-
» mettant le mariage des mineurs au consentement de
» leurs père et mère et aïeuls, a eu essentiellement
» pour objet de les protéger contre leur faiblesse, leur
» inexpérience et l'égarement de leurs passions ; que
» ce droit, pour les ascendants, de consentir au ma-
» riage de leurs enfants mineurs, n'est point pour
» les premiers un privilège de la nature de leurs au-
» tres droits personnels dont ils peuvent être privés
» par l'interdiction ; que ce droit particulier, puisé,
» d'ailleurs, dans la nature, est tout-à-fait dans l'in-
» térêt des mineurs; attendu que l'article 160 du code
» civil, qui, en prévoyant que les ascendants se trou-
» vent dans l'impossibilité de manifester leur volonté
» sur le mariage de leurs enfants, dispose que les en-
» fants ne pourront le contracter sans le consentement
» du conseil de famille, ne dit pas que cette impossibi-
» lité ne pourra résulter que de l'interdiction ; attendu
» que cette impossibilité, qui peut n'être que tempo-
» raire, est un fait palpable, et qui tombe dans les
» règles ordinaires de l'appréciation des faits ; que le

» tribunal dont est appel a donc pu prendre les me-
» sures convenables pour s'assurer si Chaisneaux,
» jouissait d'assez de raison pour exprimer sa volonté
» sur le mariage de sa fille (1) ».

Je regrette que l'arrêtiste, en rapportant cette décision, n'ait donné aucun détail sur les faits qui
l'ont occasionnée, ni sur les mesures prises, en première instance, pour s'assurer de l'état moral de l'ascendant ; mais en prenant pour exemple ce qu'indique,
à l'égard de l'absence, l'article 155, je crois qu'on
atteindrait ce but. Il suffirait d'obtenir du juge de paix
du domicile de l'ascendant, un acte contenant la déclaration du désordre de ses facultés intellectuelles,
par ses quatre plus proches parents.

Si l'ascendant était placé dans une maison d'aliénés,
pour y être traité comme atteint d'aliénation, l'impossibilité de son consentement serait facilement établie par une attestation du directeur de l'établissement.
(V. la 3ᵉ partie, chap. 1, section 2, art. 5).

204. M. Duranton, nᵒ 91, a élevé sur l'acte contenant le consentement d'un ascendant au mariage de
son enfant mineur, la question de savoir s'il est nécessaire que la personne à laquelle cet enfant veut s'u-
nir, soit spécialement indiquée dans cet acte, ou si
un mandat général serait suffisant? Après avoir présenté des raisons fort judicieuses en faveur du mandat
général, il finit par s'arrêter au texte de la loi 34, *ff.
de rit. nupt.*, et en conclure que le mandat spécial est

(1) **Dalloz**, 30. 2. 178.

indispensable ; opinion qu'ont adoptée MM. Vazeille et **Dalloz.**

Je ne puis pas penser avec eux que , par égard pour les ascendants , il soit convenable de mettre ainsi des entraves à l'exercice de leur puissance , et que , par intérêt pour les enfants, il faille rendre , dans certains cas , leur mariage impossible. Pour admettre le mandat général , deux raisons me paraissent décisives.

1° **L'article 73** , qui prescrit la forme et la substance de l'acte contenant le consentement de l'ascendant au mariage , n'exige que *le nom du futur époux* ; ce qui ne peut s'entendre que de celui qui est dans la dépendance de l'ascendant , et **M. Duranton** le reconnaît. Ainsi , dans le sens rigoureux et littéral de cet article , l'ascendant doit déclarer seulement qu'il consent à ce que l'enfant se marie, sans exprimer avec qui. L'acte conçu en ces termes ne pourrait pas être refusé par l'officier de l'état civil. Que nous importe que la loi romaine fût plus exigeante ? voilà la loi des français.

2° **Tous** les actes licites qu'on peut faire soi-même, peuvent être faits par un mandataire, *à moins que la loi n'exige qu'on y procède en personne.* Cette règle, professée par tous les anciens docteurs, est rappelée en ces termes par M. Rolland de Villargues, dans son répertoire du notariat (n° 41): «Le porteur d'une procura-
» tion spéciale de l'ascendant, et chargé par cet acte de
» consentir au mariage de son enfant avec la personne
» qu'il aura jugé lui convenir , remplace l'ascendant. »
C'est l'ascendant lui-même qui, par son ministère , donne au mariage toute la validité qu'il doit avoir.

M. Duranton avoue qu'il serait difficile d'annuler un mariage ainsi célébré. N'est-ce pas, de sa part, reconnaître que sa doctrine a des exigences qui ne sont pas dans la loi?

On n'hésitera donc pas à rejeter cette doctrine ; surtout si l'on se rappelle combien la diplomatie, l'armée, la marine, le commerce, les sciences et les arts, répandent de français dans toutes les régions du globe; si l'on considère que, parmi ces émigrants, particulièrement parmi les agents diplomatiques et les officiers de terre et de mer, un grand nombre se compose de pères de famille, et que la plupart, dans la crainte ou l'espoir d'un prompt retour, laissent en France leur femme et leurs enfants. Que n'aurait donc pas à souffrir leur famille, si, chaque fois qu'il se présenterait un parti avantageux pour marier un des enfants, il fallait attendre leur consentement spécial ? On ne pourrait réputer absents, ni ceux qui le sont pour exercer un emploi du gouvernement, ni ceux dont on aurait des nouvelles aussi fréquemment que leur éloignement le permettrait. Il faudrait s'exposer à perdre l'occasion d'une alliance approuvée de tous les parents présents, pour attendre le consentement de celui qui serait, moins que ceux-ci, à portée d'en juger. N'est-il pas bien plus conforme à l'intérêt de l'ascendant et de ses enfants, qu'avant de se séparer, il puisse donner, soit à leur mère, soit à tout autre parent ou ami, pouvoir de consentir, en son nom, aux mariages de ses enfants, lorsqu'il les jugerait sortables?

205. Les mêmes considérations militent contre la

doctrine que je combats , dans le sens inverse, c'est-à-dire , quand c'est le fils de famille qui quitte la maison paternelle , pour aller , sur la terre étrangère , chercher la fortune par ses talents dans les arts, ou par le commerce , ou par l'industrie. Il atteindra rapidement son but, si, dans le pays où il sera fixé, une heureuse alliance peut le mettre au rang des indigènes ; mais s'il lui faut attendre le consentement spécial de ses parents , le moindre de ses maux serait de flotter long-temps entre la crainte et l'espérance , s'il n'avait pas le chagrin de voir l'occasion lui échapper sur-le-champ.

Ne voyons donc dans la loi que ce qui y est , et tous ces tourments disparaîtront. Elle ne veut qu'une chose ; c'est que le mineur ne se marie pas , sans que l'ascendant dont il dépend n'y consente. Elle ne dit pas que cet ascendant approuvera son choix ; mais seulement qu'il abdiquera le pouvoir qu'il a de l'empêcher de se marier avant sa majorité. Il a donc le droit, au moment où son fils va s'expatrier, de lui donner cette permission, s'il le croit assez raisonnable pour n'en faire qu'un bon usage. Sans doute , il fait un sacrifice, en renonçant au droit qu'il aurait d'examiner son choix , et, s'il lui déplaisait, de refuser son consentement , sans même être obligé de motiver son refus ; mais il cède à la nécessité de lui faire la remise de son droit , et la loi ne s'y oppose pas.

206. De l'incapacité des enfants mineurs de contracter mariage sans le consentement de leurs ascendants, et de la combinaison des articles 148 , 182 et 183 , résulte la nullité radicale de celui que, par quel-

qu'artifice que ce fût , ils parviendraient à contracter.
Un tel scandale est presque impossible en France.
Notre législation, sur l'état civil des citoyens, est trop
parfaite et sévère, pour que les plus habiles intrigants
puissent , à moins de faux et de prévarications, donner
ce chagrin aux pères et mères , et il en est, à peu près,
de même dans toute l'Europe continentale ; mais, chez
nos voisins les anglais, si avancés en droit politique
et si arriérés en droit civil, il n'en est pas de même.
On s'y marie , en quelque sorte , comme on veut, et
quand on veut. Avant le statut donné par Georges II,
dans la 26ᵉ année de son règne (1753), un petit gar-
çon de 14 ans, et une petite fille de 12 , pouvaient se
marier à l'insu de leurs parents. Ce statut, il est vrai,
exige , pour l'enfant de l'un et l'autre sexe, qui n'a
pas 21 ans , le consentement de ses parents ou de son
tuteur , mais il n'y a ni officiers de l'état civil , ni registres publics. Tout prêtre peut marier ; on marie dans
toutes les églises (1) ; on y marie les premiers venus.
Pourvu qu'ils paient , ils trouvent un personnage toujours prêt à leur donner ce qu'il ose appeler la béné-
diction nuptiale. Aussi est-ce dans cette île que se fait

(1) V. Blakstone, traduit par Chompré, édition de 1822 (t. 2 , p.
236). Voici comment ce même jurisconsulte (p. 211) résume toute la
législation anglaise sur le mariage : « Un mariage ne peut être nul,
» suivant la loi temporelle, s'il est célébré par une personne dans
» les ordres ; — dans une église, — en conséquence de bans publiés,
» ou d'une permission , — entre personnes non mariées , — con-
» sentantes , — d'esprit sain , — de l'âge de 21 ans, ou de 14 au
» moins, pour le mari, et de 12 pour la femme, avec le consente-
» ment des parents ou tuteurs ; ou sans ce consentement , dans le cas
» de veuvage. »

le dénoûment de ces aventures romanesques com-
mencées sur le continent par des individus , ignorants
autant que dépravés , qui croient qu'en passant quelques jours sur cette terre de franchise, et y contractant ce simulacre de mariage , ils pourront revenir
dans leur pays, braver le mépris de leurs concitoyens,
et le désespoir de leur famille. Heureusement ils se
bercent dans une folle espérance , comme on va le
voir.

Lors donc qu'un enfant mineur a donné à ses père
et mère le chagrin de contracter ainsi un mariage sans
leur consentement, soit en France, soit en Angleterre,
ou ailleurs , s'ils croient que, dans son intérêt, comme
dans le leur , il est plus expédient de briser sa chaîne,
que de l'abandonner à son malheureux sort, leur action en nullité ne peut pas éprouver la moindre difficulté.

207. Mais quand ils s'arrêtent à ce parti , ce n'est
pas de cette action qu'ils doivent, d'abord, s'occuper. Ils ont pour la former , un an , à compter du jour
fatal qui leur a révélé la désolante aventure (article
183). Le mal dont ils souffrent demande des remèdes
plus prompts , plus efficaces ; surtout s'il s'agit d'une
fille à la discrétion de son ravisseur. Il faut , avant
tout, les séparer, et remettre cet enfant sous la garde
de ses parents.

Pour cela , le père devra , en vertu des articles 375
et suivants du code civil, s'adresser au président du
tribunal de son domicile , en lui justifiant de l'âge
de sa fille. Si elle a moins de 16 ans , il lui suffira de

déclarer qu'il a de justes motifs de la priver de sa liberté, pour que le magistrat ne puisse pas se dispenser de rendre une ordonnance, par laquelle il l'autorisera à la faire arrêter et détenir dans un des lieux à ce destinés, pendant un mois, ou la ramener chez lui.

Si elle avait plus de seize ans, il serait obligé de confier au président tous les torts de cet enfant; et comme un père ne peut pas éprouver de plus grave mécontentement, le président, après en avoir conféré avec le ministère public, n'en devrait pas moins ordonner l'arrestation. Si le simulacre de mariage le déterminait à la refuser, je ne crains pas de le dire, ce refus serait un déni de justice. Il existe, à la vérité, dans la gazette des tribunaux, une décision contraire, émanée d'un magistrat justement renommé pour sa capacité. Je sens tout le poids de cette autorité; néanmoins je ne désespère pas, en examinant les circonstances dans lesquelles elle est intervenue, et les conséquences qu'elles devaient avoir en droit, de justifier ma proposition. Voici ces circonstances.

Dans le commencement de 1839, le sieur Rouget, âgé de 30 ans, eut l'occasion de connaître la demoiselle Guitton, âgée seulement de 18, et demeurant avec ses père et mère. L'ayant demandée en mariage, un refus ne le découragea pas. Dans une maison où tous deux étaient reçus, il parvint à lui faire agréer ses désirs et la déterminer à le suivre en Angleterre, pour s'y marier; lui persuadant, probablement, qu'alors elle pourrait très-légitimement combler ses vœux. Ils furent effectivement mariés, par un recteur protestant, dans l'église d'Aals - Souls , paroisse de Mary - le - Bone , dans le comté de Midlesex , sans consentement des parents de la demoiselle Guitton, quoiqu'elle n'eût que 18 ans, au mépris du statut de Georges II. (1).

On doit croire que Rouget était lui-même persuadé de la solidité de son mariage, car il revint aussitôt à Paris , avec la demoiselle Guitton , pensant n'avoir rien à redouter de ses père et mère. Ceux - ci ne tardèrent pas à être informés du retour de leur fille ; et le père usant, sans retard , de la faculté de l'article 377 , obtint d'un des vice-présidents du tribunal de la Seine, sur les renseignements du juge de paix de l'arrondissement , une ordonnance en vertu de laquelle il la fit arrêter et détenir dans le couvent de Sainte-Madelaine.

Rouget ne fut pas moins empressé à la réclamer. Une requête sur papier libre qu'il parvint à lui faire signer, et dans laquelle il la dit enceinte, fut par lui présentée à M. le président lui-même, qui , sur le vu de leur acte de fabrique anglaise, crut pouvoir ordonner que provisoirement la demoiselle Guitton serait remise en liberté. C'est dans cette ordonnance que je crois apercevoir, tant à la forme qu'au fond , un oubli des règles élémentaires de la procédure , et

(1) Indépendamment du passage de Blackstone , rapporté sur le n° 200, voici ce qu'il dit (p. 236): « Le vœu de notre ancienne législation était que l'enfant mineur ne se mariât pas sans le consentement ou le concours de ses parents. Aujourd'hui , c'est une condition indispensable , et dont l'omission annule le mariage. » (Statut 26. Georges II, c. 33). »

par suite, une atteinte affligeante à la puissance paternelle.

A la forme, l'ordonnance du vice-président était
souveraine. Le pouvoir qu'il avait exercé, dans cette
circonstance, est celui donné aux présidents des tribunaux de première instance, par les articles 375 et
suivants du code civil; pouvoir qui n'a rien de commun
avec la juridiction des référés. Or ces articles n'autorisent aucun recours d'opposition ou d'appel contre
l'ordonnance du magistrat, par la raison qu'elle n'est
que la sanction de la volonté du père de famille.

Il y a cependant un cas d'exception, c'est lorsque
l'enfant a un état, ou qu'il possède des biens personnels. Dans ce cas, mais dans ce cas seulement, comme
on a pu le voir ci-dessus (n° 25), l'enfant détenu
peut, par un mémoire adressé au procureur général
de la cour royale, saisir le premier président du droit
de révoquer ou modifier l'ordonnance du président de
première instance. Or la demoiselle Guitton, ayant
son père et sa mère, était sans état et sans biens; le
premier président lui-même ne pouvait donc pas porter la moindre atteinte à une ordonnance qui la privait
pour quelques jours de la liberté, en punition de sa
désertion de la maison paternelle.

Cependant, comme dans l'ordonnance il n'était probablement fait mention ni du mariage, ni du sieur
Rouget, peut-être M. le président pouvait-il voir,
dans leur réclamation, l'objet d'un référé; mais, dans
ce cas, au moins, il me semble que le sieur Guitton
devait y être appelé.

En adoptant cette marche, après avoir entendu les parties, à coup-sûr, M. le président, suivant sa prudence ordinaire, les aurait renvoyées à l'audience, en état de référé, et *toutes choses demeurant en état.* Là, la demande en nullité du mariage eut été formée, et le provisoire joint au fond, tout aurait été terminé par l'annulation d'un acte aussi sévèrement réprouvé par la loi anglaise que par la notre. Au lieu de cette procédure légale, qui n'aurait compromis les droits de personne; par provision, une fille de 18 ans, sans entendre son père, est autorisée à continuer de fouler aux pieds son autorité; par provision, elle est rendue à celui qui l'a séduite et ravie à ses parents; par provision enfin, un concubinage audacieux reprendra toute son activité, en attendant le jugement du fond.

Je crois que M. le président, entraîné par le torrent d'affaires qui roule devant lui, n'a pas eu le temps de reconnaître l'importance de celle-ci. Pour la première fois, peut-être, deux puissances sur une même personne, la puissance paternelle et la puissance maritale étaient aux prises. Il fallait décider à qui du père ou de celui qui se disait le mari, le bénéfice du provisoire devait être accordé?

Provision est due au titre, porte, dit-on, l'ordonnance. Sans doute, mais chacune des parties en avait un; auquel des deux la préférence était-elle due provisoirement? Telle était la vraie question, et elle n'a pas même été posée. Or, dans ce singulier conflit, le titre du père avait, sur celui du soi-disant mari, un avantage qui, on peut le dire, saute aux yeux. Ni la

paternité du sieur Guitton , ni la minorité de sa fille ,
n'étaient contestées ; tandis que ce père outragé accusait
Rouget d'être le ravisseur, et non le mari de cet enfant.

Mais il n'avait pas seulement sur sa fille , de tous
les titres le plus respectable ; il y joignait la possession.
Dépossédé, d'abord, par la double désobéissance de sa
fille , dont, à l'incitation de Rouget , elle s'était rendue
coupable , en désertant la maison paternelle , et se
mariant à l'insu de ses père et mère; il avait été réin-
tégré dans sa possession par le vice-président.

M. le président , prenant sur lui , à la demande de
Rouget , de statuer de nouveau , avait donc , pour
maintenir la réintégrande du père , les motifs les plus
déterminants : 1° la règle générale en matière posses-
soire qui veut que celui qui a été dépouillé de ce qu'il
possédait légitimement , soit , avant tout , rétabli dans
sa possession , *spoliatus ante omnia restituendus* ; 2°
en matière provisoire, c'est le dernier état de choses
qui doit subsister pendant le litige , à moins que des
causes graves ne commandent de le faire cesser ; et
dans l'espèce, au contraire , les mœurs vivement of-
fensées par la nouvelle tentative de Rouget, en réclamaient hautement le maintien ; 3° enfin la comparai-
son des deux titres , l'un octroyé par la loi naturelle et
sanctionné par la loi civile ; l'autre n'étant qu'un odieux
attentat aux lois du pays des contractants , comme à
celles du pays où ils avaient contracté.

Par quelle fatalité faut-il que M. le président , au
lieu de rendre son hommage habituel à ces grands principes d'ordre public et de morale , ait donné la préfé-

rence au méprisable chiffon que lui présentait Rouget,
pour lui rendre la possession provisoire, de quoi ? d'une
fille mineure, en état de désertion et de révolte envers
ses père et mère.

Et ce titre qui a eu tant d'influence sur le provisoire,
au fond, ni en première instance, ni en appel, n'a pas
même trouvé, parmi les innombrables avocats de la
capitale, un seul qui ait osé en soutenir la validité. Un
jugement par défaut dans chaque degré de juridiction,
en a fait justice. L'arrêt définitif est du 13 avril 1840;
et deux journaux se sont empressés de le rapporter (1).

A tout ce que j'ai dit sur le provisoire, on ne peut
pas m'objecter qu'aux termes de l'article 357 du code
pénal, le ravisseur de la fille mineure, qui l'a épousée,
ne peut être poursuivi ni condamné qu'après que la
nullité du mariage a été prononcée. Cette disposition
ne concerne que le ravisseur. Sans donte, avant de
commencer une poursuite qui peut conduire le coupable à la réclusion, ou aux travaux forcés, il est juste
de savoir si son mariage n'aurait pas été approuvé par
les parents de sa victime. Mais il n'en est pas de même
de la mesure qui n'a d'autre effet que de priver, pendant quelque temps, celle qui s'est livrée à ce séducteur, d'une liberté dont elle a fait un aussi déplorable
abus.

D'ailleurs, dans l'hypothèse sur laquelle je raisonne,
le mariage a été contracté à l'insu des père et mère;
ils ne le connaissent pas ; ils ne savent qu'une chose,

(1) V. la Gazette des tribunaux et le Droit des 4 et 13 avril 1840.

c'est que leur enfant encore mineur s'est soustrait à leur autorité ; qu'il se livre à un libertinage scandaleux ; et que la loi (article 377) leur indique un magistrat qui peut compatir à leur misère, ayant reçu d'elle le pouvoir d'arrêter le désordre qui fait leur supplice.

J'ajoute que si, sur les renseignements que prendrait ce magistrat, avant d'accéder à leur demande, on lui présentait l'acte de mariage ; ou il y trouverait qu'ils y ont consenti, et leur demande serait rejetée ; ou il y verrait le mépris de leur puissance, et cette certitude ne serait qu'un motif de plus de faire cesser une cohabitation qui, à chaque minute, leur fait un nouvel outrage. Au surplus, maître de fixer la durée de la détention, il pourrait déterminer un bref délai, pendant lequel l'action en nullité du mariage devrait être intentée.

208. Quant à cette action, comme elle tend à faire réputer concubinage la cohabitation qui a eu lieu entre les contractants, et illégitimes les enfants auxquels ils ont pu donner naissance, les législateurs ne lui ont ouvert qu'une voie fort étroite, par l'article 182 ; et il est très-essentiel de se pénétrer de l'esprit de cet article, pour ne pas s'égarer dans son application aux divers cas qu'il doit régir. C'est en termes restrictifs que la disposition est conçue : « Le mariage contracté » sans le consentement des pères et mères..... dans le » cas où ce consentement était *nécessaire*, ne peut » être attaqué que par ceux dont le consentement était » requis. » Et pourquoi cette restriction ? Evidem-

ment, parce que, si leur consentement leur eût été demandé, et qu'ils l'eussent donné, quelque déplaisir que les autres parents eussent pu en concevoir, le mariage aurait été valablement célébré ; d'où il faut conclure avec les législateurs ; 1° que l'enfant, en ne leur demandant pas leur consentement, n'a également offensé qu'eux, et non ceux du consentement desquels il pouvait se passer ; 2° Que le droit de le punir de cette offense étant personnel à ceux qui l'ont ressentie , il leur est loisible d'en poursuivre la vengeance ou de se laisser fléchir ; 3° Enfin que , s'ils sont morts sans avoir formé l'action , on doit croire qu'ils y avaient renoncé, et que nul autre ne peut la ressaisir.

209. Si donc le père et la mère de l'enfant existaient, au moment du mariage contracté par lui sans leur consentement ; le père , dont le consentement aurait suffi pour le valider, aura seul le droit de l'attaquer ou de l'approuver ; s'il l'approuve , la mère , aussi moralement offensée que lui , sera néanmoins contrainte de subir sa volonté.

210. Il viendrait à décéder avant l'expiration du délai pendant lequel l'action doit être intentée , sans avoir expressément approuvé le mariage, qu'elle ne serait pas plus fondée à la former, quoiqu'en ait dit M. Duranton (n° 283). « Son consentement , dit–il , » était aussi nécessaire ; celui du père n'aurait suffi, » qu'autant qu'il y aurait eu dissentiment entre eux ; or » il n'y a pas eu dissentiment entre eux , puisqu'on ne » les a pas consultés. » M. Dalloz partage ce sentiment ; mais M. Toullier (n° 613) interprète l'article 182 ,

comme je viens de le faire. Il me paraît évident, en
effet, que M. Duranton confond la demande du consentement de la mère avec son consentement. La demande était nécessaire, puisqu'elle est prescrite par l'article 148; mais le consentement ne l'était pas, puisque
ce même article déclare que celui du père suffit. La circonstance que le dissentiment n'a pas pu se former,
ne donne pas au droit de la mère, dans cette occurrence, plus d'étendue que ne lui en attribue l'article 148.

211. Mais si, lors du mariage de l'enfant, la mère
était veuve; comme c'était d'elle qu'il était nécessaire
d'avoir le consentement, l'action en nullité lui appartiendrait, et n'appartiendrait qu'à elle. Elle n'est dévolue aux autres membres de la famille qu'à défaut du
père et de la mère (article 160).

212. Il en serait de même si, à cette époque, le
père était vivant, mais dans l'impossibilité de manifester sa volonté. Quand même, au moment d'attaquer
le mariage, cette impossibilité aurait cessé, comme si,
absent lors du mariage, il revenait dans l'année, ce ne
serait pas à lui, mais à la mère, que serait déférée
l'action. M. Duranton, suivant moi, a encore professé une erreur, en disant que, dans cette conjoncture, le père recouvrerait le pouvoir, et l'enleverait à
la mère. Il avoue que sa proposition n'est pas conforme
à la lettre de l'article 182; mais il prétend qu'elle l'est
à son esprit, sans expliquer comment il entend cet
esprit. M. Toullier, au contraire, l'a parfaitement
expliqué (n° 613), en disant que l'ascendant dont le
consentement était nécessaire à l'instant du mariage,

peut seul, à l'exclusion de tous les autres, proposer la nullité; les autres n'ayant pas à venger l'injure faite à leur autorité méprisée. Dans le cas dont il s'agit, en effet, le père n'a pas été offensé; puisque, ne sachant où le trouver, l'enfant ne pouvait pas s'adresser à lui. C'était de sa mère que la loi lui faisait un devoir d'obtenir l'agrément sans lequel son mariage serait illégal. C'est elle seule qui a reçu l'affront; c'est donc à elle seule à en punir l'enfant, ou à le lui pardonner.

Elle ne pourrait pas, il est vrai, intenter l'action sans l'autorisation de son mari; mais s'il la lui refusait, elle serait bien fondée à la demander à la justice.

213. Enfin, quand ce mariage a eu lieu du vivant du père et de la mère, et que tous deux sont décédés, sans avoir rien fait pour rappeler leur enfant à son devoir, nul autre membre de la famille, fut-ce un ascendant, ne peut troubler cet enfant dans l'union qu'il a formée. Le silence observé par ceux qu'il a offensés doit faire présumer qu'ils lui ont pardonné. M. Vazeille est le seul auteur qui, dans ce cas, invite les ascendants à s'emparer de l'action. Aussi a-t-il pour contradicteurs MM. Toullier, Duranton et Dalloz; et il lui serait impossible de réfuter solidement leurs arguments.

214. Je l'ai déjà dit, le droit des ascendants à cette action n'est fondé que dans l'hypothèse où, lorsque l'enfant s'est marié, c'était à eux qu'il devait en demander la permission, soit parce qu'il avait perdu son père et sa mère, soit parce que tous deux étaient dans l'impossibilité d'être consultés par lui.

215. Mais il en est des ascendants , comme des père et mère ; quand l'action contre le mariage leur appartient , s'ils décèdent tous avant d'en avoir fait usage, l'enfant aura acquis l'impunité de sa désobéissance.

216. Un seul qui survivrait , pourrait l'en faire repentir , et il en serait de même dans le cas d'un aïeul et d'une aïeule de la même ligne , le mari ayant la prépondérance.

217. S'il y en avait des deux lignes , comme il ne serait pas possible de savoir ce qu'elles auraient décidé , si l'enfant leur avait demandé leur consentement ; qu'il est seulement certain que le consentement de l'une des deux aurait suffi ; l'instant utile pour attaquer le mariage arrivant , une des deux lignes qui l'approuverait , ne fut-elle représentée que par une aïeule , interdirait à l'autre l'action en nullité.

Si même une des deux lignes en formait la demande , sans s'être concertée avec l'autre ; comme dans cette matière rigoureuse , le silence est réputé approbatif , les juges pourraient ordonner sa mise en cause. Celle-ci , d'ailleurs , aurait le droit d'intervenir, même en cause d'appel ; et sa déclaration , qu'elle approuvat ou improuvat la demande , déterminerait le jugement. Il y a , sur ce point de droit , unanimité entre les jurisconsultes.

218. Enfin ce droit des ascendants, sur le mariage illégal , n'est pas une action utile , susceptible de transmission par succession ; elle est tellement attachée à leur personne , que s'ils décèdent même après l'avoir

formée, sans qu'un jugement ait prononcé, leurs hé-ritiers ne seraient pas recevables à reprendre l'instan-ce, et le mariage serait affranchi de toute censure.

219. On a vu que celui des ascendants à qui l'action est dévolue, est maître de l'intenter ou d'approuver le mariage, soit tacitement, soit expressément, c'est d'ailleurs la disposition précise de l'article 183.

Il y a approbation tacite, quand il s'est écoulé plus d'une année, depuis le jour où cet ascendant a eu con-naissance du mariage, jusqu'à celui où il a formulé son action (article 183). Alors il s'élève, contre cette ac-tion, une fin de non-recevoir insurmontable. Mais, pour qu'elle soit victorieuse, il faut que le point de départ de ce calcul soit certain; c'est-à-dire qu'il y ait preuve de la connaissance parfaite du mariage. La plus entraînante des probabilités ne suffirait pas.

Ainsi, la cour de cassation a, par un arrêt du 16 avril 1817 (1), cassé un arrêt de la cour de Paris, qui avait décidé « qu'on ne pouvait pas supposer que le sieur » Sommaripa eût ignoré, pendant 23 ans, le mariage » de sa fille, contracté publiquement, et qui n'avait » pas été tenu secret. » Le principal motif de la cour de cassation est « que cet arrêt ne prononce pas d'une » manière expresse que le sieur Sommaripa eût connu » le mariage de sa fille plus d'un an avant de former » son action. » Il n'était pas, en effet, impossible qu'on lui eût caché ce mariage. Il demeurait à Na-

(1) Sirey, 1817, 1. 232.
(2) Dalloz, 2. 17. 71.

ples, sa femme à Paris, ainsi que sa fille, et c'était à Constantinople, devant le consul de France, que sa femme avait, sans sa participation, marié leur fille, en 1793.

Peut-être, un arrêt de la cour de Grenoble, du 27 février 1817, eut-il eu le même sort, s'il eût été déféré à la cour de cassation. Cet arrêt déclare une mère non recevable à attaquer le mariage de son fils, par le seul motif qu'elle demeurait dans le même pays que lui, et que l'époque du mariage remontait à 13 ans avant la demande. Mais cette mère avait pu voir son fils vivre avec une femme, sans savoir s'ils étaient mariés (ce cas n'est plus rare, même dans les campagnes), sans avoir d'action pour le faire expliquer sur ce point, et n'avoir découvert que récemment ce que peut-être on lui avait soigneusement caché jusque-là.

On peut en dire autant d'un arrêt de la cour de Turin, du 1ᵉʳ prairial, an XIII, (1) qui, pour rejeter la demande d'un père, s'est arrêté à la *notoriété*, que le mariage attaqué par lui avait dans le pays qu'il habitait. N'y a-t-il pas des gens tellement éloignés du monde et des propos qui l'agitent, qu'aucune notoriété ne peut parvenir jusqu'à eux?

En un mot, c'est aux magistrats des tribunaux et des cours à exprimer nettement leur conviction. La loi veut une certitude: si les circonstances ne produisent qu'une probabilité, quel qu'en soit le poids, elle ne peut pas suffire, et l'action doit être reçue.

(1) Dalloz, 13. 2. 697.

220. Le même principe régit l'approbation expresse.
On peut la prouver par témoins comme par des documents écrits ; mais de quelque nature que soit la preuve, son mérite nécessaire est de donner aux juges la conviction que l'ascendant a eu une parfaite connaissance du mariage. En vain il résulterait des écrits qu'on lui opposerait, ou des faits dont déposeraient les témoins, qu'il a su que son enfant vivait avec une personne d'un autre sexe que le sien, dans une intimité ayant toutes les apparences du mariage ; ce désordre n'a plus rien d'extraordinaire : on ne serait pas convaincu, comme on doit l'être, qu'il a su que, sans avoir vu son consentement, un officier de l'état civil avait pris sur lui de marier son enfant mineur.

On ne pourrait pas même tirer cette conséquence de ce qu'il se serait établi entre eux et lui quelques relations, quelques rapprochements, s'il assurait ne s'y être prêté que dans l'espoir de trouver l'occasion de reprendre sur son fils ou sa fille tout son ascendant, et lui ouvrir les yeux sur son inconduite. Ne sait-on pas bien à quel excès de faiblesse les pères et mères, et plus encore les aïeuls et aïeules, peuvent porter l'affection pour leurs enfants ?

Ces circonstances ne seraient donc probantes qu'autant qu'on y verrait l'ascendant, ainsi que l'enseignent MM. Toullier et Duranton, recevoir chez lui les deux personnages, aller chez eux, les traitant comme ses enfants, leur en donnant le nom, soit dans la famille, soit dans les sociétés, ou dans leurs correspondances.

221. A l'exception de ce qui concerne les ascen-

dants, tout ce que contient cette section, s'applique aux enfants naturels légalement reconnus par leurs père et mère, ou par l'un d'eux. Tant qu'ils n'ont pas atteint l'âge fixé par l'article 148, ils ont, pour se marier, à remplir envers eux le même devoir que les enfants légitimes.

Mais s'ils ont été reconnus par tous deux; et qu'il y ait entre ceux-ci dissentiment sur l'opportunité du mariage, ou sur le choix fait par l'enfant, l'avis du père aura-t-il la prépondérance sur celui de la mère, comme celui du mari sur celui de sa femme? Ce que j'ai dit sur la tutelle (n° 85), et l'émancipation (n° 181), conduirait à adopter la négative; la prépondérance attribuée au père légitime, n'étant qu'une conséquence de la puissance maritale. Néanmoins, l'article 158 se bornant à rendre les dispositions des articles 148 et 149 applicables aux enfants naturels, sans aucune exception; quoiqu'on puisse croire qu'en rédigeant cette règle générale, on ne s'est pas rappelé la différence de position entre ceux qu'unit un lien légitime, et ceux dont la paternité n'a été qu'accidentelle et illicite; il faut prendre la loi telle qu'elle est, quand sa lettre est si formelle, et dans ce cas, reconnaître que le consentement du père doit suffire.

Chapitre III.

PUISSANCE PATERNELLE APRÈS LA MAJORITÉ DES ENFANTS.

SOMMAIRE.

222. *A quoi elle est réduite.* |**223.** *Subdivision.*

222. Dans les familles où règnent l'aisance et la paix, aussitôt que les enfants sont majeurs, les pères et mères n'ont plus ni devoirs à remplir, ni droits à exercer ; pour eux la puissance paternelle est à son terme. Son exercice ne se prolonge que dans ces malheureuses familles que des besoins tourmentent, ou qu'agitent des dissensions.

223. Si, parmi leurs enfants, il en est qui souffrent, ils doivent les secourir de tout leur pouvoir ; ce sera le sujet d'un premier paragraphe.

S'il en est qui veuillent se marier d'une manière inconvenante, ils peuvent leur résister un instant, sans pouvoir, en définitive, les empêcher de se satisfaire ; on le verra dans le second paragraphe.

Enfin, le troisième sera consacré au plus pénible de leurs droits, celui d'appeler leur famille à leur secours, si leur infortune les y contraint.

§. 1ᵉʳ.

DEVOIRS DES PÈRES ET MÈRES ENVERS LEURS ENFANTS MAJEURS.

SOMMAIRE.

224. Au jour de la majorité de l'enfant qui n'a connu ni le bénéfice de l'émancipation légale, ni les faveurs de celle que, sans formalités, un bon père laisse souvent prendre à un fils digne de lui; il se fait un grand changement dans ses rapports avec ses père et mère. Pouvant enfin, dans toutes les actions de la vie, faire sa volonté et non la leur, il usera de cette liberté avec d'autant plus d'ardeur, qu'ils la lui ont fait attendre plus long-temps; et quoiqu'il n'ait plus aucun compte à leur rendre, ni de ce qu'il a fait, ni de ce qu'il veut faire, ils n'en sont pas moins tenus de subvenir à ses besoins, s'il en a de réels, et qu'ils puissent les satisfaire.

Ils seront dans la même obligation envers l'enfant émancipé qui, par sa majorité, se trouve affranchi des liens que lui avait laissés l'émancipation.

225. Dans les classes qui ne vivent que de leur travail, comme les manœuvres, les cultivateurs, les artisans, etc., du moment que les enfants se trouvent en état de se livrer au même genre de vie que leurs père et mère, ils n'ont plus rien à exiger de ces derniers. Si cependant des accidents ou des infirmités leur rendaient le travail impossible ou insuffisant, leurs père et mère devraient partager avec eux jusqu'à leur dernière ressource.

226. Au-dessus de cette classe, lorsque les enfants n'ont aucun art, ni profession, qui leur donnent des moyens d'existence, leurs père et mère sont obligés de continuer à pourvoir à toutes leurs nécessités, conformément à leur rang dans la société, et à l'âge des enfants.

Jadis, dans le ressort de plusieurs parlements, les filles pouvaient réclamer une dot de leurs parents, et les fils un état, comme celui de leur père. Les auteurs du code ont préféré s'en rapporter à la tendresse, comme à l'intérêt bien entendu des parents, et laisser à ceux-ci la douce satisfaction qui suit toujours la spontanéité d'une action louable, en refusant aux enfants toute action pour un *établissement par mariage ou autrement* (article 204). Mais ils obligent (article 203) les pères et mères à leur fournir des aliments, à quelque âge qu'ils soient parvenus, s'ils sont dans l'impuissance de se les procurer. Il en résulte que ceux qui n'ont rien fait pour mettre leurs enfants dans une position indépendante, ont long-temps à regretter leur parcimonie ou leur négligence.

227. Leurs obligations, en effet, peuvent s'accroître à l'infini. Malgré eux, comme on le verra bientôt, ces enfants pourront se marier. Le défaut de dot n'a jamais empêché d'y parvenir celui qui n'est pas difficile dans son choix. Il est donc possible qu'en peu d'années ils se trouvent assaillis de gendres, de brus, de petits-enfants légitimes et, même de petits-enfants naturels. Dans tous les cas, le nécessaire pour leur propre existence doit leur rester ; mais pour le conserver, s'il était menacé, il leur faudrait rendre de leur fortune un compte aussi détaillé et justifié, que le doit un intendant à son maître. Telles sont les conséquences des articles 203, 206, 207 et 208.

228. Il ne s'est élevé, sur ces conséquences, de difficultés qu'à l'égard des petits-enfants. Celle relative

aux petits-enfants légitimes n'a rien de sérieux. M.
Toullier, et M. Locré sur lequel il s'appuie, sont les
seuls commentateurs qui pensent que, l'article 203 ne
comprenant dans sa disposition que les enfants, un
arrêt qui refuserait des aliments aux petits-enfants,
serait à l'abri de la cassation, parce que la loi ne serait
pas violée. M. Duranton a parfaitement relevé cette
méprise. En effet, comme il le fait remarquer, si les
petits-enfants ne sont pas nommés dans l'article 203,
ils le sont dans l'article 205, et la réciprocité établie
dans l'article 207, se référant à tous ceux qui le précèdent dans le même titre, il en résulte que littéralement les petits-enfants doivent des aliments à leurs
aïeux, et réciproquement que ceux-ci leur en doivent.
Je crois donc fermement que la cour suprême cas-
serait un arrêt dans lequel ce principe de droit naturel
et civil serait méconnu ; et l'on verra (n° 238) la cour
de Paris lui rendre hommage, en condamnant la dame
Chénié à payer une pension de 1000 fr. à la dame Legon, sa fille, tant pour elle que pour son enfant.

229. La question serait beaucoup plus grave, s'il
s'agissait des enfants naturels du fils ou de la fille légitime. Il faudrait même désespérer pour eux d'obtenir
des aliments de l'aïeul, si l'arrêt de la cour de cassation du 7 juillet 1817 (1), qui casse celui de la cour
de Douai du 19 mars 1816, devait fixer pour toujours la jurisprudence sur un point de droit d'un aussi
grand intérêt. J'ose espérer que non, et les fastes de

____

(1) Journal du palais, t. 45, p. 283.

cette cour m'apprennent que sa jurisprudence n'est pas invariable.

Pour faire sentir les déplorables effets de la doctrine professée dans cet arrêt, je n'ai pas besoin de chercher une autre hypothèse que celle de l'espèce sur laquelle il est intervenu. Le fils d'un homme riche, le sieur Langlart séduit la demoiselle Domangeot. Il veut réparer sa faute en l'épousant; mais vainement il sollicite le consentement de son père qui reste inexorable. Pendant ce temps, la demoiselle Domangeot donne le jour à deux enfants, dont Langlart se reconnaît le père, devant l'officier de l'état civil. Peu de temps après il meurt, et la demoiselle Domangeot perd, en même temps, et l'espoir de légitimer ses deux enfants, et les ressources que leur père aurait continué de trouver dans son travail, pour les nourrir. Sans fortune personnelle, elle tombe, ainsi que ses enfants, dans la plus profonde misère. Ses larmes et ses prières parviennent au père de l'auteur de ses maux, sans ébranler son inflexibilité. Enfin elle le traduit devant le tribunal de Lille; elle y est déclarée non-recevable dans son action. Elle est plus heureuse à la cour de Douai, et obtient pour chacun de ses deux enfants, une pension provisoire de 300 francs; et c'est ce succès éphémère qui s'est évanoui devant la cour de cassation.

Cependant, dans l'ancienne jurisprudence, malgré son extrême sévérité à l'égard de ces enfants, alors appelés *bâtards*, de nombreux auteurs, d'innombrables arrêts, ne voulaient pas que ce bâtard restât sans pain; quand le père de celui qui lui avait donné

la vie , était le seul qui pût la lui conserver. De tous
les auteurs je ne citerai que le plus estimé, le président Favre, qui en a fait une règle de droit : *sicut
proprio filio alimenta præstare tenetur pater , ita et
nepoti suscepto ex filio , quamvis per illegitimam con-
junctionem. Definit. 5 , lib. 4, p.* 293. Je sais que le
sentiment contraire a aussi ses auteurs et ses arrêts ;
mais si on faisait dépendre la solution de la question
du nombre et de la gravité des autorités , la cause des
enfants naturels serait assurée.

Parmi les auteurs modernes , je n'en connais que
deux qui aient prévu la question ; M. Merlin, dans le
répertoire de jurisprudence, et M. Bernardi, dans son
cours de droit civil : et tous deux sont favorables aux
enfants naturels. Le rédacteur de l'article *aliments* dans
la première édition du répertoire, après avoir rapporté deux arrêts du parlement d'Aix pour ces enfants,
et un de celui de Paris contre eux, s'exprime ainsi :
« La jurisprudence du parlement d'Aix me paraît
» mieux fondée, parce que l'aïeul qui refuse des ali-
» ments au bâtard de son fils, offense la loi naturelle. »
M. Merlin, si soigneux dans les nombreuses éditions
qu'il a données de ce répertoire, à corriger toutes les
propositions qu'il jugeait incompatibles avec les principes de la nouvelle législation, a conservé ce texte
intact. M. Bernardi s'exprime en termes tout aussi po-
sitifs : « à défaut du père, l'aïeul doit la nourriture et
» l'éducation aux enfants naturels. »

Je pourrais encore me prévaloir de l'éloge fort étendu que fait, de l'arrêt de la cour de Douai, le rédacteur

du journal du palais, éloge qui finit ainsi : « Comment
» pourrait-il donc se faire que, sous l'empire de la lé-
» gislation nouvelle, la faveur des aliments pût être
» sérieusement méconnue dans le sanctuaire de la loi
» et de la justice? » Mais je renonce à cette autorité ;
car sur l'arrêt de la cour de cassation, qui fait précisément ce que ce rédacteur condamnait d'avance, son
approbation n'est pas moins explicite.

Voyons donc s'il est vrai que la cour de Douai ait
violé la loi, et commis un excès de pouvoir? Les motifs
de l'arrêt qui l'en juge coupable, se réduisent en substance à deux : violation des articles 338 et 756; fausse
application de l'article 161. Pour établir la violation
des articles 338 et 756, la cour considère « que la dis-
» position de ce dernier article est générale, et ne fait
» aucune exception ; qu'elle exclut, par conséquent,
» par sa généralité indéfinie, non-seulement tous
» droits sur les successions des parents des pères ou
» mères des enfants naturels, mais encore tous droits
» à des aliments. » Ainsi la cour fait revivre le système qu'elle a, si victorieusement, censuré par l'arrêt
dont j'ai rendu compte (n° 9).

On confondait aussi, à l'appui du pourvoi, le droit
aux aliments avec celui de successibilité; et elle répondait : « les articles 756 et 757 ne s'occupent que de la
» succession..... ; il n'en résulte pas que le père vivant
» ne doive pas d'aliments à l'enfant naturel qu'il a re-
» connu.... : avant les lois nouvelles, l'enfant naturel
» ne succédait jamais à son père, et cependant il avait
» droit de lui demander une pension alimentaire. »

J'ajoute que, dans le code même, ces deux droits sont parfaitement distincts et indépendants. L'article 762 refuse aux enfants adultérins ou incestueux tout droit sur les biens de leurs pères et mères, et néanmoins leur accorde des aliments. Quelle que soit donc la généralité de l'article 756, on ne peut pas en conclure qu'il exclue le droit aux aliments.

C'est cependant en confondant encore la parenté avec l'action alimentaire, que la cour essaie de fortifier son premier motif. Ce n'est pas sur la parenté, qui n'est qu'une institution du droit civil, mais sur le droit naturel, qu'est fondée l'action de l'enfant naturel pour obtenir des aliments de ceux qui l'ont appelé à la vie. La cour l'a également proclamé dans son premier arrêt : « Le code ne contient aucune disposition expresse » quant aux aliments en faveur des enfants naturels » reconnus ; mais *dans le silence des lois positives, il » faut recourir au droit naturel.* » Si telle est la source de l'action de l'enfant naturel contre son père, ne peut-il pas également y en puiser une contre le père de ce dernier ? N'est-ce pas le même sang qui a rempli les veines de tous les trois ? Dans l'ordre de la nature, il n'y a aucune différence entre les petits-enfants légitimes et les naturels. Qui ferait la généalogie du fameux duc de Vendôme, enfant naturel d'Henri IV, le trouverait fils de Saint-Louis, comme Louis XIII, son frère, avant sa légitimation comme après. Ces malheureux enfants remontent au premier homme tout aussi bien que les plus légitimes. Et il faut le reconnaître, celui qui, dans une heureuse aisance, laisserait périr de besoin l'enfant naturel de son fils, serait, aux yeux de tout homme sensible, un père dénaturé.

La cour, recourant ensuite aux subtilités de la dialectique, observe que, si le père de cet enfant lui doit des aliments, c'est parce qu'il l'a reconnu ; mais « que » cette reconnaissance lui est personnelle, et ne peut » produire d'effet que contre lui, d'après le *principe* » *immuable* qui veut qu'on ne soit pas lié par le fait » d'autrui. »

Il ne lui doit des aliments que quand il l'a reconnu, sans doute, car sans cela on ne saurait pas s'il est son père ; mais dès qu'il a légalement reconnu sa paternité, sans être légitime, elle est légale, elle est certaine, elle doit produire tous ses effets. Quant au *principe immuable* qui ne voudrait pas qu'on fût lié par le fait d'autrui, c'est certainement une erreur échappée au rédacteur de l'arrêt ; je pourrais faire un volume des cas où le fait d'autrui nous lie très-étroitement, et le sieur Langlart a failli en avoir la preuve. Si son fils avait eu le temps de faire justice entière à ses deux enfants, et qu'après les avoir reconnus, il les eut, malgré le refus de son père après des sommations respectueuses, légitimés en épousant leur mère ; l'aïeul eût été incontestablement lié ; et ce fait d'autrui ne l'aurait pas seulement obligé à leur donner des aliments, mais encore à leur laisser une portion légitimaire dans ses biens. Que deviendrait, dans cette hypothèse, le *principe immuable ?* Il n'y a donc pas, dans l'arrêt de la cour de Douai, violation des articles 338 et 756.

Il n'y a pas, non plus, fausse application de l'article 161, qui prohibe le mariage entre les ascendants et descendants naturels; il n'était invoqué que pour établir qu'un même lien attache les enfants naturels et légitimes à leur aïeul. Cet article, dit l'arrêt de la cour suprême, a été uniquement déterminé par des motifs d'*honnéteté publique*. Oui, assurément; mais que veulent dire ces paroles? M. Portalis en a donné très-éloquemment l'explication au corps législatif, en lui présentant cette partie du code civil: « Ce que nous
» disons des père et mère et *de leurs enfants naturels*
» et légitimes, s'applique en ligne directe à tous les
» ascendants et descendants, et alliés dans la même
» ligne. Les causes de ces prohibitions sont si fortes
» et si naturelles, qu'elles ont agi, presque par toute
» la terre, indépendamment de toute communication.
» Ce ne sont pas les lois romaines qui ont appris à des
» sauvages et à des barbares qui ne connaissent pas
» ces lois, à maudire les mariages incestueux. C'est
» un sentiment plus puissant que toutes les lois, qui
» remue et fait frissonner une grande assemblée, quand
» on voit sur nos théâtres Phèdre, plus malheureuse
» encore que coupable, brûler d'un amour incestueux,
» et lutter laborieusement entre la vertu et le crime. »

On le voit; dans l'ordre physique, il n'y a pas de différence entre l'enfant légitime et celui qui ne l'est pas. L'union conjugale de ce dernier avec un de ses aïeux naturels, ou avec un des autres enfants de son père ou de sa mère, serait un inceste; et quand Hippolyte n'aurait été que le fils naturel de Thésée, le feu dont

Phèdre brûlait pour lui , n'en ferait pas moins frissonner. Il est donc vrai que , si l'enfant naturel et ses descendants ne sont pas dans la famille, pour participer
aux avantages du droit civil, ils y sont pour tous ceux
qui dérivent du droit naturel; et conséquemment, que
la cour de Douai , en induisant de l'article 161 qu'ils
avaient une action pour des aliments contre leur aïeul
naturel, n'en a fait qu'une très-juste application.

230. Dans tous les cas dont je viens de parler, le
mot *aliments* ne doit pas être entendu suivant son acception vulgaire. En droit , il comprend avec la nourriture , le vêtement et l'habitation: *legatis alimentis ,
cibaria et vestitus et habitatio debebitur: quia sine his
ali corpus non potest.* (*L. 6, ff. de alim. vel cib. leg.
L. 43 et 44, ff. de verb. signif.*). Il faut encore y comprendre les soins et les remèdes qu'exigent les ma-
ladies.

231. Le principe de toutes ces obligations est trop
profondément gravé dans le cœur même de ceux qui
voudraient s'y soustraire , pour être jamais mis en
doute devant les tribunaux; mais son application y fait
souvent agiter de ces questions de personnes, de fortune, de circonstances , dont la loi abandonne l'appréciation aux lumières et à la conscience des magistrats (articles 210 et 211). Celle qui s'y présente le
plus fréquemment , et n'est pas la moins difficile à résoudre, est de savoir si, quand le père offre à son fils
sa maison et sa table , le fils peut insister pour avoir
une pension en deniers ?

La règle principale , dans ce débat affligeant , est

que l'offre du père est digne de toute faveur, et que pour le rendre tributaire de son fils, il faut de bien graves circonstances.

232. Si, par exemple, le fils attribue sa fuite de la maison paternelle aux sévices immérités qu'il prétend y éprouver, soit de la part de son père, soit de tout autre, sous les yeux de ce dernier ; offrant de le prouver, peut-il être admis à cette preuve, sans porter atteinte à l'honneur et au respect, qu'il doit à son père? Doit-on, sans autre examen, le renvoyer dans cette maison qui ne lui inspire plus que de l'effroi, pour y vivre à la discrétion d'un père irrité? Faut-il, au contraire, l'autoriser à la preuve ; et s'il la fait, l'armer d'un titre contre son père ?

233. Sans doute, sur de telles questions, l'hésitation est naturelle. Mais, comme on ne peut pas se dissimuler que la bonté et la patience ne sont pas dans le cœur de tous les pères ; et que les tribunaux correctionnels en offrent de fréquents exemples ; je crois, par suite de ce que j'ai dit au sujet de l'enfant mineur (nº 32), que, quand les faits sont graves et circonstanciés, il y aurait déni de justice à en refuser la preuve. On le peut d'autant moins, que le projet du code civil portait que les pères et mères ne pourraient, *dans aucun cas*, être contraints à payer une pension à leurs enfants, quand ils offriraient de les recevoir chez eux ; et qu'on substitua à cette disposition celle de l'article 211, qui n'est que la consécration de l'ancienne jurisprudence.

Cependant une cour, celle de Nîmes, en a jugé autrement, dans la première année de la publication du code civil, et avant que la jurisprudence eût répandu sa lumière sur cette nouvelle législation.

Le sieur Dufour, qui avait deux filles, en avait marié une au sieur Payen, à qui il avait abandonné et l'administration de ses biens, et le gouvernement de sa maison. L'autre fille, prétendant, que son père s'étant réduit à cet état, elle ne pouvait pas être obligée de prendre sa nourriture à la table de son beau-frère; articulant, en outre, qu'elle y était injuriée et maltraitée par lui, et même par son père; elle demandait à ce dernier une pension de 200 francs.

Le tribunal de Largentière croyant voir dans les circonstances qui n'étaient pas déniées, l'abandon de Dufour à son gendre de l'administration de ses biens et la tenue de sa maison, un motif suffisant pour dispenser sa fille d'y vivre, lui accorda la pension qu'elle demandait, en la réduisant à 150 fr. Que, sur l'appel du père, la cour n'eût pas trouvé les faits avoués assez graves pour autoriser une fille à quitter son père; son arrêt serait au-dessus de la critique. Mais la demoiselle Dufour offrant subsidiairement de prouver qu'elle avait, chaque jour, à souffrir des injures et des voies de fait; sa preuve devait être admise, et elle fut rejetée comme *irrévérente* et inadmissible. L'arrêt est du 17 fructidor, an XII (1).

Cette décision, qui suppose que la révérence des enfants envers leurs pères et mères doit aller jusqu'à pé-

____

(1) Dalloz, 5. 2. 11.

rir de misère, plutôt que de révéler leurs torts à la justice, a subi justement la censure de ceux qui depuis ont écrit sur cette matière ; et particulièrement de MM. Toullier (t. 2, n° 613) et Duranton (t. 2, n° 615).

Peu d'années après, le tribunal de Draguignan, et sur appel la cour d'Aix, appelés à juger la même question, et à rendre un plus juste hommage aux vrais principes ; ne faillirent pas à leur devoir. La demoiselle Roselly demandait aussi une pension à son père, en offrant de prouver les excès et les mauvais traitements qu'elle lui reprochait ; et qui l'avaient obligée de fuir de sa maison. Son père prétendit en vain qu'il y avait *irrévérence* à offrir de prouver ses torts ; sa fille y fut admise, et ce jugement fut confirmé par arrêt du 3 août 1807. Son principal motif est « que le sieur » Roselly n'est pas fondé à repousser cette preuve » comme *irrévérente*, dès que la loi autorise l'action » du fils qui réclame, dans certains cas, une pension » alimentaire de son père ; dès qu'elle laisse aux tribu- » naux le soin de la déterminer, il n'est pas à présu- » mer qu'elle ait voulu la rendre impossible, et il est » bien naturel de penser qu'elle autorise l'admission » de toute preuve dont l'objet est de justifier que les » aliments ne peuvent pas continuer d'être pris dans » la maison paternelle. » (1)

234. Cette preuve n'est même pas indispensable. L'article 211 donne aux magistrats la plus grande latitude ; son texte est trop formel pour qu'on puisse

(1) Dal. per. 23. 2. 50.

hésiter un instant à le reconnaître. Ne peut-il pas arriver que les juges, après avoir entendu les parties en personne, et apprécié leur caractère ; informés d'ailleurs, de leur conduite antérieure, jugent que, par respect pour les mœurs, il soit plus prudent de ne pas ordonner la preuve, que de s'exposer à voir révéler des choses honteuses ?

Je vais plus loin ; quand il s'agit d'avoir une juste idée de ce qui se passe dans l'intérieur des familles, il est si difficile aux magistrats de découvrir la vérité, qu'à moins qu'ils n'aient acquis la conviction que tous les torts sont du côté du fils, et que le père est prêt à lui pardonner sincèrement, je crois que, dans l'intérêt de l'un et de l'autre, ils doivent autoriser la vie séparée. Ce parti, qui ne fait que réduire en argent une obligation qui pourrait être acquittée en nature, n'a rien de bien redoutable dans ses effets ; tandis que la cohabitation forcée, après une lutte judiciaire, serait un supplice perpétuel pour celui qui l'aurait exigée, comme pour celui qui y serait condamné, et les exposerait tous deux à finir par une de ces scènes dont la seule pensée fait frémir.

235. Le fils majeur qui voudrait entrer dans l'état ecclésiastique, comme la fille dont la vocation serait de se consacrer à la vie religieuse, se trouveraient aussi dans un cas d'exception, à l'égard de l'obligation de ne recevoir d'aliments que chez leurs parents ; l'accomplissement de leurs désirs étant inconciliable avec cette résidence. On trouve dans les œuvres de Duperrier (t. 2, p. 237) un arrêt du parlement d'Aix, du 17

décembre 1626 , qui le décide ainsi, en faveur d'une fille qui s'était retirée dans un monastère, sans le consentement de son père. Ces vocations , il est vrai, ne jouissent plus d'autant de faveur que dans le 17e siècle. Mais , dans le notre, les libertés civiles sont plus ardemment réclamées , et plus favorablement accueillies que jamais ; or , la liberté de conscience est , sans contredit , de toutes les libertés la plus respectable. Je crois donc que les magistrats saisiraient avec empressement cette occasion d'exercer le pouvoir discrétionnaire que leur défère l'article 211 , et accorderaient la modique pension nécessaire en pareil cas ; à moins que les père et mère ne fussent dans l'impossibilité d'y pourvoir.

236. Je mets dans la même catégorie le fils d'une famille favorisée de la fortune, qui ayant reçu , par les soins de ses parents , une éducation classique , aspire à une des professions libérales dont , lorsqu'il n'habite pas une grande ville, il ne peut étudier les éléments que hors de la maison paternelle. Si , dans cette louable impulsion , il ne cherche pas à s'élever au-dessus de l'état de ses parents ; les premiers sacrifices qu'ils ont faits sont autant de titres qui les obligent à continuer.

Lors même que ses études sont achevées , tant que les produits de sa profession ne suffisent pas aux dépenses que raisonnablement il ne peut pas se dispenser de faire ; les secours nécessaires lui sont dus. Tous les auteurs citent , à ce sujet, l'arrêt du parlement de Paris. du 22 juillet 1779 , qui a condamné le sieur Pichon à faire une pension de 1000 livres à son fils , quoiqu'il lui eût acheté une charge de procureur du roi au siége de la monnaie de la Rochelle.

237. L'enfant marié et tombé dans la détresse serait aussi dispensé d'aller vivre chez son père ou sa mère, et aurait droit à des secours pécuniaires. Il aurait dans les devoirs que lui impose le mariage envers l'autre époux, un motif incontestable de ne pas s'en séparer. Vainement il lui serait offert de recevoir les deux époux, si tous deux refusaient ces offres. L'article 211 n'est obligatoire que pour l'enfant; à l'égard de tout autre à qui des aliments sont dus, le gendre et la bru sont du nombre; celui qui les doit ne peut être dispensé de les servir en deniers, qu'en prouvant qu'il ne lui est possible de venir à leur secours, qu'en les recevant dans sa demeure.

La raison de cette différence, sur laquelle le texte des articles 210 et 211, ne peut pas laisser de doute, est facile à concevoir. L'enfant chez son père est à sa place naturelle; s'il y est reçu de mauvaise grâce, il souffre sans être humilié; si des paroles dures lui sont adressées, le respect auquel il est habitué, lui fera mesurer sa réponse. Il ne peut pas en être ainsi du gendre et de la bru, nouveaux venus dans la famille. La vie commune pourrait devenir pour eux un supplice insupportable. L'exception que contient, à leur égard, l'article 210, dont on ne trouve aucune trace dans l'ancienne jurisprudence, prouve qu'une profonde étude du cœur humain a présidé à la rédaction de cette partie du code.

238. Il suffirait que l'enfant eût lui-même des en-

fants, lors même qu'il serait veuf, pour que son père
ou sa mère, pouvant lui payer une pension, ne pût
pas l'obliger à venir avec sa famille vivre sous ses lois.
Ne serait-il pas, en effet, exposé à y être contrarié, à
chaque instant, dans l'exercice de son autorité sur ses
enfants ? La jurisprudence n'exige pas de lui un tel sacrifice.

Coiffard, menuisier, avait appris son état à son fils,
et l'avait marié. Celui-ci ne trouvant pas, dans son
travail, les moyens suffisants pour les besoins de ses
nombreux enfants, pria son père de l'aider par une
pension. Le père, ne pouvant pas se faire illusion sur
la misère de son fils, offrit de le recevoir dans sa maison, ainsi que tous ses enfants. Le fils, dans la crainte
probablement de faire payer cher à ces enfants le pain
qui leur était offert, insista pour un secours annuel.
Le tribunal de Lesparc, appréciant ses motifs, le lui
accorda. Coiffard père se pourvut en cassation ; mais
son pourvoi fut rejeté par arrêt du 14 germinal, an
XIII, « Attendu qu'il résulte évidemment des articles
» 210 et 211 du code civil que la quotité et le mode
» de la prestation des aliments dus dans les cas pré-
» vus, sont laissés à la prudence du juge. » (1)

La cour de Paris a également usé de ce pouvoir
dans une circonstance qui mérite encore d'être remarquée. La demoiselle Legon, abandonnée par son mari,
ainsi que sa fille âgée de 5 ans, eut recours à sa mère,
la dame Chénié, dont la position était beaucoup plus

(1) Journal du palais, 2e semestre, an 13, p. 456.

14.

heureuse, et lui demanda une pension, pour elle et sa fille. Il fallut une instance, suivie d'un jugement du tribunal de la Seine, qui fixa cette pension à 1000 fr.; mais autorisa la dame Chénié à la réduire de 480 fr., en se chargeant de sa petite-fille. La dame Legon, justement affligée de cette disposition qui la séparait de son enfant, si jeune encore, espéra trouver la cour plus sensible à sa douleur. Effectivement, l'appel de sa mère fut rejeté et le sien fut admis. Par arrêt du 2 août 1806, elle obtint la pension de 1000 fr., et fut autorisée à conserver son enfant, par le motif « que les al- » légations de sa mère n'étaient pas suffisantes pour » faire priver une mère de la garde, aussi naturelle » que légitime, de sa fille en bas âge. » (1)

239. Cette obligation des pères et mères de ne pas fermer l'oreille aux cris de détresse de leurs enfants est ineffaçable. Quelques chagrins qu'ils en aient éprouvés, de quelques traits d'ingratitude que ceux-ci se soient rendus coupables, ils ne peuvent pas les condamner à la mendicité, s'ils peuvent les en garantir.

Cependant deux textes du droit romain, la *loi 5 ff. de agnosc. vel alend. lib.* ainsi que la loi 4, *cod. de alend. lib.*, semblent admettre des cas d'exception, et donner aux juges la faculté de dispenser le père de nourrir son enfant, s'il en été gravement offensé. Dumoulin, même, sur les décrétales, les explique dans ce sens. Mais la jurisprudence des deux derniers siècles a constamment repoussé ces autorités, comme contraires aux principes de la morale.

(1) Journal du palais, 2ᵉ semestre 1806, p. 390.

240. Un des plus sanglants outrages que les enfants puissent faire à leurs père et mère, est, sans doute, de se marier contre leur gré ; et quoique, dans l'ancien droit, ceux-ci pussent, pour les en punir, les déshériter ; le parlement de Paris, par les quatre arrêts de 1683, 1690, 1702 et 1710, que rapporte le journal des audiences ; comme dans celui du 2 avril 1770, inséré par Merlin dans le répertoire de jurisprudence, au mot *aliments* ; a accordé des pensions à des enfants qui avaient porté jusqu'à ce point le mépris de l'autorité de leurs parents. Le même esprit a dicté dans l'article 203 du code civil, la règle absolue, qui ne permet pas la moindre exception. Il n'en a pas moins fallu que la jurisprudence mît le sceau de son autorité à cette interprétation.

La fille d'un avocat, éprise d'un petit marchand confiseur sans fortune, s'aperçut qu'elle ne tarderait pas à être mère, et voulut l'épouser. L'avocat résista à ses sommations respectueuses ; il fallut un arrêt de la cour de Grenoble pour mettre fin à l'opiniâtreté de son opposition. Mais, dès le lendemain du mariage, sa fille et son gendre le traduisirent devant le tribunal de Romans, pour obtenir de lui une pension de 800 francs. Tous les efforts du père devant les premiers juges n'eurent d'autre succès que de faire réduire la pension à 400 fr. ; la saine doctrine l'emporta. Il en fut de même sur l'appel, seulement la pension subit encore une réduction, et ne fut fixée qu'à 260 fr. : « pour concilier, dit la cour, dans son arrêt » du 19 février 1808, le droit de la nature avec le

» respect dû à l'autorité. » Le père, persuadé qu'il devait obtenir une victoire plus complète, se pourvut en cassation. Mais, par arrêt du 7 décembre suivant, son pourvoi fut rejeté ; « Attendu que les articles 205,
» 207 et 208 du code civil, qui obligent les pères et
» mères à fournir des aliments à leurs enfants et au-
» tres descendants, qui sont dans le besoin, ne font
» aucune distinction des besoins, et ne mettent à cette
» obligation d'autre borne que la proportion du besoin
» de ceux qui les réclament, et de la fortune de ceux
» qui les doivent ; que, par suite, l'arrêt ne viole au-
» cun de ces articles, en adjugeant à la dame Gras
» des aliments dans la proportion de ses besoins re-
» connus, et de la fortune de son père, quoique ma-
» riée, et quoiqu'ayant contracté son mariage ensuite
» de sommations respectueuses. » (1)

241. Si cependant un père ou une mère avait la douleur de trouver parmi ses enfants un ennemi mortel, qui portât contre lui une accusation capitale, ou même attentât à ses jours, et qui, par suite d'un de ces forfaits, serait réputé indigne de rester dans les rangs de ses successibles, conformément à l'article 727 ; pourrait-il être aussi tenu de le nourrir ? M. Duranton estime que, dans l'un et l'autre cas, il devrait en être dispensé. Il se fonde sur les lois romaines que je viens de rappeler moi-même.

Je suis loin de partager son opinion. On vient de voir que, depuis deux siècles, ces lois avaient cessé

____

(1) Journal du palais, 1ᵉʳ semestre 1809, p. 81.

d'être suivies en France ; et que c'est à cette jurisprudence, bien plus conforme au droit naturel, que les auteurs du code civil s'étaient arrêtés. Ils connaissaient ,
en effet, ces lois, comme M. Duranton , et s'ils avaient
voulu adopter leur excessive rigueur , ils en auraient
fait une règle d'exception. J'aime , au contraire , à penser qu'ils ont été mieux inspirés ; et l'ont été par l'admirable doctrine du christianisme sur *le pardon des
ennemis.* Si on le doit à ses ennemis, quels qu'ils soient,
comment un père , comment une mère , pourraient-ils
le refuser à leurs enfants ? Du silence des législateurs ,
je conclus qu'il y aurait abus de pouvoir , si l'exception par eux rejetée était admise.

La conséquence tirée par M. Duranton , de l'exclusion qu'encourt l'indigne de la succession , n'est pas
logique. Le refus des aliments par le père à son fils ,
laisserait ce malheureux sans ressource. Il n'en est pas
de même quand il est privé de la succession pour cause
d'indignité. Dans ce cas , presque toujours ses enfants
le remplacent ; et , comme je l'ai dit (nº 156) , il peut
obtenir des aliments sur les revenus perçus pour eux ;
ce qui n'est pas contestable.

Aussi , M. Duranton reconnaît-il que , si les magistrats accordaient des aliments à l'enfant frappé d'indignité , leur décision échapperait à la censure de la cour
de cassation , parce qu'il n'y aurait pas violation de la
loi. Il me semble que cette sage réflexion aurait dû lui
ouvrir les yeux sur son erreur , et lui faire reconnaître
que , si les magistrats refusaient des aliments à l'indigne , ils créeraient une exception à une règle qui n'en

admet aucune ; que par là il y aurait violation de l'article 230 , fausse application de l'article 727 ; et conséquemment, abus de pouvoir.

242. Cette action des enfants contre leurs père et mère , est cependant, comme toutes les autres , susceptible de restriction , et même de rejet , quand les pères et mères ont fait tout ce qu'ils devaient pour leur donner les moyens de se procurer eux-mêmes une existence égale à la leur.

La première obligation que leur impose l'article 203 une fois remplie comme elle doit l'être , celle écrite dans l'article 227 ne les atteint que quand leurs enfants sont *dans le besoin*. Or , celui-là n'est pas dans le besoin, qui a, en lui, tout ce qu'il faut pour en sortir ; et qui y reste volontairement par une inexcusable nonchalance , ou subjugué par des passions plus méprisables encore. En pareil cas , admettre son action , et l'autoriser à pressurer ce qui reste à ses père et mère , ce serait porter atteinte et aux bonnes mœurs et à l'ordre public ; tout citoyen devant , autant qu'il le peut , contribuer par son labeur à la prospérité générale.

La cour de Trèves , saisie d'une action de cette espèce , du temps de l'empire , a su donner la juste interprétation de l'article 207. Un père de six enfants avait fait apprendre à l'un d'eux l'état de pharmacien ; et lui avait donné 6,000 florins , comme à ses frères et sœurs , pour s'établir dans une des principales villes d'Allemagne , et y exercer sa profession. Après quelques années, ce jeune homme, étant tombé en faillite , se vit contraint de fuir avec sa femme et leurs enfants. C'est dans cette position qu'il traduisit son père au tribunal de Mayence, où il lui fut accordé une pension de 360 florins. Mais sur l'appel du père, la cour rejeta complètement la demande de son fils : « Attendu » 1° que rien n'annonce que les malheurs que l'intimé » prétend avoir éprouvés, ne lui soient pas survenus » par sa faute, et que rien ne détruit les reproches » que l'appelant lui a faits à cet égard, en lui objec- » tant qu'il peut faire cesser les besoins qu'il allègue » en se livrant au travail, et faisant tous les efforts » d'un homme laborieux, pour se procurer la subsis- » tance, à lui et à sa famille ; 2° dans le droit, que, » bien que le père et le fils peuvent respectivement se » demander des aliments, aux termes du code, lors- » qu'ils sont dans le besoin, cette obligation ne doit » s'entendre que lorsqu'il n'est pas au pouvoir de celui » qui réclame des secours de faire cesser le besoin, » soit parce qu'il est dans un état de maladie ou d'in- » firmité, tel qu'il lui est impossible de se procurer » la subsistance, ou par quelque autre accident de » force majeure ; ce qui ne se rencontre pas dans l'es- » pèce ; d'où il suit que les premiers juges auraient » moins dû s'attacher au fait de l'existence du besoin, » qu'aux moyens qu'avait ou pouvait avoir l'intimé de » le faire cesser, etc. »

On peut trouver dans cet arrêt une sévérité un peu germanique, en ce qu'il n'accorde aucun secours à ce malheureux père de famille. Peut-être la cour eût-elle mieux concilié le devoir du père avec les sages motifs de sa décision, en octroyant au fils un secours momentané et proportionné au temps nécessaire pour qu'il pût trouver l'occasion de tirer parti des connaissances qu'il avait en pharmacie.

243. On a vu (n° 227) que les pères et mères doivent des aliments, non-seulement à leurs enfants, mais à ceux avec lesquels ceux-ci se marient, si l'adversité les livre à la détresse. Mais la mère qui se remarie, se trouve affranchie de cette obligation envers le mari de sa fille, ainsi qu'à l'égard de la femme de son fils. En effet, l'article 207 ne charge les pères et mères de nourrir leurs gendres et leurs brus, que par réciprocité de l'obligation que l'article 206 fait à ceux-ci de les secourir. Or, ce même article, en faisant cesser leur obligation envers leur belle-mère, dans le cas de convol, et la réciprocité qui leur donnait l'action alimentaire contre elle, n'existant plus ; cette action tombe avec celle qu'elle avait contre eux.

Cette conséquence, judicieusement remarquée par M. Delvincourt, est critiquée par M. Duranton ; mais sa critique n'a rien de solide. Il prétend que, si le législateur avait voulu que le convol de la belle-mère fît cesser son obligation, comme celle de son gendre et de sa bru, il aurait formellement dit : *ces obligations sont réciproques*; et que puisqu'il a dit : *les obligations résultantes de ces dispositions sont réciproques*, la réciprocité n'est établie que pour les obligations, et non pour le cas où elles cessent. Pure subtilité : l'obligation du gendre n'est que conditionnelle, puisqu'elle doit cesser si la belle-mère passe à de secondes noces. Par cela seul que le législateur l'a déclarée réciproque, il a nécessairement entendu que l'accomplissement de la condition délierait réciproquement et le gendre et la belle-mère.

Il ajoute que cette réciprocité ne produit pas toujours son effet, puisque le fils indigne ne cesse pas de devoir des aliments à son père, quoiqu'il ne puisse pas lui en demander. D'abord, ce raisonnement ne serait complet qu'autant que l'auteur prouverait la seconde proposition ; c'est-à-dire, que l'indignité du fils lui fait perdre l'action alimentaire contre son père, ce dont l'auteur se dispense. Je crois, au contraire, avoir prouvé (n° 241) que l'indignité ne peut pas avoir cet effet. Mais, quand le sentiment d'horreur qu'elle inspire pourrait le lui faire produire ; ce ne serait, certes, pas une raison pour en dire autant du fait très-licite de la belle-mère ; qui, par son convol, sort de la famille de son premier mari, et entrant dans celle du second, y contracte les mêmes obligations.

⸺⬦⸺

§. 2.

DROITS DES PÈRES ET MÈRES LORSQUE LES ENFANTS VEULENT SE MARIER, OU ÊTRE ADOPTÉS.

SOMMAIRE.

244. Le jour où les filles ont accompli leur 21ᵉ année, et les fils la 25ᵉ, fait tomber la plus importante prérogative des pères et mères, celle d'empêcher quiconque leur déplaît de s'agréger à leur famille. Dès ce moment, si parmi leurs enfants il en est qui, impatients du célibat, s'obstinent pour en sortir dans un mauvais choix ; leur volonté, quelque déraisonnable qu'elle soit, l'emportera. Leurs pères et mères pourront, pendant plusieurs mois, et au moyen de quelques procédures, les retenir sur le bord de l'abîme où ils veulent se jeter ; mais leur consentement a cessé d'être indispensable. Leur puissance désarmée ne sera plus honorée que par l'accomplissement de formalités dont le seul effet, presque toujours, est de rendre, de part et d'autre, l'irritation plus vive et plus durable. Ces formalités, exigées dans l'ancienne législation, comme dans la nouvelle, ont cependant un but louable. Elles ont été conçues dans l'espoir que la crainte de résister aussi solennellement à leurs parents, retiendrait dans la soumission ceux des enfants sur lesquels la piété filiale n'a pas perdu toute son influence.

245. Quant à ceux que d'autres sentiments entraînent, il leur faut, par *un acte respectueux et formel*, demander à leurs pères et mères, sur le mariage qu'ils projettent, ce conseil que, d'avance, ils sont presque toujours disposés à ne pas écouter. Jusqu'à l'âge de 30 ans, pour les fils, et de 25, pour les filles, les pères et mères persistant dans leur refus, l'acte respectueux doit être renouvelé deux fois, de mois en mois ; et ce n'est qu'un mois après le dernier, que le mariage peut être célébré (articles 151 et 152).

Après l'âge ainsi fixé , un seul acte est nécessaire ; et un mois après , on peut procéder au mariage (art. 153).

Ces divers actes doivent être notifiés aux pères et mères par deux notaires , ou un notaire assisté de deux témoins ; lesquels, dans le procès-verbal de notification, constatent leur réponse (article 154). En cas d'absence du père ou de la mère , les jugements rendus à ce sujet , et , à leur défaut , un acte de notoriété donné par quatre témoins choisis par le juge de paix et dressé par lui , dispensent de l'acte respectueux (article 155).

246. L'exécution de ces dispositions a fait naître un si grand nombre de procès , qu'aucun autre sujet n'a peut-être fait sentir plus vivement combien la divergence des opinions dans l'interprétation des lois , est fatale aux familles. Je me garderai bien de donner l'analyse historique des innombrables décisions , en sens contraire , auxquelles elle a donné lieu. Je me bornerai à présenter les règles principales sur lesquelles la majorité des cours s'est enfin fixée. Je n'indiquerai même pas les arrêts. Ils abondent dans les recueils périodiques , dans les questions de droit de Merlin (5ᵉ édition), au mot *acte respectueux* , et dans le dictionnaire de jurisprudence de M. Dalloz.

1° Les législateurs n'ayant prescrit aucune expression sacramentelle , quel que soit le style de l'acte , pourvu que , dans son ensemble , il soit respectueux ; qu'il fasse connaître clairement la personne avec laquelle le fils ou la fille veut se marier , et invite les père et mère à émettre leurs observations ; sa rédaction est régulière et suffisante.

2° Les législateurs n'ayant pas , non plus , par prudence , exigé que l'enfant fût présent à la notification de cet acte à ses parents; il y aurait abus de pouvoir à l'ordonner.

3° Lorsqu'il croit devoir se présenter lui-même , et que ses père et mère sont présents , le notaire n'a qu'un seul procès-verbal à dresser , contenant la déclaration respectueuse de l'enfant , la réponse de ses père et mère , et la notification de l'acte à ces derniers , avec mention de la remise de deux copies , l'une au père , l'autre à la mère.

4° Lorsque l'enfant ne se présente pas , le notaire doit rédiger deux actes , contenant , l'un , la déclaration à lui faite par cet enfant ou par son fondé de pouvoir spécial , l'autre , la lecture qu'il en a faite aux père et mère , la réponse de chacun d'eux ; et la notification du tout , avec remise des deux copies.

5° Dans aucun cas , le notaire n'est obligé d'être porteur d'un mandat exprès ; le caractère dont il est revêtu suffit pour attester la mission qu'il annonce avoir reçue.

6° Cette mission ayant été attribuée aux notaires , c'est aux lois sur l'exercice de leur profession , particulièrement à celle du 25 ventôse , an II , qu'ils doivent se conformer ; et non aux règles du code de procédure.

7° Ils ne sont tenus qu'à se rendre à la maison servant notoirement de demeure aux père et mère , et à une heure convenable. S'ils ne les y trouvent pas , ils ne sont obligés ni de les chercher ailleurs , ni d'y re-

tourner, si ce n'est pour les notifications subséquen-
tes, quand elles doivent avoir lieu.

8° Si cependant il était prouvé que le jour et le
moment auraient été choisis dans la coupable intention
de ne pas trouver les père et mère ou l'un d'eux, cette
conduite de l'enfant et du notaire, loin de remplir le
devoir d'honneur et de respect, ne serait, aux yeux
des magistrats, qu'une misérable scène de comédie :
et l'acte serait annulé. Le notaire encourrait des peines
disciplinaires.

9° Si un seul des père et mère était trouvé au domicile commun, c'est à lui que les deux copies devraient être remises.

10° Lorsque le notaire les trouve tous deux, le
même hommage leur étant dû, la réponse de chacun
d'eux doit être consignée dans le procès-verbal, qui
fait également mention de la remise d'une copie à l'un
et à l'autre.

11° Quand tous deux sont absents, leurs copies sont
remises à la personne qui s'est dite attachée à leur service ; et, en cas de refus de sa part, au maire de la
commune. Elles seraient aussi remises à ce magistrat,
si les portes de la maison restaient fermées.

12° Le second notaire, ou les témoins qui le remplacent, étant indiqués par la loi, comme les coopé-
rateurs du notaire, tant pour l'acte respectueux que
pour la notification ; leur signature, sur les minutes et
les copies, est indispensable.

13° Il n'est pas nécessaire de renouveler cette démarche, quand, sur la première ou la seconde, le

père déclare consentir au mariage , et que la mère seule
refuse son assentiment. Alors il y a lieu d'appliquer
l'article 148, le consentement du père suffit, et l'on
peut procéder au mariage.

14° Dans le cas contraire, où la mère accède au
désir de l'enfant, et le père s'y refuse ; le renouvelle-
ment doit avoir lieu deux fois, mais seulement à l'égard
du père.

15° Quant aux délais à observer pour les renouvel-
lements , l'article 152 les ayant fixés de mois en mois,
c'est une règle spéciale qui doit être entendue dans son
sens direct et littéral ; c'est-à-dire que , quel que soit
le nombre de jours dont se compose le mois dans le
cours duquel le premier acte a été fait, fût-ce celui de
février n'ayant que vingt-huit ou vingt-neuf jours, ou
un de ceux qui en ont trente-un , on peut le renouveler
le même quantième du mois suivant : et de même pour
le troisième acte.

16° On ne peut pas laisser un moindre délai entre
les actes , mais il peut être plus long , pourvu qu'on
ne puisse pas en induire qu'il a été ainsi fixé dans des
intentions malveillantes.

17° Quoique du texte de l'article 153 , il semble
résulter que la fille ne soit dispensée de réitérer l'acte
respectueux , qu'après l'âge de 30 ans ; comme, par
l'article 152 , elle n'est obligée de le renouveler que
jusqu'à l'âge de 25 ; c'est à cette disposition qu'il faut
s'arrêter.

247. Lorsque ces actes sont terminés, un mois après
le dernier , comme je l'ai déjà dit , le mariage peut

être célébré. Mais les pères et mères peuvent, pendant quelque temps encore, fatiguer l'impatience de leurs enfants, en formant opposition à cette célébration (article 372). Ils sont même dispensés de donner, dans ce premier acte, les motifs de leur résistance (article 376) ; et n'en eussent-ils aucun à donner lors du jugement sur leur opposition, ils ne peuvent jamais être condamnés à des dommages et intérêts (article 179).

248. Les auteurs du code civil, en donnant aux pères et mères le droit de s'opposer au mariage de leurs enfants, en ont resserré l'exercice dans des limites fort étroites, pour les formes à suivre, comme pour les moyens d'empêcher le mariage. Cette partie du code est celle pour laquelle ils se sont le plus éloignés de l'ancienne législation. Il est vrai que les principes de liberté et d'égalité étant devenus, depuis la révolution, les principaux éléments de notre organisation sociale ; quelques changements étaient indispensables ; mais n'est-on pas allé trop loin?

249. Et d'abord, quant aux formes, dans l'ancienne législation, c'était toujours devant les magistrats du pays habité par les pères et mères, où leurs mœurs et celles de leurs enfants étaient connues, que l'instance était portée. Cela seul rendait ces procès plus redoutables, plus faciles à résoudre, et conséquemment, plus rares.

Les juges, libres d'accélérer ou retarder la marche de l'instance, suivant qu'ils apercevaient de quel côté et de quelle nature étaient les torts, donnaient, quand il le fallait, aux passions le temps de se calmer ; et souvent rendaient la paix aux familles, sans avoir à statuer définitivement.

Aujourd'hui, l'opposition doit contenir élection de domicile dans le lieu où les publications annoncent que le mariage sera célébré; et l'article 176 qui l'ordonne, prononce, en cas d'omission, non-seulement la nullité de l'opposition, mais l'interdiction de l'officier ministériel. Evidemment, cette élection de domicile est attributive de juridiction au tribunal dans le ressort duquel le mariage doit se faire. C'est ainsi que la disposition a été interprétée par la cour de Bruxelles, le 6 décembre 1830. Dès le 29 octobre 1808, la cour de Paris (1re chambre) l'avait appliquée dans le même sens. Elle avait, il est vrai, décidé le contraire le 23 mars 1829; mais elle est revenue à sa première interprétation dans un arrêt du 28 décembre 1839 (1). Je crois, en effet, que c'est à celle-là qu'on doit s'arrêter; que, si l'élection de domicile commandée si impérieusement n'avait pas cet objet, elle n'en aurait aucun.

250. A l'égard des moyens d'opposition au mariage; indépendamment des *empêchements absolus*, les ordonnances et la jurisprudence des parlements en avaient admis plusieurs, sous la dénomination d'*empêchements relatifs* et d'*honnêteté publique*. On les faisait résulter des fiançailles, du mariage non consommé, de l'adultère, du rapt, de la séduction, des trop grandes différences entre les contractants dans la couleur, l'âge, la fortune et la condition.

(1) Gazette des tribunaux du 1er janvier 1840.

Actuellement, l'opposition des pères et mères ne peut empêcher le mariage que dans quatre cas : 1° Si l'enfant n'a pas l'âge fixé par les articles 148 et 151 ;

2° Si ses facultés intellectuelles sont dans un tel désordre, que son interdiction puisse être prononcée ;

3° S'il n'a pas fait procéder aux actes respectueux qui doivent lui tenir lieu du consentement de ses parents ; ou si ces actes ne sont pas réguliers ;

4° Enfin, s'il y a entre lui et la personne qu'il veut épouser, parenté ou alliance à un des degrés signalés par les articles 161 et suivants.

L'enfant qui ne se trouve dans aucune de ces catégories, a, pour se marier, une liberté à laquelle aucune autorité ne peut porter atteinte. Laissât-il tomber son choix sur un individu noté d'infamie, il ferait entrer le déshonneur dans sa famille, sans que ses père et mère pussent l'en empêcher. En vain, ils feraient retentir les tribunaux de leurs gémissements ; les magistrats, liés par les dispositions limitatives du code, ne pourraient que gémir avec eux.

Il est permis de douter qu'en relâchant ainsi les nœuds de l'obéissance des enfants, on ait prévu jusqu'à quel point le repos des familles pourrait en être affecté, comme on va le voir. Je ne doute pas qu'un jour cette partie du code civil ne subisse les modifications que l'expérience a signalées, et que l'intérêt des enfants, autant que celui des pères et mères, semble commander.

Quoi qu'il en puisse être, jusque-là, les dispositions du code sont si claires et si précises, qu'aucune subtilité ne peut leur faire supposer un autre sens, que celui du libre choix des enfants, s'ils n'ont rien à redouter des articles 148, 151, 174 et 161. Dans toutes ces causes, les tribunaux ne doivent pas perdre de vue que, quelque révoltante que puisse être une mésalliance qui n'attend que leur jugement pour se consommer, ils ne peuvent pas le refuser ; les empêchements d'*honnêteté publique* n'étant plus admissibles.

Ce n'est pas sans difficulté que ce rigoureux point de droit s'est établi. Cependant tous les jurisconsultes l'ont admis dans toute sa sévérité, et la cour de Bordeaux n'a pas hésité à s'y conformer dans une instance entre une mère et sa fille, celle – ci voulant épouser un mulâtre. Son arrêt, du 22 mai 1806, a pour motif, « Que
» l'inégalité des conditions n'est point mise par les lois
» au rang des obstacles qui peuvent empêcher les ma-
» riages, lorsque les parties qui veulent en contracter
» sont majeures et maîtresses de leurs droits, *sui ju-*
» *ris ;* et qu'à l'exception des mariages entre un blanc
» et une négresse, ou une blanche et un nègre, pro-
» hibés formellement par un acte du gouvernement(1),
» la différence de couleur, de naissance, de fortune,
» d'âge ou d'état, ne peut plus être admise par les
» tribunaux pour interdire et prohiber un mariage,
» sans ajouter à la loi, et sans tomber dans un excès
» de pouvoir sévèrement et justement proscrit (2). »

(1) Jusqu'à la loi du 24 avril 1833, la France, comme toutes les nations de race blanche, avait prohibé le mariage entre cette race et la race noire. Ce dernier empêchement a disparu.

(2) Jurisprudence de Dalloz, t. 10, p. 29.

Il n'a pas été difficile à la cour de Bordeaux de se soumettre au texte de la loi , dans une cause où la mère ne reprochait à l'individu choisi par sa fille , que la couleur trop foncée de sa peau. Mais deux autres cours ont eu à prononcer sur des faits que très-probablement on a tenus pour impossibles , lors de la rédaction de cette partie du code civil.

Devant celle de Bourges , en 1813, il s'agissait d'un forçat libéré , et non réhabilité. En sortant du bagne , il avait été imprudemment reçu , comme domestique , par un honnête propriétaire, dont, avant la fin de l'année , il avait séduit la fille. Celle-ci , prête à donner le jour à un enfant, s'était enfuie avec son séducteur ; et, après avoir fait à ses père et mère les actes respectueux , demandait la main-levée de leur opposition à son mariage.

Dans la cause soumise à la cour de Caen , en 1813 également , un charpentier , âgé de 34 ans , ayant été admis dans la maison de la dame Dubois pour y travailler de son état, y avait aussi séduit sa fille, âgée de 16 à 17 ans ; il l'avait enlevée, rendue mère, et avait mené avec elle une vie si scandaleuse , que , sur la poursuite du ministère public, il avait été condamné à une année de prison. Tel était le gendre que la demoiselle Dubois voulut donner à sa mère , aussitôt qu'elle eût sa 21e année.

On ne peut pas s'étonner que , dans de telles conjonctures , les magistrats, animés de compassion pour les pères et mères , et d'indignation à l'égard des enfants , se soient persuadés qu'ils pouvaient et devaient soustraire les parents à l'opprobre dont on voulait les couvrir. Mais ils n'ont pas été heureux dans le moyen de droit par eux choisi pour satisfaire ce juste sentiment. Au lieu de s'appuyer sur l'ancienne jurisprudence ; invoquer ses principes sur les *empêchements d'honnêteté publique* , et de supposer que les auteurs du code civil n'ont pas voulu les abolir ; ce sur quoi on peut hésiter : ils ont supposé, au contraire, que les législateurs , beaucoup plus favorables aux pères et mères que les parlements , ont entendu , par l'article 176 , donner aux tribunaux un pouvoir discrétionnaire , pour admettre ou rejeter leur opposition au mariage de leurs enfants ; pouvoir auquel ces anciennes cours , très-disposées habituellement à s'en attribuer , n'ont jamais osé prétendre ; sans quoi les actes respectueux auraient été complètement inutiles.

C'est la cour de Bourges qui , la première , a fondé cet étrange système , par son arrêt du 30 mars 1813. Celle de Caen n'a fait que l'adopter dans celui du 9 juin suivant. Il ne paraît pas qu'il y ait eu pourvoi contre ce dernier arrêt ; mais le premier a été déféré à la cour suprême , dont il ne put pas long-temps supporter l'examen. Il a été cassé par arrêt du 9 novembre 1814 , ainsi motivé : « Attendu que, si les articles 173 » et 176 du code civil accordent aux ascendants le » droit de former opposition au mariage de leurs en- » fants, sans être obligés d'en déduire les motifs , en- » core bien qu'ils aient atteint l'âge de 25 ou 30 ans , » suivant leur sexe ; il ne s'ensuit pas qu'une telle op- » position puisse néanmoins être accueillie par les tri-

» bunaux ; si elle n'est fondée sur aucun motif capa-
» ble de former un empêchement légal au mariage
» projeté. Attendu que d'une telle extension du droit
» d'opposition accordé aux ascendants, résulteraient
» deux conséquences également inadmissibles : la pre-
» mière, que, par ce moyen indirect de l'opposition,
» l'ascendant recouvrerait la plénitude de la puissance
» paternelle, qui a cessé à l'époque où cet enfant a ac-
» quis sa majorité de 21 ou 25 ans ; puisqu'il se trou-
» verait assujetti à obtenir le consentement de l'ascen-
» dant, tandis que la disposition de la loi l'en affran-
» chit à cette époque, et ne l'oblige qu'à demander,
» par acte respectueux, le conseil de cet ascendant,
» et qu'elle lui permet, en cas de refus, et après les
» délais prescrits, de passer outre à la célébration du
» mariage ; la seconde, qu'en laissant aux tribunaux
» le droit indéfini d'admettre l'opposition des ascen-
» dants sur d'autres motifs que ceux capables de for-
» mer un empêchement légal au mariage, ce serait
» imputer à la loi d'avoir créé un arbitraire, dont les
» suites pourraient être d'autant plus dangereuses que
» les motifs de l'opposition admise seraient contraires
» aux principes de la législation ; attendu enfin que
» cette doctrine résulte évidemment des expressions
» de l'orateur du gouvernement, etc. (1) »

Ainsi, dans l'état actuel de la législation, c'est un
point de droit désormais inébranlable, que, quelque
outrageant pour les pères et mères que soit le choix de

______

(1) V. ces trois arrêts dans la jurisp. de Dalloz, t. 10, p. 62 et 63.

leurs enfants pour se marier ; dès que ceux - ci ont 21
ou 25 ans , suivant leur sexe , ils seront obligés d'en
supporter la honte ; et que , s'ils réclamaient , ils
trouveraient toujours la justice inflexible.

251. Mais , au moins , pourraient - ils obtenir d'elle
qu'elle s'assurât que c'est à la volonté libre de leurs enfants , qu'ils devraient l'affront dont ils sont menacés :
et que si ces derniers résistent à leurs conseils , ce n'est
pas en cédant à une contrainte physique ou morale ? Je
crois que , quand cette épreuve est demandée , surtout
lorsqu'il s'agit d'une fille , et qu'elle est à la discrétion
de celui qu'elle déclare vouloir épouser ; non-seulement
les juges peuvent l'ordonner , mais qu'il y aurait de
leur part déni de justice à la refuser ; pourvu qu'ils se
renferment dans les mesures ordinaires que le code de
procédure autorise à prendre dans toutes les autres
instances , pour la découverte de la vérité.

La jurisprudence , il est vrai , semble contraire à
ma proposition ; mais dans la plupart des décisions
qui ont été réformées pour avoir ordonné cette épreuve , les juges ne l'avaient fait qu'en lui prescrivant un
mode tout-à-fait arbitraire , et que le législateur seul
aurait pu autoriser. Ainsi , la cour de Paris , par arrêt
du 26 août 1807 , avait ordonné que la demoiselle Folignier se retirerait chez la personne qui lui serait indiquée par son père ; qu'elle y résiderait pendant six
mois , sans y être visitée par Goraincourt ; ce qui serait certifié tous les mois par le maire : qu'après ce délai , en cas de persévérance , elle comparaîtrait devant
le président de la section , pour y être entendue , en

présence de son père. Sans doute, des dispositions aussi exorbitantes contenaient un excès de pouvoir, que la cour de cassation devait réprimer; comme elle l'a fait par arrêt du 21 mars 1809 : « Attendu qu'en » subordonnant la décision à intervenir à des mesures » que la loi n'impose pas, l'arrêt attaqué tend à pri- » ver la demanderesse de la liberté dont la loi veut que » les majeurs jouissent; et que, sous ce rapport, il y » a excès de pouvoir (1). »

Dans l'arrêt de la cour de Montpellier, du 13 décembre 1821, l'excès de pouvoir est plus violent encore : non-seulement la demoiselle L.... est astreinte à quitter la maison qu'elle habite, pour résider, pendant trois mois, dans celle qui lui sera désignée par ses père et mère; mais les actes respectueux qu'elle leur avait fait notifier, et dans lesquels on ne relevait aucune irrégularité, sont annulés, sans dire pourquoi.

C'est au sujet de ces deux arrêts que M. Merlin dit très-judicieusement : « La loi, toute la loi, rien que » la loi; voilà quelle doit être la règle du juge, en » cette matière : » et, avec grande raison, il ajoute que l'arrêt de la cour de Montpellier n'aurait pas échappé à la cassation, s'il y avait eu pourvoi (2).

Peut-être faut-il encore, avec lui, improuver le jugement du tribunal de Gand, qui avait ordonné que la demoiselle V..... se présenterait avec son père devant le président, pour y faire constater que c'était li-

---

(1) V. Dalloz, 9. 1. 111.

(2) V. répertoire, t. 11, 8e édition, vo *opposition au mariage*.

brement et sans contrainte qu'elle avait fait notifier les actes respectueux que son père attaquait : jugement réformé par la cour de Bruxelles, le 4 avril 1811. Cette comparution devant le président, que la loi autorise en certains cas, et non dans celui dont il s'agit, a pu être regardée comme une mesure arbitraire. Les juges, suivant la réflexion de M. Merlin sur cet arrêt, ne doivent être ni plus sages, ni plus exigeants que la loi. Mais ne confondons pas avec ces décisions, celle prononcée par le tribunal de Neufchâteau, que la cour de Rouen a cependant réformée, par arrêt du 17 janvier 1820. Les premiers juges n'avaient ordonné que la comparution des parties en personne à l'audience, « pour s'assurer, porte le jugement, si la demoiselle » Seneichon avait agi librement et sans contrainte, » dans les actes respectueux qu'elle avait fait faire à » sa mère. »

Et c'est dans une mesure aussi simple, réclamée par une mère, conseillée par la prudence, et autorisée dans toutes les instances, sans exception, par l'article 119 du code de procédure, que la cour de Rouen a trouvé un excès de pouvoir ! Ses motifs sont pris dans les articles 177 et 178 du code civil, qui prescrivent aux deux degrés de juridiction de statuer dans les dix jours ; et desquels « il résulte, suivant la cour, que » la procédure doit être *rapide*, afin de ne pas pro- » longer l'incertitude dans laquelle un enfant se trouve » par l'effet de l'opposition de ses parents à son ma- » riage ; et que, si un juge pouvait arbitrairement or- » donner des avant faire droit, qui seraient plus ou

» moins éloignés , ce serait contrarier le vœu desdits
» articles. »

Il est évident que , dans ce raisonnement, la cour
a confondu l'usage avec l'abus. Dès avant faire droit
comme ceux dont je viens de parler, étaient des abus
de pouvoir ; ils ont été justement proscrits. La loi ne
les autorisait pas , ils devaient être annulés. Mais ordonner la comparution des parties est un devoir impérieux pour les juges , quand elle est le seul moyen
de découvrir la vérité ; et si , dans cette partie du code ,
il n'en est pas question , c'est parce que la loi sur la
procédure l'autorise quand les juges la croient utile ou
nécessaire.

Telle a été, certainement, la pensée de ses auteurs.
Elle se manifeste dans leur discussion sur l'article 174,
au sujet de l'opposition des collatéraux au mariage ,
fondée sur la démence de leur parent. Dans le projet,
leur opposition devait être reçue , à la charge de faire
prononcer l'interdiction dans le délai fixé par le tribunal. M. Defermont voulait la suppression totale de la
disposition , dans la crainte que ces collatéraux n'en
abusassent par une fausse supposition de démence.
M. Tronchet s'y opposa ; mais , pour éviter l'abus re-
douté par M. Defermont, il proposa d'attribuer au
tribunal la faculté d'admettre ou de rejeter cette opposition. Son opinion fut adoptée. Voilà pourquoi on lit
dans l'article 174 : « Cette opposition , dont le tribu-
» nal *pourra* prononcer main – levée pure et simple ,
» ne sera jamais reçue qu'à la charge, etc. » Et quelle
a été la raison donnée par ce jurisconsulte devenu lé-

gislateur, pour dominer ainsi tous les suffrages? La voici : « Le juge, en ce cas, userait du *droit qui lui* » *appartient*, de faire comparaître, d'office, le pré- » venu de démence, de l'examiner, et de prononcer » la main-levée de l'opposition, s'il la trouve mal » fondée (1). »

Ainsi, l'adoption de son amendement consacre virtuellement l'application aux instances sur les oppositions au mariage, de la règle générale qui, dans l'article 119 du code de procédure, confère aux tribunaux le droit d'ordonner la comparution des parties en personne : règle dont avaient sagement usé les juges de Neufchâteau, qui, pour l'avoir fait, ont vu réformer leur jugement par la cour de Rouen.

La procédure doit être rapide, porte son arrêt ; mais à l'audience même où la comparution de la demoiselle Seneichon était ordonnée, elle pouvait avoir lieu, sinon quelques jours après ; et si elle n'avait été contrariée par ce jugement, que parce qu'il prolongeait son incertitude de quelques heures ou de quelques jours, à coup-sûr elle l'aurait promptement exécuté, plutôt que de recourir à un appel dispendieux, qui l'a retardée du 19 décembre au 17 janvier. Evidemment, elle redoutait les yeux de sa mère, et craignait qu'en sa présence elle ne pût pas lui refuser le sacrifice de sa passion.

Les articles cités veulent que les juges statuent dans

____

(1) V. les discussions du code Napoléon, éditées par MM. Jouanneau et Solon, t. 1, p. 273, 2e édition.

les dix jours. Est-ce donc à dire qu'à la manière orien-
tale, ils doivent sabrer le procès, et rendre un jugement bon ou mauvais, pourvu qu'il soit définitif? Ils
doivent statuer, c'est-à-dire, prononcer le jugement
que comporte l'état où se présentent la demande et
la défense. Si le père articule que son fils est en démence (v. ci-après n° 253), il faudra bien lui en donner acte, et lui accorder le temps de faire prononcer
sur son état mental. Il en serait de même, s'il déclarait s'inscrire en faux contre un ou tous les actes respectueux ; et quand ce père se borne à articuler que
son fils est dans les filets d'une intrigante, qu'il se
borne à demander qu'il vienne, en sa présence, déclarer à la justice que ses démarches sont, ou ne sont
pas, l'effet de sa libre volonté ; ordonner cette comparution à l'audience du lendemain, ou d'un jour un peu
plus éloigné, serait excès de pouvoir ! Je dis, au contraire, qu'en lui refusant cette satisfaction, il y aurait
déni de justice.

Aussi, dans la cause de la dame Folignier, son principal moyen contre l'arrêt de la cour de Paris était-il
la prétendue violation de ces articles 177 et 178; mais
la cour s'est bien gardée d'accueillir ce moyen ridicule,
dont elle n'a pas daigné dire un mot. Elle a cassé l'arrêt, mais en ne signalant que les articles 151, 172 et
488, dans lesquels seulement elle trouvait l'excès de
pouvoir.

252. Au surplus, lorsque l'enfant qui veut se més-
allier, a fait dresser tous les actes respectueux par un
mandataire, sans qu'une seule fois il ait osé paraître

devant ses père et mère; que ceux-ci, comme dans les quatre espèces dont je viens de rendre compte, sont persuadés qu'il est subjugué, et que s'il était un instant séparé des intrigants qui l'obsèdent, quelques paroles de raison le ramèneraient à son devoir; ils ont, pour y parvenir, une voie plus sûre que celle de la comparution des parties à l'audience; c'est celle de l'interrogatoire sur faits et articles. Si l'article 119 du code de procédure, qui autorise la comparution des parties, se prête, par le vague de sa disposition, à quelques équivoques, il n'en est pas de même de l'article 324 : « Les parties peuvent, *en toutes matières,* » et *dans tout état de cause*, demander de se faire » interroger sur faits et articles pertinents, etc. » Il n'est pas, je crois, un seul tribunal qui, devant un texte aussi formel, refusât cette mesure; surtout si l'on se rappelle que cette loi est postérieure au code civil, et que, dans ces mots *toutes matières*, celle des oppositions aux mariages est nécessairement comprise.

Il faudrait donc qu'en se conformant à l'article 333, l'enfant se présentât « pour répondre en personne, » sans pouvoir lire aucun projet de réponse par écrit, » et sans assistance de conseils, aux faits contenus en » la requête. » On aperçoit, sans doute, combien cette mesure peut être salutaire. Certes, si le juge obtenait de l'enfant l'aveu qu'il ne fait, en résistant à ses père et mère, que céder à l'obsession, et à une volonté qui n'est pas la sienne, il ne serait pas difficile à ce magistrat de lui ouvrir les yeux, et de dénouer l'intrigue dont il allait être victime.

253. Rien de ce que j'ai dit (n° 251), sur l'article 174, ne s'applique à l'opposition des pères et mères. On y a vu que, s'il est laissé au pouvoir du tribunal de rejeter ou d'admettre l'opposition des collatéraux au mariage de leur parent, motivée sur sa démence ; ce n'est que par suite de la défiance qu'on peut concevoir sur la sincérité de leurs allégations à ce sujet. Il eût été fort inconvenant de porter ce sentiment sur celles des pères, et même des autres ascendants. C'est sans condition que leur opposition est admise par l'article 173. Ils ne sont pas même tenus, lorsqu'il la fondent sur l'aliénation mentale, de préciser les faits qui en donneront la preuve. Il suffit qu'ils l'articulent, pour être renvoyés à poursuivre l'interdiction dans les formes de droit; et pour qu'il soit sursis au jugement de l'opposition.

Le tribunal de Tournai, qui, sur l'opposition d'un père au mariage de sa fille, avait appliqué l'article 174, a vu réformer son jugement par arrêt de la cour de Bruxelles, du 15 décembre 1812 ; et M. Merlin, qui rapporte cet arrêt, l'approuve sans réserve (1).

Il importe cependant, pour éviter l'abus qu'on pourrait faire de cet incident, que le sursis ne soit prononcé qu'à la condition qu'il serait levé, de plein droit et sans nouveau jugement, dans le cas où l'opposant ne justifierait pas à l'officier de l'état civil de la demande en interdiction, dans le bref délai qui lui serait accordé pour la former.

____

(1) V. répertoire, 8ᵉ édition, vᵒ *opposition au mariage.*

Mais le tribunal excéderait son pouvoir, si, comme dans l'article 174, il fixait un délai pendant lequel l'opposant serait tenu de faire statuer sur sa demande; surtout si elle devaitêtre portée devant un autre tribunal, sur lequel réfléchirait son imprudente injonction. C'est ensuite au tribunal compétemment saisi de cette demande, à prendre les mesures convenables pour concilier les égards dus, dans ces instances, aux pères et mères, avec l'impatience naturelle de ceux qui désirent se marier; et d'autant plus que les torts ne sont pas toujours de leur côté.

254. Si les faits exposés dans la demande lui paraissaient sans force, ainsi que les pièces justificatives, pourrait-il, sans la soumettre à l'avis du conseil de famille, déclarer le demandeur mal fondé? Pour l'affirmative, on peut dire qu'on ne peut jamais supposer dans une loi des prescriptions sans but et sans utilité; que par les articles 492, 493 et 494, les auteurs du code civil avaient seulement ordonné que la demande serait portée devant le tribunal; qu'elle contiendrait l'exposé des faits d'imbécillité, de démence ou de fureur, et serait renvoyée au conseil de famille pour donner son avis; mais que ceux du code de procédure, dans les articles 890, 891 et 892, ont ajouté une requête présentée au président, puis communiquée au ministère public, puis à un juge commis pour en faire le rapport; qu'une instruction aussi complète serait non-seulement inutile, mais ridicule, si, dans tous les cas, elle ne devait aboutir qu'à un renvoi au conseil de famille, que le président seul aurait pu faire tout

aussi efficacement ; qu'on a donc nécessairement entendu que le tribunal apprécierait les faits, et ne con-
sulterait le conseil de famille que lorsqu'il aurait trouvé
dans ces faits ou dans les pièces justificatives, quelques probabilités de succès pour le demandeur; comme, en matière criminelle, le tribunal correctionnel et
la cour d'assises ne sont saisis que quand la chambre
d'accusation en a reconnu l'opportunité.

Je suis loin de vouloir contester la justesse de ces
observations, comme on le verra dans la 3e partie de
ce traité (chap. 1er, sect. 2, §. 6.); mais il n'en est pas
moins vrai que le texte de la loi est formel, et porte
positivement, non pas qu'après ces préliminaires, le
tribunal *pourra* ordonner, mais *ordonnera* la convocation du conseil de famille : d'où l'on est contraint de
conclure qu'il y aurait de sa part usurpation de pouvoir, s'il rejetait la demande ; lors même que, de la
puérilité des faits contenus dans la requête, résulterait
évidemment qu'elle n'est qu'une tentative de plus pour
décourager par de nouveaux retards l'aspirant au mariage.

255. L'étonnement que font naître les lenteurs inévitables données à cette partie de l'instance, est d'autant plus naturel, qu'elles font un contraste choquant
avec la procédure spéciale instituée, pour les oppositions au mariage, par les articles 175 et suivants du
code civil ; procédure dont la rapidité n'est comparable
à celle d'aucune autre action.

Les publications pour l'annonce du mariage ne le
précèdent que de dix jours (articles 63 et 64). Il faut

donc que l'opposition soit formée dans ce bref délai. La demande en main-levée n'est point assujettie à la tentative conciliatoire, quoique le projet du code le voulût ; et dans les dix jours de cette demande, le tribunal doit statuer. S'il y a appel, la cour doit donner son arrêt également dans les dix jours à compter de l'appel. Quant à l'opposition au jugement par défaut qui pourrait intervenir, ainsi qu'aux recours en cassation ou en requête civile, il n'en est pas dit un mot.

256. Même rigueur sur la forme de l'opposition au mariage. Celle des pères et mères est dispensée de l'énonciation des motifs ; mais, à peine de nullité, elle doit exprimer la qualité qui donne à l'opposant le droit de la former, et contenir élection de domicile dans le lieu où le mariage doit être célébré. Il faut aussi qu'elle soit signée, sur l'original et la copie, par l'opposant ou son fondé de procuration spéciale et authentique, et que l'acte qui la contient soit signifié avec la copie de la procuration, à la personne intéressée ou à son domicile, et à l'officier de l'état civil qui mettra son visa sur l'original (article 66).

Tracer aussi brièvement une procédure nouvelle et exceptionnelle, c'était livrer son mode d'exécution à l'interprétation des magistrats et des jurisconsultes ; et, comme toujours, il y a eu contradiction.

257. La première question dont fassent mention les annales de la justice, est celle de savoir si, quand l'opposition a été annulée pour vice de forme, son auteur peut en former une seconde ? Elle s'est présentée devant le tribunal de Maëstrich. Un père et une mère,

après avoir reçu de leur fille les trois sommations respectueuses de consentir à son mariage, y formèrent
une opposition qui fut annulée tant en première instance que sur appel, pour une omission dans les formalités. Ils en hasardèrent une seconde plus régulière,
et réussirent en première instance ; mais ils éprouvè-
rent un second échec à la cour de Bruxelles. L'arrêt, du
26 décembre 1812, est ainsi motivé : « Attendu qu'une
» première opposition au mariage de l'appelante, for-
» mée par ses père et mère, a été annulée pour vice
» de forme, et qu'il en a été fait main - levée pure et
» simple ; que cette opposition ayant été rejetée, les
» intimés n'ont pu en former une seconde sans con-
» trevenir au texte et à l'esprit de la loi, qui, favo-
» risant les mariages, prescrit (articles 177 et 178
» du code civil) un terme très - court pour les déci-
» sions de ces sortes de contestations ; qu'en effet les
» dispositions contenues dans ces deux articles se-
» raient superflues, si, après la main-levée d'une op-
» position, on pouvait en former une autre ; car, en
» admettant ce système, les oppositions se succéde-
» raient, et l'on parviendrait à empêcher les maria-
» ges, ou il ne faudrait jamais les attaquer pour vice
» de forme ; ce qui alors rendrait inutile la disposition
» de l'article 66 du même code, et surtout celle de
» l'article 176 qui attache la peine de nullité à l'inob-
» servation des formalités qui y sont prescrites (1). »

Rien de raisonnable ne peut être opposé à ces motifs,

______

(1) Répertoire, 5e édition, v° *opposition au mariage.*

que M. Merlin regarde , à bon droit, comme incon-
testables. Sans doute , si , avant le jour où , d'après les
publications , le mariage pourrait être célébré , l'opposant, s'apercevant de l'irrégularité de son opposition,
en formait une seconde, sur la forme de laquelle la critique n'aurait aucune prise ; celle-ci devrait être admise. Mais après l'expiration du délai utile , malheur à
lui si , pour user de son droit d'empêcher un mariage , il s'est confié à un officier ministériel qui n'a pas
su remplir les conditions mises par la loi à l'exercice
d'un droit aussi grave dans ses conséquences.

M. Dalloz reconnaît que le sentiment contraire ren-
verserait toute l'économie de la loi ; mais MM. Delvincourt , Duranton et Vazeille , se réunissent pour
l'attaquer. « Une nullité de forme , dit M. Duranton ,
» dans une opposition , ne doit pas plus empêcher la
» réitération de l'acte, qu'elle n'empêche la réitération
» de tout autre exploit, ou celle d'une demande an-
» nulée pour vice de forme (1). »

C'est confondre avec les actions ordinaires , les droits
purement facultatifs dont l'exercice n'est concédé qu'à
la condition d'en manifester régulièrement la volonté
dans un espace de temps déterminé. Telles sont la faculté de rachat , celles de surenchérir , d'appeler d'un
jugement , etc.

258. Les mêmes auteurs vont plus loin ; et, cette
fois , M. Dalloz se joint à eux. Ils enseignent que ce
serait contraire à tous les principes , en annulant pour

____

(1) T. 2 , n° 216.

vice de forme, d'ordonner la célébration du mariage, si l'opposition était formée par un ascendant dont le consentement est nécessaire, ou fondée sur un motif d'ordre public, comme dans le cas de bigamie, d'inceste, et beaucoup d'autres.

A la réflexion sur le défaut de consentement de l'ascendant, je réponds que c'est à l'officier de l'état civil à se faire représenter, avant de célébrer un mariage, toutes les pièces nécessaires à sa validité, si disertement indiquées dans les articles 144 et suivants, sous les peines portées en l'article 156; et qu'il n'est ni du devoir ni au pouvoir du tribunal de lui rappeler ses obligations, et le danger personnel auquel il est exposé.

Quant au cas où l'opposition serait fondée sur un motif d'ordre public, je fais observer qu'en faire un cas exceptionnel, c'est oublier qu'il n'est pas un seul motif d'opposition à un mariage, qui ne soit de cet ordre; c'est, sans y penser, vouloir que jamais on ne puisse faire annuler cette opposition, quelles que soient ses irrégularités, au mépris de la disposition si sévère de l'article 176; c'est, en un mot, embarrasser la question et ne rien dire pour la résoudre.

Quant à ces monstruosités, heureusement si rares, de bigamie, inceste, etc., ou ce ne serait qu'une allégation sans preuve, qui ne mériterait aucun égard, ou l'opposant en aurait la preuve acquise, et ce ne serait qu'à l'officier de l'état civil, et non au tribunal, à l'apprécier. « Toute personne, dit M. Toullier (1), peut

____

(1) T. 1, n° 532.

» dénoncer à l'officier de l'état civil les empêche-
» ments qui s'opposent à un mariage proposé, et cet
» officier doit refuser de célébrer le mariage, si la
» preuve de la réalité de l'empêchement lui est acqui-
» se. » M. Merlin se fait de ce passage un point d'appui. Chaque autorité doit se renfermer dans le cercle de ses attributions ; et d'ailleurs, où le tribunal,
qui n'est saisi que par une opposition irrecevable,
puiserait-il son droit, en la déclarant nulle, de prononcer un sursis? Il ne peut pas, sans se vouer au ridicule, la frapper mortellement, et, du même coup,
la faire revivre. En effet, si l'opposition annulée n'a-
vait pas été faite, le mariage serait célébré ; et parce
qu'elle l'a empêché, prendre occasion de l'action en
nullité pour, en y faisant droit, néanmoins défendre
de célébrer le mariage, n'est-ce pas lui faire produire
tout l'effet qu'elle aurait pu avoir si elle eût été valable?

259. On agite encore la question de savoir si le délai de dix jours fixé par les articles 177 et 178 est toujours de rigueur ?

Je crois que, pour arriver à une saine interprétation
de ces articles, il est indispensable de distinguer le cas
où l'aspirant au mariage s'en prévaut contre l'opposant,
de celui où c'est ce dernier qui en argumente au soutien
de son opposition. Dans le premier cas, il y a contradiction entre les cours, comme entre les jurisconsultes.

MM. Merlin et Toullier voient dans ces deux articles, une dérogation formelle au droit commun, c'est-
à-dire aux règles établies par le code de procédure pour
les actions ordinaires, et pensent qu'il en devait être

ainsi pour une action contraire à la liberté du mariage. Ils en concluent que celui qui se hasarde à cette agression, doit toujours être prêt à la justifier, et que, s'il laisse prendre contre lui un jugement par défaut, la voie de l'opposition lui est interdite. Cette opinion est conforme à un arrêt de la cour de Bruxelles, du 30 novembre 1806, rendu sur une opposition à un premier arrêt prononcé par défaut contre l'opposant, et confirmatif d'un jugement de première instance qui avait rejeté l'opposition d'un individu au mariage de son frère. La cour a considéré « qu'en ordonnant qu'en
» matière d'opposition à la célébration du mariage, il
» sera statué sur l'appel dans les dix jours de la cita-
» tion, le code civil a évidemment dérogé, pour cette
» matière, aux lois réglementaires des délais des
» ajournements, et des formalités relatives aux dé-
» fauts ; qu'ainsi, que l'aspirant soit défaillant ou qu'il
» ne le soit pas, il n'en doit pas moins être statué sur
» l'appel dans le délai déterminé ; sans quoi il ne tien-
» drait qu'à l'appelant de prolonger ce délai ; ce qui
» ne peut être admis, etc. »

M. Dalloz trouve cette interprétation trop sévère. Une dérogation au droit commun, suivant lui, doit être plus positive, et non implicite, comme celle que la cour de Bruxelles croit trouver dans les articles 175 et 178. Il s'appuie d'ailleurs sur un autre arrêt, motivé dans le sens de son opinion. Cet arrêt, du 11 mai 1821, est de la cour d'Amiens. Il confirme un jugement du tribunal de la même ville, qui avait reçu l'opposition d'un père ou d'une mère au mariage de

leur fils, en donnant pour motifs, « que la faculté de
» l'opposition à un jugement par défaut est de droit
» commun ; que l'article 177 du code civil, en pres-
» crivant au tribunal de statuer dans les dix jours de
» l'opposition au mariage, n'a pas fait exception à la
» règle générale. »

Entre ces deux opinions, il me semble qu'il n'est
pas possible d'hésiter long-temps. Le législateur ne
pouvait pas déroger plus positivement aux règles générales de la procédure, qu'en instituant une règle particulière et spéciale ; comme on ne peut pas plus clairement interdire la grande route à un voyageur, qu'en
lui traçant un itinéraire obligé sur un chemin plus
court, quelqu'étroit et difficile qu'il puisse être. C'est,
d'ailleurs, en style très-impératif, et conséquemment
dérogatoire à tout autre délai, que s'expriment les deux
articles. En première instance, le tribunal *prononcera*
dans les dix jours de la demande ; en appel, il *statuera*
dans les dix jours.

On peut se pénétrer facilement des raisons qui ont
suggéré cette abrévation des formes judiciaires, dans
une instance de cette espèce. Ce n'est pas à l'improviste
qu'un tel chagrin afflige une famille. Les mariages
qui révoltent ainsi les pères et mères, ne sont jamais que le dénoûment d'une intrigue qu'ils ont dû
deviner, pour peu qu'ils aient veillé sur la conduite de
leurs enfants. En tout cas, les trois sommations qui
leur ont été faites de mois en mois, ne la leur ont pas
laissé ignorer. Si donc ils ont des moyens sérieux d'opposition, ils ont eu tout le temps nécessaire pour en

préparer la justification ; et il faut convenir que les législateurs ayant, autant qu'ils l'ont fait, prolongé le temps des sommations respectueuses, dont les anciennes ordonnances ne réglaient ni le nombre ni les délais (1), ont été conséquents en voulant que, quand ces formes et ces délais n'auront pas ramené la concorde dans la famille, le combat judiciaire soit vidé le plus tôt possible. Ils ont tellement réduit les causes d'empêchement que, pour savoir si l'enfant est suffisamment âgé, si les sommations sont régulières, si, entre les futurs, il y a un degré de parenté ou d'alliance qui prohibe leur mariage, dix jours sans doute sont très-suffisants. Veut-on s'armer du quatrième moyen, le désordre dans les facultés intellectuelles de l'enfant? Il suffit de l'énoncer pour obtenir un sursis. Il faut donc, de bonne foi, reconnaître que si, après des préliminaires aussi nombreux et solennels, l'opposant, quand le jour de la justice est arrivé, prend la fuite, il est juste que le jugement qui le condamne par défaut soit irrévocable.

Il faut également en conclure que si, vaincu en première instance, il appelait du jugement, et assignait son enfant devant la cour, dans les délais ordinaires ; ce qui excéderait de beaucoup le délai spécial ; celui-ci serait bien fondé à porter la cause à l'audience, le dernier jour de ce délai, en l'en prévenant au domicile de son avoué par une sommation ; et que si l'appelant faisait défaut, l'arrêt qui interviendrait devrait être

____

(1) L'usage seul les avait fixés, mais très-diversement dans chaque ressort.

définitif et exécutoire, nonobstant opposition ; ainsi que l'a précisément décidé la cour de Bruxelles, par l'arrêt que je viens de rapporter.

260. L'exécution de l'arrêt par défaut ou contradictoire faisant main-levée de l'opposition au mariage, serait-elle au moins suspendue par le recours en cassation ? Non, sans doute. M. Delvincourt est le seul jurisconsulte qui, prenant pitié de l'opposant, voudrait donner cette vertu à son recours à la cour suprême. Mais l'article 18 de la loi de 1790, sur les attributs de cette cour, porte « qu'en matière civile ce recours » n'arrêtera pas l'exécution du jugement ; que, *dans* » *aucun cas*, et *sous aucun prétexte*, il ne pourra être » accordé de surséances. »

Pour échapper à l'application d'un statut aussi impérieux et général, M. Delvincourt n'a qu'un argument par analogie ; et quelle analogie ! Il le fonde sur l'article 263 relatif au divorce ; conséquemment, au système le plus antipathique avec celui du mariage. Dans l'un, multiplier les retards et les obstacles ; dans l'autre, applanir les difficultés, renverser les obstacles, telle a été l'étude des législateurs. Il y a donc l'antagonisme le plus manifeste, et l'argument périt par sa base. Tous les auteurs, et notamment MM. Merlin (1) et Duranton (2), n'hésitent pas à le reconnaître. Trois cours ont été, dans leurs arrêts, unanimes sur cette doctrine. Celles de Riom, le 27 juin 1806 (3), de Paris, le 19

(1) Répertoire, v° *opposition au mariage*.
(2) T. 2, n° 215.
(3) Dalloz, p. 2. 695. 3.

septembre 1815 (1), et de Lyon le 15 février 1828 (2).

261. Toutes ces rigueurs ne sont que pour l'opposant. Conçues en faveur de la liberté du mariage, elles ne peuvent jamais nuire à celui qu'elles protégent ; et ce serait un énorme contre-sens que de les lui appliquer. S'il a conservé quelques sentiments de piété filiale ; qu'ayant de justes raisons de persister dans son projet de mariage (il en est parfois de bien sérieuses !), il espère qu'avec du temps il parviendra à dissiper les préventions de ses parents, ou vaincre leur répugnance, ou enfin obtenir son pardon, il faut bien se garder de le contraindre à accélérer sa procédure. Je ne doute pas que ces considérations n'aient contribué pour beaucoup à la disposition de l'article 65 du code qui, après les publications de mariage, permet aux futurs époux d'en différer la célébration pendant une année ; en sorte que si, avant le onzième jour à compter de la première publication, l'un d'eux avait le chagrin de voir son père, ou sa mère, ou tous deux, former une opposition, il aurait l'année entière pour en poursuivre la main-levée. Un aussi long délai n'a été évidemment donné à l'enfant que pour lui laisser le temps de mûrement réfléchir, avant d'appeler ses parents en combat judiciaire, et ne permet pas de douter qu'on doit user envers lui de la même circonspection dans les actes de sa procédure. Il peut donc, sans danger, en première instance comme en appel, demander des remises ou en consentir, se prêter à tous les préparatoires, à tous

(1) Dalloz, jurisprudence, t. 10, p. 70.
(1) Dalloz, p. 28. 2. 534.

les interlocutoires que proposeraient ses honorables adversaires. Il pourrait même , pour éviter un pénible combat, se laisser juger par défaut. Très-certainement, les magistrats , fidèles , surtout dans cette occurrence , à leur devoir de *bien vérifier une demande* avant de l'octroyer , même par défaut , feraient main - levée de l'opposition , si ce succès lui était dû. S'il en était autrement , la voie de l'opposition lui serait ouverte. En un mot , il reste dans le droit commun ; tandis que ses adversaires sont dans la voie la plus courte et la plus étroite que la loi ait tracée à une action.

Ainsi l'ont professé tous les interprètes du code civil : MM. Merlin (1) , Toullier (2) , Favard (3) , Vazeille (4). Ainsi l'ont jugé la cour de Rouen , par arrêt du 27 février 1806 , et celle de cassation , le 4 novembre 1807 , en rejetant le pourvoi formé contre cet arrêt (5).

262. On vient de voir le peu d'efficacité des moyens réservés aux pères et mères pour empêcher leurs enfants de se perdre dans de mauvaises alliances ; mais il peut arriver que ces voies ne leur soient pas même ouvertes , et qu'ils n'apprennent leur mariage , que quand , en proie à la misère , suite ordinaire de ces égarements , leurs enfants viendront implorer leur pitié , ou les traîner dans les tribunaux pour en obtenir des aliments.

---

(1) Répertoire , t. II, 8e édition , vo *opposition au mariage.*
(2) T. 1 , no 533.
(3) Répertoire , vo *mariage* , no 3.
(4) T. 1 , no 175.
(5) Sirey , 8. 1. 5.

En effet, qu'un jeune homme, âgé de plus de 25 ans, ayant acquis domicile dans un pays éloigné du sien, veuille y contracter un mariage tellement disproportionné, qu'il désespère de le faire agréer de ses père et mère; s'il y trouve un officier de l'état civil, assez ignorant ou facile à corrompre, pour le marier, sans la représentation ni des publications qui auraient dû être faites au domicile de ses père et mère, ni de leur consentement, ni des actes respectueux; le mariage, ainsi célébré à leur insu, sera inattaquable. Ce magistrat ignorant ou coupable sera puni; mais le déshonneur de la famille sera irréparable. Il résulte de l'article 182, et de l'interprétation qu'il a reçue de la jurisprudence, comme on va le voir dans l'article suivant, que le défaut de consentement des père et mère, et des publications à leur domicile, n'est pour eux un moyen de faire annuler le mariage, que dans le cas où leur consentement est *nécessaire*; c'est-à-dire, quand les filles n'ont pas 21 ans, et les fils 25. Les législateurs ont pensé avoir suffisamment mis obstacle à cet abus, en punissant cet officier d'une amende de 300 fr., et d'un mois de prison ; comme si l'or et la bassesse ne parvenaient pas souvent à renverser de plus fortes barrières!

Ce point de droit n'est mis en doute par aucun jurisconsulte ; et la cour de cassation le présente comme incontestable, dans un arrêt du 6 mars 1837, que je vais bientôt rapporter.

263. Mais si ces deux circonstances se rencontraient dans un mariage contracté en pays étranger, entre

français , ou entre français et étrangers ; le mariage , sur la demande des père et mère , serait annulé.

Le voisinage des pays étrangers offre aux habitants des frontières une si grande facilité de se soustraire aux conditions imposées au mariage par les lois françaises, que , depuis la déclaration du roi, de 1775, tout mariage contracté sur une terre étrangère était nul s'il n'avait pas été autorisé par le gouvernement. Nos législateurs n'ont pas maintenu cette mesure ; mais l'article 170, en autorisant ces mariages , ajoute : « *pourvu* qu'ils aient été précédés des publications » prescrites par l'article 63 , et que le français n'ait » point contrevenu aux dispositions contenues au chapitre précédent. » Ce sont, entre autres , celles concernant le consentement des pères et mères , et les actes respectueux.

La question de savoir si cette simple locution *pourvu que* , etc. , est assez diserte pour autoriser les tribunaux à anéantir un contrat aussi grave dans ses conséquences , a été un sujet de grande contradiction entre les cours, comme entre les jurisconsultes ; surtout à l'égard du défaut de publications. M. Delvincourt est, je crois, le seul jusqu'à ce moment , qui enseigne que l'absence des publications peut faire prononcer la nullité du mariage. Il a contre lui MM. Toullier, Duranton , Favard , Vazeille et Dalloz, qui tous répètent que , « ces publications n'étant pas requises sous peine » de nullité , on ne saurait croire que leur omission » entraînât la nullité du mariage. »

Peut-être est-ce à leur nombre et à la juste célébrité

de la plupart d'entre eux , qu'on doit les premiers arrêts conformes à leur opinion , prononcés par les cours
de Liége , le 2 décembre 1811 , de Paris , le 8 juillet
1820 , de Colmar , le 25 janvier 1823 , et de Rouen ,
le 11 juillet 1827. Quoi qu'il en soit , la cour de Paris
n'a pas persisté dans ce sentiment ; et par trois arrêts,
prononcés en audience solennelle , les 10 décembre
1827 , 30 mai et 4 juillet 1829 , elle a adopté , sans
réserve , le sentiment contraire. Les motifs de son dernier arrêt sont : « que l'article 170 du code civil ne dé-
» clare valable le mariage contracté à l'étranger , en-
» tre français , et célébré dans la forme usitée dans le
» pays, que sous la condition qu'il ait été précédé des
» publications prescrites par l'article 63 ; que la loi
» n'a pas eu besoin de déclarer , en termes exprès ,
» la nullité du mariage , à défaut d'accomplissement
» des formalités qu'elle prescrit ; que , ne validant le
» mariage que sous les conditions qu'elle impose , sa
» nullité est la conséquence nécessaire de ces mêmes
» conditions. » (1)

M. Dalloz a commis une grave erreur dans sa jurisprudence générale (2) , en faisant intervenir la cour de
cassation , comme ayant jugé dans le même sens que les
premières cours , par son arrêt du 16 juin 1829. Dans
la cause qui lui était soumise , il s'agissait d'un mariage
antérieur au code civil. Elle décide que la loi du 20
septembre 1792 ne prononçait pas la peine de nullité ,
pour le défaut de publications , et que l'article 170

<hr>

(1) Journal du palais, t. 89, p. 497.
(2) T. 10. p. 78.

n'est pas applicable (1). Elle s'est, au contraire, prononcée très-énergiquement contre cette doctrine, qui tend à énerver une loi aussi importante pour les familles, dans l'arrêt par lequel, le 8 mars 1831, elle a rejeté le pourvoi contre le dernier arrêt de la cour de Paris. Il est même difficile de résister aux raisons qui l'ont déterminée : « Attendu qu'à l'égard des mariages
» contractés en pays étranger, devant un officier public
» étranger, et célébrés dans les formes usitées dans le
» pays par des français qui n'ont dans ce pays ni domicile, ni résidence, la publicité ne peut résulter
» que des publications ordonnées par l'article 63, et
» requises par l'article 170 du même code ; d'où il suit
» que, dans ces circonstances, l'absence de ces publications entraîne le défaut de publicité, et par conséquent la nullité du mariage. » (2).

Cela n'a pas empêché la cour de Rennes de confirmer, le 23 avril 1834, un jugement du tribunal de Nantes, qui avait cru pouvoir ne pas se conformer à la décision de la cour suprême, parce que le mariage sur lequel il avait à statuer, était entre un français et une étrangère ; tandis que celui qui avait donné lieu à l'arrêt de la cour, était entre deux individus français. Cette attache opiniâtre à une doctrine condamnée est d'autant plus inconcevable que, dans l'espèce qui se présentait devant les juges de Nantes, se rencontrait la violation des deux conditions prescrites par l'article 170 : défaut de publications en France, du consente-

(1) Journal du palais, t. 85, p. 75.
(2) *Ibidem.*

ment des père et mère et des actes respectueux. Voici, d'ailleurs, les circonstances de cette affaire, dans laquelle l'autorité paternelle, audacieusement outragée par un fils, n'a pu trouver justice qu'au dernier degré de la hiérarchie judiciaire.

Le sieur P....., âgé de 28 ans, en 1831, quitta la maison de son père, sans lui en faire connaître le motif. Dix-huit mois environ après, il revint avec une anglaise qu'il appelait sa femme, et un enfant qu'il présenta à son père, comme le fruit légitime du mariage qu'ils avaient contracté dans l'île de Jersey ; lui déclarant que tous trois n'avaient d'autre fortune que l'action alimentaire que leur donnait contre lui l'article 203 du code civil. Indigné de cette conduite, le père repoussa ce fils rebelle, mais il fut obligé de répondre à son appel devant le tribunal de Nantes. Il opposa incidemment à sa demande en aliments, celle en nullité de ce mariage improvisé sur cette terre étrangère, sans publications en France, et sans la moindre démarche auprès de lui pour recevoir ses conseils.

Telle est la lutte affligeante dans laquelle la puissance paternelle a été, encore une fois, dédaignée et vaincue. La demande du père en nullité du mariage fut rejetée, et le père condamné aux dépens de l'incident ; décision que la cour de Rennes a confirmée, comme je l'ai dit, par son arrêt du 23 avril 1834, sans ajouter un seul mot à ses motifs.

Les droits des pères et mères ont été mieux appréciés par la cour de cassation. Les deux chambres ont concouru, cette fois, à retremper les vrais principes

sur les devoirs des enfants envers leurs parents. Après
l'admission du pourvoi contre cet arrêt, par la cham—
bre des requêtes, il a été cassé par la chambre civile,
le 6 mars 1837. Ses motifs sont une réfutation lumi—
neuse et complète de tout ce qui a été dit pour le sys—
tème contraire. Voici les principaux : « Attendu que
» l'article 170, en disposant que le mariage contracté
» en pays étranger serait valable, *pourvu* qu'il eût été
» précédé des publications prescrites, et de la notifi—
» cation d'actes respectueux aux père et mère, lorsque
» le fils est majeur de 25 ans, a, par ces termes mê—
» mes, déclaré que tout mariage qui aurait été con—
» tracté sans l'accomplissement de ces formalités, serait
» nul ; attendu qu'on ne peut pas interpréter l'article
» 170 sur les mariages contractés à l'étranger, par les
» dispositions du même code relatives aux mariages
» célébrés en France ; que si ces derniers peuvent être
» déclarés valables, lorsqu'il n'y a eu ni publications,
» ni actes respectueux, c'est parce que la loi trouve sa
» sanction dans les peines qu'elle prononce contre les
» officiers de l'état civil qui auraient procédé à leur
» célébration, tandis que, pour les mariages contractés
» à l'étranger, comme les mêmes dispositions pénales
» ne pourraient atteindre les officiers publics, la loi
» n'avait d'autre moyen de donner une sanction à la
» prescription, qu'en frappant le mariage lui-même
» d'invalidité ; que s'il en était autrement, il suffirait
» à des français de passer à l'étranger, pour affranchir
» leur mariage de toutes conditions imposées par les
» lois françaises, et pour, en s'abstenant des publi—

» cations et des actes respectueux exigés , se soustraire
» aux oppositions des tiers , et à l'autorité de la puis-
» sance paternelle. » (1)

Ainsi est tombé, pour ne plus se relever , un système qui portait au dernier degré le mépris de l'autorité des pères et mères.

264. L'arrêt du 8 mai 1831 , que j'ai rapporté
avant ce dernier , pourrait faire penser que , si ceux
qui avaient contracté le mariage dont la nullité a été
prononcée , avaient eu un domicile ou un établissement
dans le pays où il a été célébré , il eût été déclaré valable. Il faut bien se garder d'en tirer cette conséquence. Les cours et les tribunaux ne s'occupent dans
leurs décisions que du point de droit qui tranche plus
positivement la question du procès. Ainsi, Sommesson
et la demoiselle Fauvel, n'ayant résidé en Angleterre
que deux mois avant le mariage qu'ils y ont contracté,
se trouvaient dans la position la plus défavorable ;
puisque par là il était manifeste que leur voyage n'a-
vait eu d'autre but que de satisfaire leur passion , au
mépris des lois de leur pays , et des devoirs de Sommesson envers ses père et mère. Mais , lors même que,
par une longue résidence , ils auraient eu domicile et
établissement en Angleterre, leur mariage n'en eût pas
moins été nul. La disposition de l'article 170 est générale. Elle permet le mariage à l'étranger ; mais les
conditions qu'elle impose à sa concession , ne sont pas
subordonnées au plus ou moins de durée de la rési-

(1) Journal du palais, t. 107 , p. 175.

dence des contractants sur cette terre étrangère. Elle
ne reconnaît le mariage que lorsque ses conditions ont
été remplies. Si , par sa généralité , le laconisme de ce
premier arrêt de la cour de cassation peut inspirer des
doutes , les développements contenus dans le dernier
ne permettent pas d'en conserver un seul.

265. Mais, en règle générale, quelles que soient les
irrégularités d'un mariage , s'il est prouvé que les père
et mère des contractants en ont eu connaissance , et
ont gardé le silence pendant plus d'une année, depuis
le moment où ils en ont été informés , ils sont réputés
l'avoir approuvé, et ne seraient plus recevables à l'attaquer (article 183). (V. ci-dessus n°s 208 et suivants).

266. Tous ces droits et devoirs respectifs des pères
et mères et des enfants, quand ceux-ci peuvent se marier à leur gré , ne se bornent pas à leur premier mariage ; ils renaîssent chaque fois que, devenus libres ,
ils aspirent à en contracter un autre. Alors , comme
pour le premier, ces parents ont intérêt à ne voir entrer dans leur famille qu'un sujet qui en soit digne.
Le code civil ne contient pas, à cet effet , de disposition spéciale ; mais ses règles sur les conditions du
mariage sont si générales , qu'elles ont été ainsi inter-
prétées et exécutées sans contradiction. Il en était de
même dans l'ancienne législation.

267. L'adoption , sans faire entrer l'adopté dans la
famille de l'adoptant, sans le faire sortir de la sienne ,
ni l'affranchir de la puissance de ses père et mère ,
lui donne néanmoins, par une fiction légale , la place
de premier enfant de celui ou de celle qui l'adopte ,

pour en exercer tous les droits dans sa succession ; et pour fortifier cette fiction, il doit ajouter à son nom celui de ce bienfaiteur. Cette affiliation n'en est pas moins, de sa part, une désertion de sa famille pour aller, dans une autre, en gagner le prix. Aussi ne la voit-on, presque toujours, demandée que par ceux qui y trouvent un moyen de légaliser une paternité ou une maternité plus réelle qu'elle ne le paraît ; ce que la jurisprudence, après avoir vacillé, a fini par ne plus refuser.

Quant au fils de famille, il peut, dès qu'il est parvenu à sa majorité, et jusqu'à ce qu'il ait accompli sa 25e année, accepter cette singulière libéralité ; pourvu, s'il a conservé son père et sa mère, que tous deux y consentent. Dans ce cas, le suffrage du père n'a pas de prépondérance sur celui de la mère, comme pour le mariage ; le refus de celle-ci suffirait pour empêcher l'adoption. Le consentement d'un seul des deux époux n'est suffisant que quand l'autre est décédé, ou dans l'impossibilité d'exprimer sa volonté ; comme pour le mariage (V. n°s 200 et suivants). Mais, à sa 25e année accomplie, l'enfant n'est plus tenu que de *requérir leur conseil* ; c'est à ce peu de mots que se réduit l'article 346. Tous les commentateurs du code y ont vu un renvoi aux dispositions des articles 151 et suivants, sur l'acte respectueux par lequel l'enfant, qui veut se marier contre le gré de ses père et mère, doit faire constater la réquisition qu'il leur a faite de lui donner leur conseil. Toutefois ces jurisconsultes pensent unanimement qu'un seul acte, régulièrement fait, est suffisant.

268. J'ai dit que l'adoption ne déliait les enfants d'aucun de leurs devoirs, et les laissait sous la puissance paternelle. Les auteurs du code civil ne nous ont donné, en effet, que l'adoption appelée *imparfaite* par les docteurs ; parce qu'avant Justinien, chez les romains, comme chez les grecs, elle affranchissait l'adopté de la puissance de celui qui lui avait donné la vie, et le courbait sous la pleine puissance de celui qui lui promettait sa succession. Justinien ne permit cette interversion des droits de la nature qu'en faveur de l'ascendant de l'adopté (*L.* 2, §. 2, *ff. de adoption.*). Elle n'est, dans notre code, qu'un contrat de bienfaisance, personnel entre l'adoptant et l'adopté, dont les effets ne peuvent blesser les intérêts d'aucun autre.

Quand donc l'adopté veut se marier, s'il a ses père et mère, il est tenu envers eux de toutes les obligations que j'ai développées dans ce paragraphe. Mais dans ce cas, comme dans celui où il les aurait perdus tous deux, la loi ne l'astreint à aucune de ces déférences à l'égard du simulacre de père ou de mère que l'adoption lui a donné.

§. 3.

SECOURS QUE LES ENFANTS DOIVENT A LEURS PÈRES ET MÈRES TOMBÉS DANS L'INFORTUNE.

SOMMAIRE.

269. Enfin , je suis arrivé au dernier des droits attachés à la paternité ; mais malheur au père ou à la mère qu'une fatale destinée contraint à en user ; c'est celui de demander du pain à ses enfants ! S'il est réduit à cette extrémité par les désordres de sa vie , il en supportera l'affront , comme il a supporté tous ceux auxquels son inconduite l'a habitué. Mais il est peu de situation aussi poignante que celle d'un estimable père de famille , qui , après avoir consacré une partie de sa fortune à établir ses enfants , se voit , tout-à-coup, enlever le reste par un de ces évènements physiques ou politiques , dont la prudence humaine ne peut pas se garantir ; et par suite , obligé de demander à ceux à qui il voudrait donner encore.

Il a d'autant plus à en souffrir , que , presque toujours , sa demande sème la discorde entre ses enfants, et que c'est en justice qu'il faut terminer le différend. Les plus aisés et mieux disposés ne veulent pas supporter dans la pension un plus fort contingent que les autres ; ceux-ci repoussent cette égalité comme une injustice. On plaide sur la quotité de la pension , sur le contingent de chacun de ceux qui en sont tenus , sur le mode de paiement ; et sur beaucoup d'autres questions que la variété des circonstances multiplie à l'infini. Je ne m'occuperai que des plus importantes.

270. Le père , fondant son action alimentaire sur le dénûment de moyens d'existence dans lequel il allègue être tombé , ou sur l'insuffisance de ceux qui lui restent , n'a , à cet égard , aucune justification à faire. On ne peut pas présumer que , sans nécessité , il s'abaisse

à ce rôle humiliant, pour rançonner ses enfants. D'ailleurs, ce qu'il allègue n'est qu'une négative, dont la
preuve n'est pas possible ; c'est donc à ceux de ses enfants qui prétendent qu'il a des ressources suffisantes,
à s'en procurer la preuve, et à la rapporter. Jusque-
là, la présomption est pour la véracité du père ; principe admis de tout temps, en cette matière, et renouvelé par un arrêt de la cour de Colmar, du 23 février 1813 (1).

271. Dans les classes qui ne vivent que du fruit de
leurs travaux manuels, telles que celles des cultivateurs et des artisans, les pères et mères ne peuvent agir
ainsi contre leurs enfants, que quand des infirmités,
ou la faiblesse, que toujours le grand âge amène, ne
leur permettent plus de subvenir à leurs besoins. Dans
ce cas, les attestations des autorités locales et des officiers de santé, sont les seuls documents qui puissent
éclairer les magistrats, et leur faire connaître si le moment est déjà venu d'accueillir leur demande, ou si elle
peut être ajournée.

Dans les autres classes, où le travail corporel n'est
rien, s'il n'est dirigé par une solide instruction et une
saine intelligence, il faut en croire celui qui déclare
que l'affaiblissement de ses facultés morales l'a forcé
de renoncer à ses occupations. Lui seul s'en aperçoit,
quand l'altération commence ; elle ne se révèle aux autres que par ses fâcheux résultats, et l'homme d'honneur doit les prévenir.

____

(1) Dalloz, t. 1, n° 354, au mot *aliments*.

272. Avant le code civil, si, sur l'action alimentaire de leurs père et mère, les enfants exigeaient qu'ils leur fissent l'abandon du peu de valeurs qui leur restait ; cette condition était admise dans les tribunaux. Pothier en fait même une règle de droit (1). Heureusement, nous vivons sous un régime qui ne permet les expropriations forcées que dans les cas où la loi les a très-précisément ordonnées. Or, les auteurs du code civil n'ont pas adopté cette odieuse faculté, donnée jadis aux enfants, de dépouiller leurs parents, et de leur succéder quand ils respirent encore. Loin de là, l'article 208 porte : « Les aliments ne sont accordés que dans » la proportion du besoin de celui qui les réclame. »

Ainsi, dans la pensée des législateurs, la question est implicitement résolue. Le père qui, ayant encore quelques ressources, une chaumière dans laquelle il veut mourir, un petit verger dont il veut encore cueillir les fruits, quelques autres héritages qu'il fera cultiver, ne pouvant plus le faire lui-même, et demandera à ses enfants ce qui va lui manquer pour satisfaire à toutes ses nécessités, agira régulièrement dans le sens exact de cette disposition. C'est sur le calcul de la proportion de ces faibles ressources avec les besoins du vieillard, que s'exerceront la défense des enfants et le pouvoir du tribunal. Au-delà, il y aurait infraction de l'article 545 sur l'inviolabilité du droit de propriété. Je ne fais, au surplus, que reproduire la doctrine professée par M. Duranton (2), et adoptée par la cour de Bordeaux

(1) Traité du contrat de mariage, n⁰ 390.
(2) T. 2, n⁰ 399.

dans un arrêt du 16 février 1828 (1).

La dame Pellet, ayant encore quelques capitaux, dont les intérêts ne suffisaient pas à ses besoins, demanda à son fils, pour y suppléer, une pension. Celui-ci prétendit qu'elle n'était pas dans le besoin, tant que ces capitaux lui restaient; qu'elle devait les consommer, avant de s'adresser à lui, ou les lui abandonner; et que, dans ce dernier cas, il offrait lui servir une pension. Cette défense, qu'il étayait sur l'ancienne jurisprudence, fut rejetée par le tribunal de Bordeaux, et par la cour de la même ville. Les motifs de l'arrêt sont : « que les dispositions de nos lois nouvelles n'exi- » gent point que l'ascendant, qui demande des ali- » ments à ses enfants, ait consommé tous ses capitaux, » ou leur en fasse l'abandon ; qu'elles ne considèrent » que les besoins de l'ascendant, et la fortune de celui » à qui les aliments sont demandés ; que si les capi- » taux que possède l'ascendant, sont insuffisants pour » produire des revenus capables de le faire subsister, » il y a lieu à lui accorder un supplément à titre d'a- » liments ; comme il y aurait lieu à lui accorder des » aliments, s'il n'avait aucune ressource. »

273. Mais cette action des ascendants malheureux a fait surgir des questions bien plus ardues, sur la manière dont leurs enfants doivent satisfaire à leurs besoins. Les jurisconsultes ont conçu, et les cours ont adopté, trois systèmes différents, qui sont encore en présence ; car, des nombreux arrêts rendus à ce sujet,

---

(1) Dalloz, 28. 2. 93.

je n'ai pas connaissance qu'un seul ait été soumis à la cour de cassation.

Suivant les uns, l'obligation des enfants est solidaire et indivisible ; en conséquence, chacun d'eux est tenu de payer la pension entière, sauf son recours contre ses frères et sœurs pour leurs portions.

Suivant d'autres, cette obligation n'est pas solidaire, mais elle est indivisible, et ils en tirent les mêmes conséquences.

D'autres enfin, la déclarant non solidaire, ni indivisible, ont décidé que chacun des enfants n'était tenu que de la portion mise à sa charge, d'après l'état de sa fortune.

Il me semble que cette théorie ne s'est ainsi compliquée, que parce qu'on s'est trop attaché aux idées abstraites que présentent ces expressions : *solidarité* et *indivisibilité*; qui, d'ailleurs, dans l'état actuel de la législation, ne peuvent, ni l'une, ni l'autre, être appliquées à l'obligation dont on veut déterminer en ce moment le caractère.

Pothier (1), qu'on a invoqué pour la *solidarité*, l'appliquait, en effet, à cette obligation ; mais, d'une part, le point d'équité n'en souffrait pas, car il n'assujettissait à ce lien solidaire que ceux des enfants qui avaient le moyen de payer toute la pension ; de l'autre, il se servait de cette expression, parce qu'alors aucune loi n'en avait réglé le principe, et que les tribunaux étaient maîtres d'en faire usage dans tous les cas où ils ju-

____

(1) N° 391.

geaient qu'il était juste de le faire. Il ne peut plus en être ainsi, sous l'empire du code civil. Son article 1202 est impératif: « La solidarité ne se présume pas, il » faut qu'elle soit expressément stipulée. Cette règle » ne cesse que dans les cas où la solidarité a lieu de » plein droit, en vertu d'une disposition de la loi. »

Déjà M. Duranton a opposé ce moyen sans réplique à M. Toullier, qui avait aussi déclaré les enfants *solidaires*. Mais en échappant à la *solidarité*, M. Duranton est tombé dans *l'indivisibilité*, et son erreur est palpable. Il formule ainsi son argument: « Cette obli- » gation est indivisible, parce qu'elle a pour objet » quelque chose d'indivisible, la vie, et qu'on ne peut » pas vivre pour partie ; donc, etc. » Autant il est vrai que la vie est indivisible, et qu'on ne peut pas vivre pour partie, autant il l'est qu'on ne peut pas en conclure que l'obligation de fournir les moyens de vivre soit également indivisible. Certes, si tous les enfants ensemble sont dans un tel état de mésaisance, qu'ils ne puissent fournir que le tiers ou la moitié de ce qui est nécessaire à l'ascendant pour vivre toute la semaine, il faudra bien que la charité publique fasse le reste ; la raison le dit à qui veut l'écouter, et l'article 208 le répète: « Les aliments ne sont accordés » que dans la proportion du besoin de celui qui les » réclame, et de la fortune de celui qui les doit. »

Cette obligation n'est pas seulement divisible à l'égard des enfants entre eux ; elle l'est aussi à l'égard du père. Il pourra demander tout à celui qui a assez de fortune pour le lui fournir ; moitié seulement à celui qui ne pourrait plus vivre s'il en donnait davantage ; et il ne recevra rien de celui qui mendie pour ne pas mourir de faim.

274. Je crois donc qu'il est raisonnable d'écarter toutes ces questions, qui ne font qu'embrouiller la thè-se , sans aider à sa conclusion ; et elle se réduira à des éléments très - simples , sur lesquels tous les auteurs , sans s'entendre sur les prémisses , sont , à peu près , d'accord quant aux conséquences.

1° Si tous les enfants sont dans un état d'aisance, à peu près égale, et assez heureuse pour que chacun d'eux puisse fournir à ses père et mère tout ce dont ils ont besoin , les tribunaux, incontestablement, peuvent et doivent , en les condamnant à servir la pension par portions égales, prononcer que chacun d'eux pourra être poursuivi pour le tout, sauf son recours contre les autres ; non par suite de *solidarité* ou *d'indivisibi-lité* , mais parce que chacun d'eux doit conserver la vie de ceux qui lui ont donné le jour, et l'ont nourri quand il était dans l'impuissance de s'en procurer les moyens.

2° Lorsque , pouvant tous servir la pension entière, leurs fortunes sont notablement inégales , le contingent de chacun deux doit être fixé dans la même proportion que celle reconnue dans les fortunes ; néanmoins avec faculté à l'ascendant de s'adresser pour le tout à l'un d'eux , sauf à celui-ci son recours contre les autres , pour tout ce qui excéderait son contingent.

3° Si parmi eux il s'en trouve un ou plusieurs dans l'impossibilité de contribuer en rien au service de cette pension , elle doit être répartie sur les autres , comme si ces infortunés n'étaient pas dans la famille.

4° Enfin , que ces enfants aient été ou non dotés , que quelques-uns l'aient été et d'autres pas , ou qu'ils l'aient été inégalement , ces circonstances sont indifférentes pour la fixation des contingents. Leur obligation n'a sa source que dans leur filiation , et ils doivent l'exécuter dans la proportion de ce qu'ils possèdent, quelle qu'en soit l'origine.

Je présente ces règles générales avec d'autant plus de confiance, que je les puise dans ce que Pothier, ainsi que MM. Proudhon , Toullier, Duranton , Vazeille et Dalloz , ont enseigné ; en écartant tout ce qu'ils ont fort inutilement écrit sur la *solidarité* ou *l'indivisibilité*.

Il en est de même de tous les arrêts des cours. Si quelqu'un a la patience de les analyser, il verra que leurs dispositions , dans chacune des espèces jugées , sont conformes à ces règles , et qu'il n'y a de divergence que dans les motifs de droit, et non de fait ; ces cours s'étant appuyées , les unes sur la *solidarité* , quelques autres sur *l'indivisibilité* , d'autres sur ces deux caractères , d'autres en les rejetant tous deux.

275. Cette obligation des enfants dérivant , comme on ne peut pas trop le répéter , du droit naturel ; du moment où l'infortune de leurs père et mère est certaine, il n'est pas de circonstance qui puisse les dispenser de la remplir ; une impuissance absolue est la seule exception admissible. Les pères et mères , fussent-ils frappés de mort civile, n'en auraient pas moins

sur ceux qui leur doivent l'existence, un titre que la mort naturelle peut seule effacer.

Les anciens auteurs, Charondas, Auzannet, Montholon et Boutaric, rapportent plusieurs arrêts qui l'ont jugé; et le code civil, en donnant sa sanction à ce principe, dans l'article 205, la donne sans restriction, ni exception. Le retour des émigrés a fourni à la cour de Paris l'occasion de le retremper en 1808.

Le sieur Lépinay de Saint-Luc, rentré en France, où tous ses biens avaient été confisqués, ne trouva pas son fils, quoique jouissant d'une fortune considérable, mieux disposé pour lui que le gouvernement d'alors. De vives contestations les ayant amenés tous deux, sur un appel, devant la cour, le fils ne craignît pas d'opposer à son père sa mort fictive, et l'incapacité qui en résultait pour lui, de paraître en justice. Le père alors pria la cour de lui nommer un tuteur *ad hoc*, pour agir en son nom. Un arrêt, du 11 août, lui nomma pour tuteur le sieur Grebanval, qui, reprenant de suite l'instance, conclut contre le fils à ce qu'en attendant que son père eût obtenu sa radiation de la fatale liste, il fût condamné à lui payer une pension alimentaire; et le 18 du même mois, un nouvel arrêt, motivé sur ce « que le droit naturel fait aux enfants un » devoir sacré de donner des aliments à leur père, » lorsque celui-ci se trouve dans le besoin; » condamna le sieur Lépinay fils à payer à son père une pension de 6,000 fr. (1)

____

(1) Journal du palais, t. 23, p. 331.

276. Tout pacte par lequel un ascendant compromettrait son droit aux aliments que lui doit sa famille, soit en y renonçant, soit en se soumettant à des conditions qui en gêneraient l'exercice, ou en se réduisant à une pension évidemment insuffisante, serait nul, comme contraire aux bonnes mœurs, et conséquemment illicite (article 1133). Le refus d'aliments par un enfant à son père a, dans tous les temps, été assimilé au parricide. Quintilien, plaidant pour un père qui, revenu de captivité, avait été reçu par son fils, comme le sieur Lépinay par le sien, disait à ce fils dénaturé : donner des aliments à votre père ne serait pas un bienfait ; lui en refuser, c'est un crime. *Non est beneficium si pascitis, sed est facinus quòd negatis.* Aussi la loi 8, *cod. de transactionibus*, déclarait-elle nulle la transaction sur les aliments futurs, si elle n'avait pas été faite devant le juge. *De alimentis præteritis si questio defertur, transigi potest ; de futuris autem, sine Prætore vel Præside, interposita transactio, nullâ autoritate juris censetur.* La même règle se retrouve dans les loi 7 *et* 8, *ff. de transact.* Balde, sur leur texte, ajoute : *Ratio est quia ex futuris alimentis pendet vita hominis, non ex præteritis.* Les auteurs du code civil n'ont pas compris cette règle dans le titre des transactions, parce qu'elle était déjà posée dans la disposition générale de l'article 1133.

277. On ne peut pas, sans un vif sentiment de pitié, lire l'exposé que fait Pothier, de la jurisprudence de son temps, au sujet des pères et mères tombés dans l'infortune, n'ayant, pour les aider à vivre, que des

enfants hors d'état de leur payer une pension, et qui
peuvent seulement les recevoir dans leur maison et à
leur table. « On les condamne, dit-il, s'ils n'ont plus
» que leur père ou leur mère, à le recevoir chez eux,
» chacun à leur tour, pendant une certaine partie de
» l'année, à commencer par l'aîné des enfants. »

Quelle ressource pour un vieillard débile, puisqu'il
ne peut plus gagner sa vie par le travail, que cette
existence nomade, ce pélerinage sans fin, dans lequel
il est plus ou moins bien reçu, suivant le caractère de
son nouvel hôte, quand il vient lui annoncer que son
tour est venu de supporter le fardeau de ses besoins et
de ses infirmités !

Mais ce qui est plus déchirant encore, c'est que,
quand le père et la mère vivent tous deux et tombent,
en même temps, dans cette nécessité : « Comme la
» charge des deux, dit froidement l'austère juriscon-
» sulte, serait trop lourde, on peut la partager entre
» les enfants, en chargeant les uns du père, les au-
» tres de la mère. » Ainsi, il leur faut renoncer à cette
longue et douce habitude de vivre ensemble, de se
soulager et se consoler mutuellement ; ils vivent tous
deux et sont condamnés aux chagrins du veuvage !

Sans doute, aujourd'hui, comme avant le code civil, il y a, surtout dans les villages, des familles assez
malheureuses pour que les enfants ne puissent acquitter leur dette alimentaire envers leurs père et mère,
qu'en partageant avec eux leur habitation et leur table : l'article 210 contient le même principe que celui
dont Pothier a tiré ses tristes conséquences ; mais il

me semble qu'on peut y apporter deux modifications, qui en adouciraient l'amertume.

Il est vrai qu'en faisant vivre leurs père et mère avec eux, la dépense des enfants sera moindre que la pension ; mais il l'est aussi qu'ils ne les rassasieront pas, fût-ce avec du pain noir, pendant plus ou moins de temps, sans faire une dépense, que le tribunal peut évaluer, en en réglant le paiement en petites fractions de quinzaine en quinzaine, ou de mois en mois. Dans ce cas, le jugement ordonnerait aux enfants de recevoir et nourrir chez eux leurs père et mère, si mieux n'aimaient ceux-ci se contenter de l'indemnité en argent, réglée par le tribunal. Avec cette mesure, il arriverait souvent que ceux de ces infortunés qui pourraient encore, par de légers travaux, se procurer quelque gain, ou qui seraient secrètement secourus par ces ames bienfaisantes dont notre siècle ; quoiqu'on en dise, n'est pas totalement dépourvu, se contenteraient de l'indemnité, et n'useraient du droit d'aller chez leurs enfants manger *le pain de douleur*, que lorsque leurs dernières ressources seraient épuisées. Cette disposition alternative n'aggraverait pas le sort des enfants, et laisserait à leurs père et mère un moyen de conserver leur liberté, dont, à chaque moment, ils seraient les maîtres d'user ou de ne pas user, suivant leur position.

Mais la plus importante modification au sentiment de Pothier, est de ne pas séparer le père et la mère. L'économie par lui aperçue pour les enfants dans cette séparation, n'est qu'une chimère. Entre nourrir deux personnes pendant un mois, ou une seule pendant deux mois, je ne vois pas de différence ; ou, s'il y en a, cette faible considération doit disparaître devant celle qu'on ne peut pas demander à la justice de rompre un nœud que l'impitoyable temps a respecté.

278. Lorsque celui que poursuit la misère a son père et son fils, qui tous deux peuvent l'en défendre, MM. Delvincourt et Duranton pensent que c'est au fils à le faire, et non au père. Je ne puis pas souscrire à cette opinion, et je crois que le père et le fils doivent y concourir, dans la proportion de leur fortune respective. C'est avec la même énergie que la nature et la loi disent au père : tu nourriras celui qui n'est au monde que par ton fait ; et au fils, tu nourriras celui dont le sang circule dans tes veines.

Il est si difficile de trouver un motif raisonnable d'en charger le fils, préférablement au père, que, malgré l'heureuse imagination des deux jurisconsultes, ils n'en ont conçu que deux, auxquels il est trop facile de répondre. L'obligation du fils, ont-ils dit, est plus sacrée ; et pourquoi est-elle plus sacrée ? Ils se sont dispensés de s'en expliquer ; parce qu'en effet les devoirs de celui qui a engendré l'infortuné, sont absolument les mêmes que ceux de celui qui a été engendré par lui. Si l'on voulait même se laisser aller aux subtilités, on pourrait dire que celui qui, volontairement, a donné la vie à un individu, est plus obligé de la lui conserver, que celui qui se trouve sur la terre sans l'avoir demandé.

Le second motif n'est pas plus persuasif. Si celui qui demande du pain était riche, son fils en hériterait, on en conclut que c'est à lui à en donner au pauvre. Singulière argumentation, qui substitue au cas sur lequel on raisonne, un cas qui lui est tout-à-fait opposé; qui met un droit institué par la loi civile sur la même ligne qu'un devoir imposé par la loi naturelle, et fait du premier le régulateur du second. Je n'y vois qu'un oubli d'une des premières règles de logique. *De casu ad casum non valet consecutio.* Laissons donc les arguties, et tenons-nous à ce qu'inspire le sentiment. Du père au fils et du fils au père, le lien est le même et impose les mêmes devoirs. D'ailleurs, le devoir du père est écrit dans l'article 203, et celui du fils dans l'article 205; ils doivent donc concourir tous deux à l'accomplissement de ce devoir, dans la proportion de leurs facultés.

279. Si, parmi les enfants, il en est qui soient décédés, ou absents, ou dans l'impossibilité de secourir l'ascendant, et qu'ils aient des enfants, ceux-ci peuvent-ils être contraints de se réunir à leurs oncles pour fournir à cet ascendant, leur aïeul, tout ce dont il a besoin? M. Toullier professe que cette obligation ne descend pas jusqu'à eux; que telle était la jurisprudence avant le code. M. Duranton et M. Delvincourt sont d'un avis contraire; et le premier, par le suffrage de Pothier même, a prouvé l'erreur dans laquelle était M. Toullier. Effectivement, Pothier dit positivement que les petits-enfants ne sont atteints par cette obligation, que quand ceux qu'ils représentent ne vivent plus, ou ne sont point en état de s'en acquitter; ce qui emporte la reconnaissance que, si l'un de ces deux cas

se réalise , c'est aux petits-enfants à l'acquitter pour
eux. L'article 205 , d'ailleurs, est formel ; l'obligation
qu'il fait aux enfants est de fournir des aliments , non-
seulement à leurs père et mère , mais à leurs *autres
ascendants* qui sont *dans le besoin*. Cette juste interprétation a été adoptée par la cour d'Amiens, dans un
arrêt du 11 décembre 1821 (1).

Il importe seulement de remarquer que , quel que
soit le nombre des petits-enfants issus d'un seul enfant, ils ne font qu'une seule tête, quand , dans chaque branche , il y a, à peu près , la même fortune ;
car on ne doit jamais perdre de vue que cette obligation ne s'acquitte pas par portions viriles , mais pro-
portionnellement aux facultés de ceux qui en sont tenus. En sorte que, si aucun des enfants ne pouvait en
supporter la moindre portion ; et qu'un seul des petits-
enfants pût l'acquitter en totalité, il serait contraint à
le faire.

280. La mère, en se remariant, n'abdique pas son
droit aux aliments que lui doivent ses enfants. C'est
toujours à eux à lui en procurer, si, contre son espoir, elle ne trouve que l'indigence dans sa nouvelle
famille ; l'article 206 ne lui faisant perdre ce droit
qu'à l'égard de son gendre et de sa bru. La cour de
Colmar l'a ainsi jugé, par arrêt du 5 janvier 1810 (2).
Mais comment exercera-t-elle ce droit contre ceux de
ses enfants qui seront mariés , ne pouvant en exiger
ni des maris de ses filles , ni des femmes de ses fils ?

(1) Dalloz, jurisprudence générale , t. 1, p. 345.
(2) Le même, p. 343.

C'est ce que j'expliquerai après avoir examiné ses droits contre ces derniers avant son nouveau mariage.

281. Nous n'avons encore vu de l'action alimentaire des pères et mères , que ses effets sur leurs enfants ; il nous reste à la suivre dans ses rapports avec ceux qui , étrangers à la famille, n'y entrent que par une alliance, dont le lien fragile peut se rompre à chaque instant. Le droit naturel , qui n'est jamais problématique pour les cœurs droits , ne peut donc plus nous éclairer sur les questions qui les concernent. Ces alliés ne sont mis au rang des enfants que par une fiction du droit civil , trop souvent susceptible d'interprétations diverses , conçues de très-bonne foi par les meilleurs esprits.

282. Il s'agit donc de reconnaître le caractère de l'obligation que l'article 206 impose au gendre et à la bru. MM. Delvincourt et Duranton n'y voient qu'une obligation subsidiaire , ne pouvant atteindre ces alliés que, quand les enfants auxquels ils sont unis , n'ont pas de moyens suffisants de subvenir aux besoins des père et mère. Ils trouvent qu'il ne serait pas juste que le gendre payât pour sa femme, si elle était à son aise ; et que le fils , pouvant s'acquitter lui-même de ce devoir , y fît contribuer la sienne. Cette opinion les entraîne à des distinctions sur les différentes espèces de conventions matrimoniales des époux. S'ils sont en communauté , ils supporteront cette dette en commun ; s'ils sont soumis au régime dotal , et que la femme ait des biens paraphernaux , elle nourrira son père , sans que son mari y contribue, quoiqu'en dise l'article 206 ;

mais aussi, quand les ascendants du mari seront dans le besoin, lui seul devra en prendre soin.

Je crois que le système du code civil est beaucoup plus simple, beaucoup plus juste, et bien plus favorable à la paix des ménages, dans son principe, comme dans son exécution. Mais, pour le bien concevoir, il ne faut isoler l'article 206, ni de celui qui le précède, ni de celui qui le suit. C'est dans l'ensemble des trois articles que se révèle le sens vrai de celui qui est intermédiaire.

Par le premier, les enfants doivent des aliments à leurs père et mère, si ceux-ci sont dans le besoin.

Par le second, les gendres et les belles-filles en doivent également, et dans les mêmes circonstances, à leurs beau-père et belle-mère.

Par le troisième enfin, « les obligations résultant de » ces dispositions sont réciproques. »

Ainsi, point de différence quant à l'obligation : quand les pères et mères ont besoin d'aliments, tous, le fils comme le gendre, la fille comme la bru, sont *également* tenus de cette dette de famille. Si tous le peuvent, tous le doivent : « La parenté d'alliance, » disait M. Portalis au corps législatif, imite la pa- » renté du sang. » Dans cet honorable concours, la fortune personnelle des gendres et des brus est réunie à celle des enfants, pour servir de base à la fixation, d'abord, de la pension à servir, puis du contingent de chacun des co-débiteurs, en proportion de ses facultés, comme je l'ai expliqué ci-dessus (n° 265).

Mais aussi, quand les père et mère restent dans l'aisance, si le besoin se fait sentir dans un des ménages qu'ils ont formés, ils ont deux enfants à nourrir. Ils ne peuvent pas plus refuser du pain à leur gendre qu'à sa femme, et à leur bru qu'à son mari. Leurs secours doivent même s'étendre jusqu'aux enfants nés de ces ménages.

C'est cette réciprocité qui fait la clé du système du code; et si les jurisconsultes que je combats, sont tombés dans ce que je regarde comme une erreur, c'est parce qu'ils n'y ont pas fait assez d'attention, car ils n'en disent pas un mot.

283. Par suite de son erreur, M. Delvincourt pense que, quand le gendre a perdu sa femme, ou la bru son mari, et qu'il y a des enfants du prédécédé, c'est à ces enfants, s'ils en ont le moyen, à nourrir leurs ascendants; et que le veuf, ou la veuve, n'en doit rien. De ce que je viens de dire sur la question principale, il résulte que, l'affinité subsistant encore, les enfants du prédécédé le représentent, et doivent payer son contingent; sans que cela dispense le veuf ou la veuve d'acquitter le sien, puisqu'il est encore compté parmi les membres de la famille.

284. L'article 205 charge les enfants de fournir des aliments à leurs pères et *autres ascendants*, qui sont dans le besoin; mais ces derniers mots ne se retrouvent pas dans l'article 206, qui concerne les gendres et les belles-filles. M. Proudhon en conclut que leurs obligations ne doivent pas aller plus loin que les père et mère, et qu'il n'est pas permis d'étendre les expres-

sions d'une loi qui oblige. **MM.** Delvincourt et Duranton pensent, au contraire, que ce n'est pas dans une matière aussi favorable qu'on doit s'attacher judaïquement au texte. Tous deux reconnaissent, à cet égard, que les gendres et les belles-filles sont *loco filii aut filiæ*, ce sont leurs expressions, « et qu'ils sont » soumis, comme fils et comme filles, à nourrir leurs » ascendants par alliance. » Il est évident, en effet, qu'il n'y a là qu'une omission sans importance ; et que l'esprit de la disposition est d'assujettir ces enfants par alliance, aux mêmes obligations que les enfants du sang, sans aucune exception, puisqu'elle les oblige *également dans les mêmes circonstances.* C'est pénétré de cet esprit que M. Portalis a dit : « La parenté par » alliance imite la parenté du sang. »

285. J'ai dit (n° 271) que la mère qui convole en secondes noces, ne perd son droit aux aliments, qu'à l'égard de son gendre et de sa bru, conformément à l'article 206 ; mais qu'elle le conserve contre ses enfants. Effectivement, la seule conséquence de la dispense accordée aux gendres et aux brus, est que leur fortune ne doit plus être un des éléments de l'appréciation de la pension de la mère, et que personnellement ils n'en doivent rien. Mais la femme du gendre et le mari de la bru, ne participent pas à cette dispense ; ainsi que l'a jugé la cour de Colmar, par l'arrêt que j'ai cité. Si donc il y a communauté entre le gendre et sa femme ; comme il perçoit les revenus de cette dernière, il sera tenu d'acquitter pour elle le contingent qui lui sera assigné, sauf la récompense

qui pourra lui être due à ce sujet, lors de la liquidation de cette communauté, si leurs conventions matrimoniales ne s'y opposent pas.

Mais s'il n'y a pas de communauté entre eux, s'ils sont soumis au régime dotal, ou à une convention équivalente, il ne sera tenu des aliments de sa belle-mère sous aucun rapport. Eut-il reçu une dot opulente, elle ne pourrait être d'aucune considération. La dot n'est fournie au mari que pour supporter les charges du mariage (article 1540).

Il est vrai que l'article 1558 permet d'aliéner des biens dotaux pour fournir des aliments à la famille de la femme ; mais dans les cas prévus par les articles 203, 205 et 206 : et précisément, cet article 206 excepte le cas de convol de la mère.

Dans ce cas, la mère ne pourrait donc rien exiger de sa fille qu'autant que celle-ci aurait des biens paraphernaux.

Quant au fils marié, s'il est en communauté avec sa femme, il pourra servir la pension de sa mère sur les revenus de cette communauté, à la charge, comme je l'ai dit, dans le cas précédent, d'indemniser sa femme des valeurs ainsi employées à payer une dette dont l'article 206 la dispense. S'il n'y a pas entre eux de communauté, ce sera sur sa fortune personnelle qu'il satisfera à ses devoirs envers sa mère.

286. On vient de voir combien de difficultés ont, parfois, à surmonter les pères et mères assez malheureux, au déclin de leurs jours, pour être dans la né-

cessité d'appeler à leur secours la famille qu'ils ont formée. Mais si, leurs enfants ne possédant point d'immeubles pour assurer le service de leur pension, ils
avaient à craindre de ces mesures que, trop souvent,
le dol et la fraude savent employer pour soustraire un
débiteur à ses obligations, en faisant disparaître toutes
les apparences de sa fortune ; seraient-ils fondés à demander que, sur leurs capitaux, il fût fait un emploi
qui leur donna les sûretés désirables ?

On se prête difficilement à l'idée que des enfants
soient capables de commettre cette espèce de parricide ;
cependant, si dans leur conduite quelques présomp-
tions justifiaient les alarmes de leurs père et mère, les
tribunaux, sans contredit, pourraient et devraient
s'empresser de prescrire toutes les mesures propres à
les rassurer. On leur en a, pourtant, très-sérieusement
contesté le pouvoir, devant le tribunal de Saumur et
la cour d'Angers. Ce système pouvait d'autant moins
triompher dans la cause pour laquelle il a été conçu,
que déjà la fraude avait manifestement été mise en œuvre par une fille contre son père !

Le sieur Tribert, dont les affaires étaient en désordre, avait été obligé de traduire en justice la dame
Delage, sa fille, pour en obtenir une pension, qui
avait été fixée à 600 fr., par un jugement du 24 mars
1827. Dans le même temps, ses créanciers, procé-
dant à la distribution du prix des biens par lui vendus,
sa fille y fut colloquée pour 56,000 fr. Aussitôt qu'elle
en eût connaissance, il fut machiné entre elle et la
dame Neveux un échange de cette créance, contre

une de pareille somme appartenant à cette dame. Le
sieur Tribert n'en demanda pas moins que, sur les
56,000 fr. que la dame Delage allait toucher, elle fût
tenue d'en placer 24 pour la sûreté de sa pension, et
des suppléments qui pourraient lui être accordés, si
de nouvelles infirmités augmentaient ses besoins. Les
efforts faits par la dame Delage et sa complaisante
amie, la dame Neveux, n'eurent aucun succès, ni en
première instance, ni en appel. La cour d'Angers seulement réduisit à 12,000 fr. le fonds à employer, et
accorda à la dame Delage la faculté de substituer à ce
capital un immeuble suffisamment libre pour être spécialement affecté par hypothèque à la pension de son
père. L'arrêt est du 25 février 1829, et contient une
solide réfutation de tout ce qu'on peut dire pour le
sentiment contraire. En voici les principaux développements : « Attendu que l'autorité de la loi se joint au
» vœu de la nature, pour imposer aux enfants l'obli-
» gation de fournir des aliments à leurs ascendants;
» qu'il n'est pas douteux que cette obligation, si elle
» est déclarée par un jugement ou par un acte authen-
» tique, peut autoriser le pensionnaire à faire des
» actes conservatoires pour sûreté du service de sa
» pension alimentaire, et même des actes d'exécution,
» faute de paiement.

» Mais doit-on en conclure que cette obligation
» puisse aller jusqu'à priver le débiteur de l'adminis-
» tration d'une partie de ses biens?

» Attendu que la loi, étant muette sur cette question
» importante, a voulu laisser aux tribunaux la liberté

» de se décider affirmativement ou négativement ,
» suivant les circonstances particulières et propres à
» chaque espèce. Les magistrats , sans doute, ne peu-
» vent pas se permettre , sans une absolue nécessité ,
» de suspendre, pendant la vie du pensionnaire, l'ex-
» ercice du droit du propriétaire, de disposer d'un
» capital mobilier qu'il pourrait utiliser. Mais , com-
» me la loi veut la fin , elle veut aussi les moyens ; et
» dès-lors , il faut décider qu'il est permis d'avoir
» recours à cette mesure , toutes les fois qu'il ne s'en
» présente pas d'autre pour concilier le droit de pro-
» priété du débiteur avec le droit usufruitier du cré-
» ancier ;

» Considérant que l'appelante ne possède aucun
» immeuble que l'on puisse affecter hypothécairement
» à la créance de l'intimé ; qu'elle a manifestement
» décélé l'intention de soustraire à la garantie de la
» créance de l'intimé un capital, etc. » (1).

Ces motifs n'ont cependant pas convaincu le rédacteur du journal du palais. « Peut-être hésitera-t-on, dit-
» il, à consacrer en principe, que le père qui a fait
» condamner son fils à lui payer des aliments , peut ,
» en conséquence du jugement, se faire donner des sû-
» retés hypothécaires , ou exiger un placement, etc. »

Ses raisons de doutes sont que l'article 205 n'autorise pas cette exigence ; et que l'article 209 rend l'o-
bligation variable suivant leur position ultérieure et
celle de leurs enfants.

(1) Journal du palais, t. 84, p. 84.

L'article 205 n'autorise pas ces exigences, il est vrai ; mais il n'en dispense pas les enfants. Comment donc pourrait-on interdire au père qui a été obligé d'obtenir une condamnation judiciaire contre son fils, propriétaire d'immeubles, la faculté que la loi (article 2123) accorde à tout créancier porteur d'un jugement, de prendre inscription sur son débiteur, quel qu'il soit ? Serait-ce parce que, de toutes les obligations, celle de nourrir son père et sa mère est la plus sacrée ?

Sans doute, si la valeur des immeubles du fils excède notablement la sûreté due au père ou à la mère, il pourra obtenir la réduction de l'affectation hypothécaire de tout ce qui sera reconnu exorbitant, en conformité de la disposition de l'article 2161 : mais très-certainement, la pension restera assurée contre toute malveillance. Puisque tel est le droit du père à la sécurité, quand son fils a des immeubles, il doit avoir le droit même sur ses capitaux, lorsqu'il n'y a pas d'autre moyen d'empêcher que son existence ne soit mise à la merci de son fils.

Quant aux variations dont est susceptible l'obligation, elles sont très-conciliables avec le fonds spécial. Si les évènements ultérieurs exigent d'augmenter ou de diminuer la pension, le fonds pourra être réduit ou augmenté dans la même proportion.

L'arrêtiste argumente encore de l'inconvénient qu'il y aurait à paralyser dans les mains du fils l'usage d'un capital, ou de rendre indisponibles ses immeubles. Mais un inconvénient beaucoup plus grave serait celui qu'éprouverait le père, de la faculté laissée à son fils de disposer à son gré de toutes ses ressources ; dût le malheureux père être abandonné par lui à la charité publique.

Enfin , forcé de reconnaître le principe , *qui veut la fin veut les moyens*, il en conclut seulement que, s'il y a fraude et mauvaise volonté manifeste de la part du fils , la justice pourra ordonner des mesures conservatoires ; c'est-à-dire qu'on s'occupera du remède , lorsque le mal sera incurable. Il prétend même que c'est uniquement sous ce rapport, que la question a été décidée par la cour d'Angers.

C'est une grave erreur ; cette cour commence par reconnaître , en principe général , le droit qu'ont les tribunaux d'ordonner ou de refuser , suivant les circonstances , les sûretés demandées par le pensionnaire. Le seul reproche qu'on puisse lui faire , c'est d'avoir dit qu'il fallait une *nécessité absolue* pour accorder les sûretés , ce qu'elle pouvait dire sans dan pour la cause du père dans l'espèce qu'elle jugeait , puisque cette nécessité y était palpable. Mais , en thèse générale , disons , au contraire , que , pour refuser ces sûretés , il faut que les craintes du père soient manifestement injustes et chimériques.

Loin donc qu'on doive attendre la mise au jour de la fraude des enfants , pour rassurer les pères et mères sur une créance mal assise , il me semble qu'il suffit , d'une part , qu'ils aient été réduits à la nécessité de demander à la justice ce que leurs enfants auraient dû leur offrir ; et de l'autre , que pouvant, mieux que personne , apprécier la moralité de leurs enfants , ils fas-

sent entendre un cri d'alarmes, pour que les magis'
trats usent de la plénitude du pouvoir que leur a laissé
la loi, dans des causes aussi affligeantes. Et de quelle
responsabilité morale ne se chargeraient-ils pas, s'ils
leur refusaient ces garanties? A quels regrets ne seraient-ils pas livrés, s'ils apprenaient plus tard que,
pour ne pas gêner un fils dans le jeu de ses capitaux,
ils ont condamné son père à mourir dans l'indigence?

287. Cette obligation des enfants envers leurs père
et mère a lieu dans la filiation naturelle, comme dans
la filiation légitime. Il est vrai que le texte du code civil
ne l'impose qu'aux enfants nés du mariage; mais il en
est de même de l'obligation des pères et mères envers
leurs enfants, et cette obligation n'en est pas moins
aujourd'hui, comme on a pu le voir (n° 9), un point
de droit aussi invariable qu'il l'était avant le code.
« Dans le silence des lois positives, a dit la cour de
» cassation, il faut recourir au droit naturel. On ne
» peut et ne doit pas supposer que les auteurs du code
» civil aient voulu affranchir les pères et mères de la
» dette la plus sacrée, du devoir le plus impérieux de
» la paternité, etc. » Sans contredit, les conséquences
de cette judicieuse argumentation s'étendent sur l'o-
bligation, non moins sacrée, des enfants, de fournir à
leur tour, des aliments à leurs père et mère, si ceux-
ci tombent dans la misère, et qu'ils puissent les en garantir.

288. Le principe est donc incontestable, mais son application peut éprouver de sérieuses difficultés, surtout
à l'égard du père. Dans le mariage, la réalité de la pa-

ternité du mari est indifférente ; jusqu'à la preuve du contraire, presque toujours impossible , tous les enfants auxquels sa femme donne le jour, sont réputés provenir de lui. Mais , hors du mariage, ce mystère conserve toute sa profondeur. La mère seule peut en avoir la certitude ; et elle ne l'a pas toujours. Quant au père , il ne l'a jamais. La reconnaissance qu'il en fait, conformément à l'article 334, ne prouve donc rien, et ne lui crée aucun droit sur l'enfant , à qui l'article 339 donne la faculté de la contester.

Pour qu'il puisse exercer utilement contre lui l'action alimentaire ou toute autre, il faut, indépendamment de cette reconnaissance, d'une part, que la déclaration de la mère y soit conforme (article 336); de l'autre, qu'il résulte de sa conduite lors de la naissance de l'enfant et depuis, qu'il a toujours eu pour lui les sentiments d'affection qu'inspire la foi de la paternité, et que toujours il a été disposé à en remplir les devoirs, autant que sa position a pu le lui permettre. La réunion de ces deux circonstances est nécessaire ; l'une sans l'autre serait insuffisante.

La dernière, sans doute, est la plus déterminante ; mais si la mère contestait la paternité, et que le soi-disant père ne pût pas prouver qu'elle l'a antérieurement reconnue, on ne pourrait voir en lui que le bienfaiteur, et non le père de l'enfant.

En vain, aussi, il aurait l'assentiment de la mère , s'il n'avait rien fait qui justifiât le titre qu'elle consentirait à lui donner. Elle peut avoir la certitude, mais elle ne peut pas la donner ; et il y aurait de l'imprudence à s'y confier ; surtout si elle était de ces femmes qui peuvent choisir le père entre plusieurs.

A l'égard de la mère, il ne peut s'élever de doutes , que lorsqu'à la naissance de l'enfant, elle l'a abandonné. Si, plus tard, elle veut réclamer ses droits sur lui, elle doit prouver, non-seulement le fait de son accouchement, mais l'identité de l'enfant qu'elle a mis au monde, avec celui auquel elle s'adresse ; ce qui souvent est fort difficile.

FIN DE LA PUISSANCE PATERNELLE.

ADDITION

A LA PREMIÈRE PARTIE

COMPRENANT

LA PUISSANCE MARITALE.

Chapitre IV.

HYPOTHÈQUE LÉGALE.

J'ai terminé et publié mon traité sur la puissance maritale, sans m'occuper de l'hypothèque de la femme sur les immeubles de son mari ; elle me paraissait hors de mon sujet. De nouvelles réflexions m'ont persuadé qu'elle en était inséparable, comme garantie des abus de cette puissance. Je dois, d'autant plus, réparer cette omission, que les effets de cette hypothèque ont fait naître des questions infiniment graves , sur lesquelles la jurisprudence est encore incertaine.

Je vais donc présenter, sur cette matière :

1° Les règles communes à toutes les femmes sous puissance de mari ;

2° Celles particulières au régime de la communauté ;

3° Celles qui le sont au régime dotal;

4° Celles relatives à la femme du commerçant;

5° Enfin, celles qui le sont à la femme étrangère.

---

§. 1.

RÈGLES COMMUNES A TOUTES LES FEMMES SOUS PUISSANCE DE MARI.

SOMMAIRE.

1. Objet de l'hypothèque légale de la femme.
2. Dispense d'inscription.
3. L'effet de l'hypothèque ne commence que du jour du mariage.
4. Elle garantit, à cette date, la dot et les conventions matrimoniales;
5. Les droits dévolus à la femme, du jour où elle en a été investie;
6. Les dettes par elle contractées, du jour où elle s'est obligée.
7. De quel jour pour les actions rescisoires et remboursements de capitaux?
8. Pour les frais et dépens d'instance?
9. Restriction de l'hypothèque par le contrat de mariage.
10. Comment elle peut être faite après le mariage.
11. Ce qu'on doit entendre par les plus proches parents dans cette circonstance.
12. Le mari ne peut pas contraindre sa femme à cette réduction.
13. Révocation de celle obtenue.
14. Ces régles ne concernent pas les tiers.
15. A leur égard, la femme peut disposer de son hypothèque en plusieurs manières.
16. En s'obligeant personnellement à leurs créances;

1. L'objet de l'hypothèque légale de la femme est de lui assurer, sur le prix des immeubles de son mari, le paiement de tout ce dont il se trouvera son débiteur le jour où, pour quelque cause que ce soit, elle reprendra, par elle-même, ou par ses héritiers, ses biens et ses droits ; article 2135.

Cette assurance ne repose pas seulement sur les immeubles appartenant au mari à l'instant de leur union, mais sur tous ceux qui lui parviendront par succession, donation ou acquisition ; article 2122.

2. Suffisamment manifestée pour quiconque contracte avec le mari, par les publications qui précèdent le mariage, et les solennités de la célébration ; elle existe indépendamment de toute inscription ; article 2135.

3. Le système hypothécaire du code civil est loin d'avoir la perfection qu'on admire dans les autres parties, on en convient généralement ; mais c'est surtout à l'égard de l'hypothèque de la femme, que les diffi-

cultés naissent à chaque pas. Ainsi la première question qui se présente à qui veut étudier cette matière, est de savoir à quelle époque commence l'effet de cette hypothèque. Est-ce du jour du mariage, ou de celui du contrat qui en a arrêté les conditions? A cette question, il trouve deux réponses contradictoires dans les articles 2135, 2194 et 2195. Le premier déclare que l'hypothèque existe *à compter du jour du mariage;* les deux autres veulent que l'inscription qui en est faite ait le même effet que si elle avait été prise *le jour du contrat de mariage.*

Je ne chercherai pas à concilier ces deux versions. Rien de ce qui a été tenté dans un sens, par M. Grenier, comme par la cour de Nîmes, et dans un autre sens, par M. Troplong, ne peut satisfaire un ami de la vérité. Chacune d'elles est trop positive, pour qu'on ne soit pas contraint de reconnaître que certainement leur contradiction n'est due qu'à un vice de rédaction. Il s'agit donc de découvrir dans lequel de ces articles la pensée des législateurs a été fidèlement exprimée.

En cherchant cette pensée, les jurisconsultes se sont divisés. M. Tarrible, qui a écrit le premier sur ce sujet, s'est arrêté aux articles 2194 et 2195, les interprêtant par l'ancienne jurisprudence (1). Bientôt il eut des contradicteurs dans MM. Persil (2), Grenier (3) et Dalloz (4). Ceux-ci, se fondent sur ce que l'article

(1) Répert, v⁰ hyp,
(2) T, 1ᵉʳ, n⁰ 243,
(3) Rég, hyp. art. 2135,
(4) Jurisp, p, 135,

2135 est le seul qui soit en harmonie avec le système de publicité adopté pour toutes les espèces d'hypothèques par les auteurs du code civil. Une seule cour, celle de Nîmes (1), a eu à juger la question, et l'a résolue comme ces jurisconsultes. M. Troplong, au contraire, adhère à l'opinion de M. Tarrible (2), et la soutient avec une abondance d'autorités et une vigueur de logique, qui peuvent faire hésiter un instant; mais les raisons de droit et d'équité de M. Grenier doivent finir par l'emporter. Je ne les reproduirai pas; j'essaierai seulement de répondre à celles que lui oppose M. Troplong.

Aucune des autorités qu'il puise dans l'ancien Droit ne peut jeter le moindre rayon de lumière sur la question. Alors, sans doute, l'effet de l'hypothèque devait remonter au jour du contrat de mariage, puisqu'il en était ainsi de toutes les conventions notariées, mais à ce système, où tout était mystère, a été substitué celui du code civil, où tout doit être public; les conséquences tirées de l'un pour expliquer l'autre ne peuvent donc qu'égarer. Qu'ont pensé, qu'ont voulu les auteurs du nouveau système en fixant l'instant où la femme prendrait hypothèque sur les biens de son mari ? C'est ce qu'il faut découvrir. Ni Papinien, ni Domat, ni tous autres des siècles passés, ne pourront nous l'apprendre; tandis que nous avons des monuments irrécusables, les conférences du conseil d'Etat, et les discours des orateurs

(1) Dal. 34. 2. 101.
(2) T. 2. n° 577, p. 441.

au corps législatif, dans lesquels la volonté qu'il faut connaître est consignée si littéralement, qu'il y aurait une inexcusable obstination à douter encore.

Aujourd'hui que nos lois s'élaborent publiquement ; que la sténographie recueille les paroles de l'orateur à mesure qu'elles sont prononcées ; le sens intime de la loi est souvent mieux aperçu en méditant sur ce qui a été dit, que sur le texte littéral qui lui a été donné par le rédacteur, résumant, en quelques lignes, le résultat d'une discussion de plusieurs heures.

La loi du 11 brumaire an VII, avait totalement abrogé le système des hypothèques occultes. Toutes les créances hypothécaires, même celles des femmes et des mineurs comme les autres, n'avaient leur effet que par l'inscription; et dans le projet de code civil, on dispensait ces dernières de cette formalité. M. Bigot de Préameneu, présentant ce projet au conseil d'Etat, le 12 pluviose an XII, pour faire sentir que l'hypothèque légale, ainsi acquise, ne pourrait porter aucun préjudice à ceux qui contracteraient avec le mari ou le tuteur, disait : » l'état de femme mariée n'est-il pas rendu complète- » ment notoire par les solennités qui l'accompagnent , » et la cohabitation des époux? La qualité de tuteur, » celles des comptables ne sont-elles pas publiques? »

Cette vérité était tellement décisive en faveur de la dispense d'inscription, que les partisans de cette formalité dans tous les cas, se fondaient sur ce que la notoriété du mariage n'existait pas toujours. « Pour

» affranchir les hypothèques légales de la nécessité de
» l'inscription, disait l'un d'eux, M. Jolivet, dans la
» même séance, on s'est fondé sur la publicité du fait
» du mariage et de la tutelle. Cette notoriété n'existe
» pas toujours. »

Des explications tout aussi lumineuses ont été données au corps législatif par M. Treilhard. « Les fem-
» mes, les mineurs, sont dans l'impuissance d'agir,
» souvent même dans une impuissance absolue; le dé-
» faut d'inscription ne peut donc leur attirer aucune
» espèce de reproche. Celui qui a traité avec le mari ou
» avec le tuteur, en est-il aussi parfaitement exempt?
» Il a dû s'instruire de l'état de celui avec lequel il
» traitait. Il a dû savoir s'il était marié ou tu-
» teur, etc. »

Enfin au Tribunat, même langage de la part de
M. Grenier. Au premier rang des motifs qui devaient
rassurer les législateurs sur les dangers qu'ils pourraient apercevoir dans la dispense d'inscription des
hypothèques, il mettait : « la facilité qu'il y a ordinaire-
» ment de connaître l'état des personnes avec les-
» quelles on contracte. »

Il est donc hors de doute que l'hypothèque légale de
la femme n'a été admise dans le code, que par la considération de la notoriété de son mariage; d'où naît la
certitude que les législateurs n'ont entendu lui donner
effet que du jour où cette union est célébrée, après
l'accomplissement des formalités qui la rendent publique, et non du jour d'un contrat clandestinement écrit

quelques mois, ou quelques années auparavant; car
ni M. Tarrible, ni M. Troplong, n'y mettent de termes.

Cette vérité, d'ailleurs, ressort encore de l'ensemble
des dispositions de l'article 2135. Pourquoi, comme
on va le voir, l'effet de l'hypothèque de la femme pour
la sûreté de ce qui lui échoit pendant le mariage, ne
commence-t-il que du jour où ces droits ont été ou-
verts pour elle? C'est parce que son mari n'en est investi que de ce jour, et ne doit pas en répondre plus
tôt. M. Troplong, lui-même, en examinant une autre
question, fait remarquer cette sagesse de la loi. L'appliquant aux cas qui ne sont pas prévus dans l'article;
il justifie sa proposition « par la raison qu'il est *dans*
» *l'esprit du législateur* de faire dépendre la date de
» l'hypothèque de la femme pour ses droits éventuels,
» du moment seul où le mari en est *réellement saisi*. »
Telles sont ses propres expressions, et elles sont parfaitement justes. Mais, faire remonter cette hypothèque pour la dot et les autres conventions matrimoniales
au contrat de mariage, quel que soit l'intervalle entre
cet acte et le mariage; n'est-ce pas aller directement
contre cet esprit, puisque le mari n'est réellement investi de la dot que du moment où les promesses de
mariage ont été irrévocablement exécutées? N'y a-t-il
pas entre les deux propositions une étonnante contradiction?

Après une telle démonstration, je pourrais me dispenser de répondre au dernier argument de M. Troplong; mais un mot suffira. Il se fait un moyen de ce

que l'article 1404 répute acquets de communauté les immeubles que le mari achète dans l'intervalle de temps qui s'écoule depuis le contrat de mariage jusqu'à la célébration. Cette disposition n'est autre chose qu'une sage précaution prise contre la déloyauté d'un homme qui, possédant des capitaux devant tomber dans la communauté, les réaliserait pour en frustrer la femme qui consent à l'épouser. Qu'a donc de commun cette règle particulière au régime de la communauté, avec l'hypothèque de la femme? M. Troplong n'a pas même essayé de le faire voir. Il ne va pas jusqu'à en conclure que la communauté commence du jour du contrat. L'article 1401 qui ne l'a fait commencer que *du jour de la célébration*, s'y opposait.

Disons donc avec assurance qu'il y a eu vice de rédaction dans les articles 2194 et 2195, et que l'article 2135 est le seul à consulter pour le point de départ de l'hypothèque de la femme.

4. Ainsi, elle ne remonte qu'au jour du mariage, et seulement pour la dot et les conventions matrimoniales. Le mot de dot dans cette disposition de l'article 2135, comprend tous les biens et droits composant actuellement la fortune de la femme, quel que soit le régime sous lequel les époux consentent à vivre. Par les conventions matrimoniales on entend les avantages effectifs et les gains de survie qui lui sont assurés.

5. Pour les biens qu'elle recueille pendant le mariage, à titre de succession ou de donation, son hypothèque n'a effet que du jour où ils lui ont été dévolus.

6. **A** l'égard des dettes qu'elle a contractées avec son mari, l'indemnité qu'il lui doit, par suite du même principe, ne prend hypothèque que du jour où chacune d'elles a été contractée. Il en est de même relativement aux prix des aliénations de ses biens, soit qu'elle y ait concouru, soit que le mari les ait faites seul ; à moins que les époux ne soient sous le régime dotal. **V.** *infrà*, §. 3.

7. **De** ce principe MM. Grenier (1) et Troplong(2), concluent que si, par l'action rescisoire d'un partage ou d'une vente antérieurs au mariage, le mari obtenait pour sa femme un supplément de prix ; elle n'aurait hypothèque pour ce supplément que du jour où son action aurait été reconnue légitime. Mais **M.** Dalloz (3) fait très-judicieusement observer que le mari, en intentant cette action, n'a fait que mettre à profit un droit qu'il trouvait dans la dot de sa femme, le jour même où, en en prenant l'administration, il en est devenu responsable. Je crois, comme ce jurisconsulte, que l'émolument parvenu dans ce cas au mari, ne peut pas avoir d'autre rang d'hypothèque que celui de la dot dont il faisait partie; et que la même décision doit être prise à l'égard des remboursements de rentes, ainsi que du recouvrement des capitaux, apportés en mariage par la femme.

8. **Enfin,** tous les frais qu'elle se trouve obligée de

(1) T. 1, n° 231.
(2) N° 587.
(3) T. 9, p. 134, n° 8.

faire pour obtenir la séparation de biens ou celle de
corps, ainsi que pour la conservation de ses droits,
doivent être colloqués, savoir : ceux de séparation, à
la date de son mariage; et les autres, au même rang
que la créance qui en a été l'objet. La cour de Rouen
a cependant jugé, par arrêt du 17 mars 1817 (1),
« qu'il n'existe point en faveur de la femme, d'hypo-
» thèque légale pour les dépens de sa demande en sé-
» paration civile; » sans donner plus de développement à cette étrange proposition. Mais l'action en séparation de biens ou de corps n'a pas d'autre objet
que d'obtenir justice des infractions du mari aux conventions matrimoniales, et de lui faire restituer tout ce
qu'il doit à sa femme. Ces frais forment une créance
qui prend sa source dans le mariage même, dans les
promesses qui ont déterminé son consentement. Or, il
est de droit commun que les frais faits pour l'exécution, ou à cause de l'inexécution d'une obligation, sont
exigibles par les mêmes voies et avec les mêmes priviléges que l'obligation même. Ce point de droit n'a
pas seulement le suffrage de MM. Grenier (2), Dalloz (3) et Troplong (4); mais celui des cours de Riom
et de Douai, dans leurs arrêts des 4 mars 1832, et
1er avril 1826 (5).

9. Quelquefois la généralité de l'hypothèque de la

(1) S. 17. 2. 170.
(2) T. 1, n° 231.
(3) T. 6, n° 367.
(4) T. 2, p. 59.
(5) D. 27. 2. 42.

femme entrave son mari dans son administration, sans
qu'il en résulte aucun avantage pour elle ; et la prive
elle-même de sa part dans les bénéfices qu'il se procu-
rerait, s'il pouvait en disposer plus librement : les législateurs ont prévu ces inconvénients , et ont ouvert
aux époux plusieurs voies pour les éviter.

Si , au moment du mariage, ils sont majeurs , l'article 2140 les autorise à restreindre cette hypothèque
sur des immeubles désignés dans le contrat , et en valeur suffisante pour la garantie de tous les droits de la
femme. Dans ce cas, tous les autres immeubles restent
à la discrétion du mari.

Quoique l'article 2140 porte textuellement que cette
faculté est donnée aux parties majeures, ce qui la refuse aux parties mineures; la cour de Paris, par arrêt
du 10 août 1816, a cru devoir réformer un jugement
du tribunal de Reims , qui, se conformant à cette disposition , avait jugé illégale la restriction de l'hypothèque d'une femme mineure stipulée dans son contrat de mariage; et autorisé cette femme à prendre
inscription sur tous les biens de son mari pour les
100,000 francs qu'elle lui avait apportés en dot ; ainsi
que pour le fonds à faire pour la pension viagère de
2,000 francs à elle promise en cas de survie. La cause
était grave ; le désordre était dans la fortune du mari, au
point qu'après neuf ans de mariage, sa femme avait obtenu
la séparation de biens. Néanmoins la cour déclara valable la restriction stipulée. Son principal motif est fort
spécieux. Elle le puise dans l'article 1398, qui répute

le mineur habile à contracter mariage , également habile à consentir toutes les conventions dont ce contrat
est susceptible, quand il est assisté des personnes dont
le consentement est nécessaire pour la validité du mariage.

Cependant, le 22 avril 1818, la même question lui
ayant été soumise, elle prononça la nullité de la clause
restrictive de l'hypothèque. Il y a toujours quelque
gêne dans la justification d'une doctrine différente de
celle qu'on a précédemment professée; c'est ce qui explique l'insignifiance des motifs de ce second arrêt.
Heureusement le mari, blessé par la décision, se pourvut en cassation; et la cour n'ayant aucun précédent
à désavouer, en rejetant le pourvoi, fait, dans les motifs de son arrêt du 19 juillet 1820, la réfutation la
plus péremptoire de celui de la cour de Paris de 1816:
« Les articles 1309 et 1398 qui autorisent, en géné-
» ral, les mineurs à faire dans les contrats de mariage
» du consentement de leurs parents , toutes les con-
» ventions dont ces contrats sont susceptibles, ne s'ap-
» pliquent qu'aux conventions qui ne sont pas réglées
» spécialement par la loi..... lorsque des dispositions
» spéciales, tenant surtout à l'ordre public, sont con-
» sacrées par la la loi, ce sont ces dispositions qui
» doivent prévaloir sur les principes généraux uni-
» quement destinés à régler le sort des conventions
» ordinaires (1). »

10. Quand cette restriction de l'hypothèque de la

____

(1) Dalloz, Jurisprudence, t. 9, p. 437.

femme n'a pas été faite par le contrat de mariage, elle peut encore l'être pendant le mariage, dès l'instant où la femme a atteint sa majorité. Mais comme elle est sous l'influence de son mari, des précautions ont été prises, par l'article 2144, pour qu'il n'en abusât pas. Au consentement de sa femme, il doit joindre l'avis des quatre plus proches parents de cette dernière, assemblés en conseil de famille devant le juge de paix, indiquant les immeubles sur lesquels l'hypothèque de la femme sera assise à l'avenir. Cette opération exige beaucoup de soins et de discernement. On ne doit pas considérer seulement les valeurs dont le mari est déjà comptable ; mais celles qui, dans l'ordre naturel des successions, peuvent écheoir à sa femme.

C'est ensuite au tribunal, à qui cet avis avec tous les documents qui en justifient les bases sont présentés, et sur les conclusions du ministère public, à s'assurer, par tous les moyens que la prudence sait choisir, du libre consentement de la femme, puis de la suffisance des sûretés qui lui sont laissées ; les augmenter s'il le juge convenable ; rejeter même la demande, si la liberté du consentement de la femme lui laisse des doutes ; ou s'il juge que l'hypothèque générale n'a rien d'excessif. En un mot, au tribunal seul appartient la décision ; l'avis des parents, fût-il contraire au désir des époux, ne le lierait pas.

11. Par ces plus proches parents, il ne faut entendre que ceux domiciliés dans le cercle tracé par les articles 407 et 409 pour les conseils de famille; ainsi que l'a jugé

la cour de Grenoble, le 18 janvier 1833 (1). M. Troplong (2) pense qu'il faut s'en tenir au sens littéral , tout en reconnaissant qu'il peut en résulter des inconvénients. Mais ils peuvent aller jusqu'à rendre impossible l'exercice du droit dont la loi a voulu faire jouir les époux. Qu'un frère de la femme habite une de nos colonies lointaines; faudra-t-il attendre sa procuration ou son retour pendant un an ou plus, au risque d'apprendre ensuite qu'il n'existe plus? La loi , en disant qu'ils seront réunis en *assemblée de famille*, sans rien prescrire pour la forme , renvoie évidemment aux régles générales sur ces assemblées. Pourquoi, d'ailleurs, serait-on plus exigeant dans ce cas, pour un avis qui ne décide rien, que pour les conseils de famille qui , parfois , statuent définitivement sur des objets beaucoup plus graves?

12. A tout ce qu'ont dit les interprètes du code civil, que , si un mari veut affranchir une partie de ses biens de l'hypothèque de sa femme, c'est d'elle, avant tout, qu'il doit l'obtenir ; on peut opposer deux arrêts, des cours de Paris et de Nancy, des 16 juillet 1816 (3) et 26 août 1825 (4), qui , sur la demande d'un mari contre sa femme, sans avoir égard au refus de cette dernière, et lui appliquant l'article 2161, ont ordonné la réduction de son hypothèque.

L'application de cet article à la femme est , à mes

(1) D. 33. 2. 85.
(2) T. 2, nᵒ 644
(3) S. 14. 2. 233.
(4) S. 26. 2. 143.

yeux, une des plus graves erreurs qui soient échappées
aux cours dans l'interprétation du code civil. Aucun auteur n'avait pressenti cette question. MM. Tarrible (1)
et Grenier (2) qui ont prévu et combattu à l'avance les
doutes que le laconisme du code civil pouvait faire naître
sur ses dispositions à l'égard des priviléges et hypothèques, ne parlent du consentement de la femme à la
réduction de la sienne, que comme la condition sans
laquelle le mari ne peut pas avoir la pensée d'y parvenir.
M. Troplong (3), qui a écrit depuis ces arrêts, déclare
également indispensable le consentement de la femme;
et oppose, au système adopté par ces cours, des réflexions si justes, que, probablement, il aura l'avantage
d'empêcher cette jurisprudence de s'affermir.

Mais il fait une concession qui implique contradiction
avec sa doctrine et l'affaiblit. Il concède que : « l'article
» 2161 concerne l'hypothèque des femmes, comme
» toutes les autres hypothèques générales ; en ce sens
» qu'il donne au mari l'action en réduction. » Non, ni
l'hypothèque de la femme, ni celle du mineur, n'ont été
dans la pensée des législateurs, lors de la conception
de cet article : ils venaient de régler, dans les articles
2143 et 2144, tout ce qui peut être fait pour la réduction des hypothèques légales exemptes d'inscription ;
et n'ont eu en vue, dans l'article 2161, que celles qui
y sont assujetties. Cela est si vrai, que l'action est donnée
pour faire réduire non l'hypothèque, mais l'inscription ;

(1) Inscrip., p. 211.
(2) T. 1, p. 600.
(3) T. 2, p. 565.

et que l'action n'est ouverte que quand l'inscription a été prise. Dire ensuite, comme le fait M. Troplong, que cette action n'est admissible que quand le mari est muni du consentement de sa femme et de l'avis des parents ; c'est vouloir concilier ce qui est inconciliable. Quand il a le consentement de sa femme, pourquoi prendrait-il la voie contentieuse ? On n'a pas besoin d'une action en justice pour faire faire aux femmes leur volonté ; et l'action judiciaire ne s'entend que de la voie qui conduit à obtenir une chose due et refusée : *Actio... nihil est quam jus persequendi in judicio quod sibi debetur. Instit. lib. 4, tit. 6.* Aussi dans l'article 2144 ne s'agit-il pas d'une action : « pourra le » mari, du consentement de sa femme et après avoir » pris l'avis, etc., demander, etc. » C'est-à-dire que le mari seul, ou conjointement avec sa femme, se présentera au tribunal. Non, encore une fois, l'article 2161 n'a rien fait pour le mari, dont le droit se borne à ce que lui confère l'article 2144. Cet article, d'ailleurs, porte textuellement qu'il ne s'applique pas aux hypothèques conventionnelles ; et l'hypothèque de la femme n'est pas seulement légale, elle est aussi conventionnelle, puisqu'elle est l'effet du mariage.

13. Si, après la restriction de l'hypothèque de la femme, stipulée dans le contrat de mariage ou obtenue du tribunal, des évènements imprévus, comme le dépérissement des biens auxquels ce gage aurait été réduit, ou un accroissement inattendu dans sa fortune mobilière par une donation ou une succession éloignée, rendaient insuffisante la part à elle faite dans les im-

meubles de son mari; je crois, comme M. Grenier(1),
que la femme peut révoquer cette rectriction ; ou , au
moins, obtenir une addition à ceux qui lui ont été
réservés. Ce que porte, au sujet du dépérissement de
l'immeuble hypothéqué, l'article 2131, est très-certainement applicable à l'hypothèque légale.

Si son mari s'y prêtait , il suffirait de remplir les
mêmes formalités que pour la restriction faite depuis
le mariage. S'il s'y refusait, la femme serait bien fondée à en faire l'objet d'une action devant le tribunal;
et même à former l'action en séparation de biens, puisque ses droits seraient en péril.

14. On ne peut qu'applaudir aux mesures prises
par les auteurs du code civil , comme on vient de le
voir, pour que le consentement de la femme à la restriction de son hypothèque ne lui soit jamais préju-
diciable; mais cette sage prévoyance n'est que pour le
cas où son mari demande cette restriction pour lui
seul, afin de pouvoir disposer à son gré du surplus de
ses biens. Du moment où un tiers y est intéressé, le
consentement de la femme , quelles qu'en puissent être
les conséquences , est suffisant; en sorte que si, faible
d'intelligence ou de caractère, elle ne sait pas résister
aux obsessions d'un mari prodigue et impérieux , elle
peut être entraînée par lui, à moins qu'elle ne soit sous
le régime dotal, jusqu'à l'extrême indigence (2).

15. Cette effrayante vérité a inspiré des incertitudes

(1) T. 1, n° 268.
(2) V. ci-après, §. 3.

dans les premières années de la publication du code civil; mais bientôt elle a été universellement reconnue. Avant le code, elle était dans le Droit coutumier; et, loin de la modifier, l'article 217 pose en règle générale que la femme, avec l'autorisation de son mari, peut faire de ce qui lui appartient tout ce qu'il lui plaît.

La jurisprudence, partant de ce principe, lui a fait de son hypothèque une chose à laquelle elle peut renoncer au profit de tout autre que son mari ; et dont, avec lui, elle peut trafiquer, en la cédant tacitement ou expressément. Delà cette théorie abstraite de la subrogation, source de controverse entre les Juristes, et de dissidences entre les cours; surtout au sujet des créanciers se disputant les débris d'une fortune sur laquelle ils ont successivement acquis des droits.

16. D'abord, il suffit qu'elle contracte, avec son mari, une obligation, pour compromettre son hypothèque. Si son mari tombe en déconfiture, et que, dans l'ordre ouvert pour la distribution de ses biens, son créancier intervienne en sous-ordre, il prendra tout ou partie de la collocation de cette femme, jusqu'à concurrence de ce qu'elle lui devra.

17. Il y a ensuite subrogation tacite ; ou, ce qui est plus exact, cession de son rang d'hypothèque; quand elle s'oblige solidairement avec son mari, et que tous deux affectent hypothécairement des immeubles de ce dernier à la sûreté de leurs obligations. De sa cooperation avec son mari, dans une telle stipulation, il résulte évidemment qu'elle a entendu laisser payer ce créancier avant elle, et ne passer qu'après lui s'il n'ab-

sorbait pas tout le prix à distribuer. C'est le principal but de tout créancier qui veut l'obligation de la femme de son débiteur.

Cependant MM. Persil (1), Grenier (2) et Proud-hon (3) pensent que l'adhésion de la femme à l'obliga-tion de son mari ne la lie que personnellement, et ne contient pas la cession de sa créance contre son mari. Non, sans doute, elle ne cède pas ses droits; mais elle renonce nécessairement à les faire valoir sur ceux des immeubles de son mari, qu'avec lui elle donne pour gage au créancier. Si sa pensée est que son obligation personnelle ne lui portera aucun préjudice à l'égard de son hypothèque sur les immeubles que son mari offre au créancier pour sa sûreté; qu'elle le déclare; et que, si ce créancier y adhère, la réserve lui en soit faite dans l'acte: il n'y aura pas de difficultés. Mais si telle est sa pensée; si son intention est d'opposer ce système au créancier, dans le cas où il donnerait suite à son obligation personnelle, et qu'elle garde le silence, elle trompe le créancier; c'est une mauvaise action que la justice ne peut pas tolérer. L'opinion de ces juriscon-sultes n'en a pas moins été adoptée par un arrêt de la cour de Paris, du 11 janvier 1813.

Mais le sentiment contraire l'a été par la cour de Limoges, le 2 juin 1825; et sur le pourvoi, par la cour de cassation, le 17 avril 1827 (4). Un des motifs de

(1) Art. 2121, n° 20.
(2) T. 1, n° 254.
(3) T. 5, n° 2334.
(4) D. 27. 1. 201.

son arrêt est « que la subrogation à l'hypothèque de la
» femme qui *s'oblige solidairement* avec le mari, résulte
» de la nature de l'engagement solidaire contracté
» avec lui. » Tous ceux qui ont écrit depuis sur cette
matière, et notamment MM. Dalloz (1) et Troplong
(2), se sont attachés à cette décision, qui paraît avoir
fixé la jurisprudence.

18. M. Troplong voudrait qu'on jugeât autrement,
si le mari, s'étant obligé seul au paiement d'une somme
par un premier acte donnant hypothèque au créancier,
la femme s'obligeait, par un acte subséquent, au paiement de la même somme, sans rien promettre à l'é-
gard de l'hypothèque. Cette proposition est parfaitement juste; mais pourvu que dans ce second acte, il
ne soit pas fait la moindre mention du premier; cas
fort rare, si jamais il se réalise. Ne fût-il indiqué que
par sa date, la femme devrait être réputée en avoir
connu les dispositions, et ne contracter que pour assurer
l'exécution de l'obligation de son mari. Elle se trouverait conséquemment dans la même position que si elle
avait contracté avec lui.

19. Dans tous ces cas, la femme, fût-elle de bonne
foi, ne se doutant pas que ces obligations souscrites
par elle avec son mari, pussent nuire à son hypothèque; la décision n'en devrait pas moins être la même.
Dans l'interprétation des conventions, les juges ont
à rechercher non-seulement l'intention de celui qui
s'oblige, mais aussi celle qui a pu déterminer le créan-

(1) T. 9, p. 147.
(2) T. 2, p. 602.

cier au profit duquel l'obligation a été contractée. C'est
à ceux qui contractent à ne le faire qu'après s'être suffisamment instruits sur les conséquences auxquelles ils
s'exposent.

20. La cour de Lyon s'est fait une singulière illusion sur la conduite d'une femme dans des actes de
cette nature. De l'an III à l'an IV, Garel, son mari,
avait vendu, sans elle, plusieurs immeubles à Bonnassieux. En l'an VI et en l'an XII, il en vendit d'autres
aux sieurs Pouchon et Arquillière ; et sa femme, inter-
venant dans les contrats, y renonça à son hypothèque
sur les biens ainsi vendus. En 1803, Bonnassieux,
ayant revendu ceux par lui acquis de Garel à Momiterme, un ordre sur le prix fut ouvert, et la femme
Garel y réclama la collocation de ses créances contre
son mari. Pour Momiterme, on lui opposa la renonciation à son hypothèque dans les contrats de vente de
Pouchon et Arquillière, en en tirant la conséquence
qu'elle était censée y avoir renoncé également pour les
ventes antérieures, quoiqu'elle n'y eût pas paru. Tel est
l'argument qui, rejeté en première instance, réussit en
appel ; mais pour tomber devant la cour de cassation,
le 20 août 1816. Le motif de l'arrêt est « qu'il est re-
» connu au procès que la femme Garel n'a jamais re-
» noncé aux droits qu'elle avait sur les biens vendus à
» Bonnassieux, et sur le prix en provenant ; qu'en ju-
» geant le contraire d'après des considérations inad-
» missibles en droit, l'arrêt attaqué a violé les lois ci-
» dessus (articles 2114 et 2121). » (1).

(1) Dal. jurisp., t. 9, p. 249.

21. La renonciation d'une femme à son hypothèque est surtout manifeste, lorsque, conjointement avec son mari, elle vend un des immeubles de ce dernier, et que, sur la foi de sa promesse de garantie, l'acquéreur a payé au mari tout ou partie de son prix. Loin qu'elle puisse le troubler pour ses droits contre son mari, c'est lui qui prendra sa place dans l'ordre, s'il en est ouvert un par les autres créanciers. La cour suprême a cassé, le 14 janvier 1817, pour violation de l'article 1446, un arrêt de la cour d'Amiens qui avait décidé le contraire, le 8 août 1815 (1).

22. Cette conséquence des subrogations tacites ou expresses, consenties par la femme en faveur des créanciers de son mari, est tellement exacte, que si, après une première subrogation, elle en consentait une seconde au profit d'un autre créancier, sans le prévenir de la première, et que celui-ci ne prenant rang dans l'ordre qu'à la suite du premier, ne fût pas intégralement payé, elle serait tenue de le garantir de toute perte. Elle serait même exposée à la peine du stellionat, si le législateur, prévoyant que la condescendance d'une femme pour son mari peut l'entraîner jusques-là, ne l'en avait affranchie par l'article 2066. Il ne parle, à la vérité, que de la femme commune, mais celle soumise au régime dotal a droit à la même protection. Il n'y a pas seulement une analogie parfaite; sa position est encore plus favorable que celle de la première. Celle-ci a intérêt à s'associer aux obligations de son

____

(1) Dal. Jurisp, t. 9. p. 155.

mari, puisque, s'il réussit dans ses spéculations, elle
en partage les bénéfices ; tandis que l'autre ne le fait
que par le plus pur désintéressement.

23. Il est aussi un mode de subrogation tacite à
l'hypothèque de la femme ; c'est celui résultant d'une
condamnation judiciaire prononcée solidairement contre les deux époux. Cette subrogation a les mêmes
effets que toutes les autres. La femme ne peut plus
prendre rang dans un ordre, qu'après ce créancier.

24. Quand la femme a hypothéqué ou vendu, solidairement avec son mari, des immeubles affectés de
son hypothèque ; si antérieurement une inscription de
cette hypothèque avait été prise, soit par elle-même,
soit par une des personnes que l'article 2136 y autorise;
elle pourrait, avec l'autorisation de son mari, en consentir la radiation, en ce qui intéresse ceux qui, sur la
foi de son obligation personnelle, ont ainsi contracté
avec son mari. En cela, elle n'aggrave pas sa position;
elle ne fait qu'exécuter ses promesses. Ni l'avis des
quatre parents, ni l'autorisation du tribunal, exigés
par l'article 2144, ne sont nécessaires. Un conservateur des hypothèques, qui dans une circonstance de
cette nature, avait refusé de radier l'inscription, prétendant qu'on devait préalablement se conformer aux
exigences de cet article, trouva la cour de Poitiers
favorable à sa prétention; mais, par arrêt du 12 février 1811, la cour de cassation fit justice de cette
erreur (1).

(1) Dal. jurisp., t. 9, p. 443.

25. Comme on l'a vu (n° 2), cette hypothèque existe sans inscription. Mais il peut arriver un moment où, pour qu'elle ait son efficacité, cette formalité doit faire cesser le mystère et la mettre en évidence.

Le premier cas est celui où le mari, ayant vendu tout ou partie de ses immeubles, l'acquéreur ne remplit pas les formalités du purgement, et qu'il est de l'intérêt de la femme de l'y contraindre ; ou à faire le délaissement des immeubles par lui acquis, pour être vendus en justice, conformément aux articles 2166 et suivants : ce qu'elle ne peut faire qu'après avoir pris inscription.

26. Elle est dans la même obligation, lorsque l'acquéreur, pour jouir avec sécurité de ce qui lui a été vendu, et l'affranchir de toutes hypothèques, remplit envers elle les formalités que lui prescrit l'article 2194. Elle perdrait tous ses droits sur les objets vendus, si dans le cours des deux mois qui suivent celui de l'exposition de l'acte d'aliénation dans l'auditoire du tribunal, son hypothèque n'était point inscrite par les soins d'un de ceux qui, comme je viens de le dire, y sont autorisés. De ce nombre est la femme elle-même qui, dans cette circonstance, n'a besoin ni de l'autorisation de son mari, ni de celle de la Justice.

27. Il est encore d'un grand intérêt pour elle que cette inscription soit prise lorsqu'un créancier de son mari poursuit la vente judiciaire des biens de ce dernier saisis par lui ; et qu'elle le soit avant l'adjudication définitive, comme on le verra bientôt.

28. L'inscription prise aussi tardivement par la

femme n'oblige ni l'acquéreur volontaire, ni le créancier saisissant à lui rien notifier. Ils ne sont pas non plus tenus d'observer à son égard aucuns délais. Il est vrai que la cour de Caen a décidé par plusieurs arrêts que l'acquéreur volontaire devait lui faire la même notification qu'aux créanciers inscrits, et lui laisser, comme à eux, le délai de 40 jours pour surenchérir si elle le juge à propos. Mais cette cour est la seule qui ait ainsi ajouté aux obligations imposées à l'acquéreur par l'article 2194. Addition évidemment superflue, puisque cet acquéreur a fait afficher son contrat dans la salle d'audience du tribunal, et a notifié l'acte de dépôt, tant à cette femme qu'à son mari et au procureur du roi. Déjà M. Troplong a si lumineusement démontré l'inexcusable arbitraire de ce système, que je ne crois pas qu'il se reproduise.

29. Si la femme veut surenchérir, c'est dans les deux mois de l'exposition du contrat qu'elle doit le faire. Elle en a incontestablement le droit, ainsi que le reconnaissent tous les commentateurs, et que l'a jugé la cour de Grenoble, le 27 décembre 1821 (1).

Par l'article 2194, en effet, les législateurs ont manifestement entendu, en provoquant l'inscription des créances de cette femme, y attacher la faculté fort importante de la surenchère qu'ils venaient de conférer par l'article 2185, *à tout créancier dont le titre est inscrit.* Les autres créanciers, d'ailleurs, ne peuvent que gagner, ainsi que son mari, leur débiteur, à sa surenchère.

30. N'ayant à attendre aucune signification, ni du

(1) S. 22. 2. 364.

créancier saisissant, ni de l'acquéreur, c'est à elle, si elle croit de son intérêt de prendre part à l'instance sur la saisie immobilière, d'y intervenir. Mais cette intervention et la production de ses titres sont indispensables dans l'instance d'ordre, à laquelle le poursuivant n'est tenu d'appeler que les créanciers portés sur l'état que lui a délivré le conservateur après la transcription du contrat.

31. Si, par le résultat de l'ordre, sa créance est primée en totalité ou en partie par d'autres créanciers, son inscription sera rayée dans la même proportion (article 2195). Mais cette radiation n'a d'effet que relativement aux immeubles dont le prix est distribué. L'inscription n'en conserve pas moins toute sa vertu sur les autres immeubles de son mari.

Je ne puis pas m'expliquer ce que dit à ce sujet M. Troplong (1), que cette inscription n'est que spéciale, et ne protège l'hypothèque de la femme que pour l'immeuble soumis au purgement. Il tire cet argument du discours de M. Bigot. J'ai lu et relu ce discours, et n'y ait rien aperçu qui soit dans ce sens. Si l'inscription est libellée comme elle doit l'être, elle est générale et affecte tous les biens du mari situés dans l'arrondissement où elle a été prise, et dont l'aliénation ou la saisie serait transcrite dans les dix années de sa date.

32. Lorsqu'au contraire, la femme prend, dans l'ordre, un rang utile pour tout ou partie de ses droits,

____

(1) T. 4, p. 325

comment doit-elle les établir? Si elle a été séparée de biens, la liquidation qui en a été la suite, et a réglé ses créances fixes et éventuelles, fait la loi aux créanciers; à moins qu'ils ne prouvent que la fraude y a exercé sa funeste influence.

S'il n'y a pas de liquidation, les créanciers ont le droit d'examiner les titres sur lesquels la femme fonde ses réclamations, et d'en discuter la forme et les conséquences. Alors peut s'élever la question si souvent agitée, avant, comme depuis le code civil, sur les quittances de dot et autres actes privés, n'ayant conséquemment pas de date certaine. L'ordonnance de 1629 et la déclaration de 1696, dans des vues plus fiscales que d'intérêt public, voulaient que les quittances de dot ne pussent être opposées aux créanciers du mari, qu'autant qu'elles seraient authentiques; mais il est certain aussi que le parlement de Paris s'est refusé à l'enregistrement de ces actes du pouvoir royal; et que, si quelques parlements s'y conformaient, le plus grand nombre n'y avait aucun égard. A plus forte raison, ne devaient-ils être d'aucun poids sur la nouvelle législation, qui n'en a renouvelé les dispositions que pour la femme du commerçant (1). Aussi la cour de cassation a-t-elle, le 1ᵉʳ février 1816 et le 16 juillet 1817, rejeté le pourvoi contre deux arrêts des cours de Caen et de Rouen; en donnant pour motif dans l'une et l'autre instance, qu'il n'avait été articulé aucun fait de fraude, aucun indice de dol. MM. Merlin, Grenier, Troplong et Dalloz ont rendu à cette doctrine un hom-

(1) V. *infrà*, nᵒ 54.

mage unanime ; le dernier indique même plusieurs
arrêts de la même cour et de plusieurs cours royales.
conformes aux premiers ; et n'en signale pas un seul
en sens contraire : ce qu'il ne manque jamais de faire
quand il en connaît ; et par ce soin, rend son recueil très-
précieux (1).

33. L'impuissance dans laquelle est, presque toujours, la femme de prendre soin de ses intérêts , peut
même, suivant les circonstances, déterminer les tribunaux à admettre la preuve testimoniale des reprises
dont elle n'aurait pas pu se procurer la preuve écrite.
Je partage sans réserve, à cet égard, l'opinion de
MM. Grenier et Troplong. Elle est, en effet, dans la
position exceptionnelle, prévue par l'article 1348.

34. Lorsque la quotité de la collocation est réglée,
le tribunal doit prendre des mesures pour en assurer
le paiement à la femme au moment où, recouvrant son
indépendance, elle pourra en disposer. Le texte de
l'article 2195 (3ᵉ alinéa) , semble vouloir que les fonds
restent jusqu'à ce moment dans les mains de l'acquéreur, puisqu'il lui prescrit de ne faire aucun paiement
au préjudice de l'inscription ; et M. Tarrible l'avait
interprété dans la rigueur du texte, qui souvent nuirait
à la vente d'un bien hypothéqué à une femme, en ren-
voyant la libération de l'acquéreur à une époque indéfinie. Mais un arrêt de la cour de cassation, du 4 juillet
1821, lui a donné un sens beaucoup plus large, en dé-
cidant « qu'il appartient aux tribunaux de conserver à

(1) Jurisp., t. 9, p. 727 et 728.

» la femme les fonds de la collocation, soit en autori-
• sant l'acquéreur à les retenir dans ses mains, soit en
» ordonnant un autre emploi qui mette en sûreté la
» créance de cette femme » (1). Cet arrêt a fixé la
jurisprudence, et est devenu le régulateur de tous les
ordres dans lesquels est colloquée utilement une femme
sous puissance du mari, particulièrement pour ses
gains de survie.

35. Tels sont les effets de l'hypothèque légale de
la femme quand elle est inscrite en temps utile ; mais
si elle ne l'a pas été, la déchéance qui en résulte est-
elle tellement absolue, que les créanciers inscrits puissent en profiter, lors même qu'avant la clôture de l'ordre elle interviendrait, réclamant son droit sur le
prix?

Quelqu'intérêt que, dans cette conjoncture, sa position m'inspire, la voyant victime d'une omission qui
ne peut avoir qu'une cause déplorable, il ne m'est pas
possible de résister à l'évidence. Admettre sa créance à
l'ordre sans inscription, ou avec une inscription prise
hors des délais, ce serait porter la faveur de l'hypothèque légale au-delà des bornes posées par les auteurs
du code civil. Peut-être l'eussent-ils portée jusques-là,
si cette généreuse idée s'était présentée à leur esprit ;
mais ce qui est certain, c'est qu'elle est réprouvée implicitement par l'ensemble du système hypothécaire,
et très-explicitement par plusieurs de ses dispositions.

Elle a néanmoins de nombreux partisans dans les

(1) Dal. jurisp., t. 9, p. 141.

cours royales et parmi les jurisconsultes. M. Grenier,
après avoir été un des premiers à professer cette doctrine, l'a formellement abjurée (1). Des cours, en assez
grand nombre, en ont fait autant. Quant à celle de
cassation, elle n'a pas varié. Cinq fois la question lui
a été soumise ; et toujours elle l'a résolue en déclarant
la femme déchue de tout droit au prix ; par quatre
arrêts de rejet et un de cassation (2).

Le dernier de ces arrêts, du 26 juillet 1831, n'a pas
empêché trois cours, celles de Paris, Nîmes et Riom,
de persister dans leur jurisprudence. Enfin, M. Troplong, résumant avec son habileté connue, tout ce qui
a été dit en faveur de la femme, par MM. Persil et
Delvincourt, ainsi que dans les arrêts des cours, et y
ajoutant d'ingénieuses réflexions qui lui sont propres ,
a attaqué le système de la cour de cassation, persuadé,
dit-il, qu'il n'est pas destiné à prévaloir.

Consultant moins mes forces que ma conviction,
j'oserai examiner cette réfutation très-étendue , mais
qui, consciencieusement analysée, se réduit aux propositions suivantes :

I. *La procédure, objet du chapitre du code civil
sur le purgement des priviléges et hypothèques, quand
il n'existe pas d'inscription sur les biens des maris et
des tuteurs, est dans l'intérêt exclusif du tiers-détenteur.*

C'est confondre le but avec les moyens indiqués

(1) T. 2, p. 427.
(2) Dal. 25, 1, 367 ; 27, 1, 233 : 1, 331 ; 30, 1, 7 ; 31, 1, 251.

pour l'atteindre. Le but est dans l'intérêt du tiers-détenteur, puisqu'il veut affranchir l'immeuble qu'il possède. Mais les moyens qui lui sont indiqués, les conditions que lui imposent les articles subséquents du même chapitre, sont directement dans l'intérêt des femmes et des mineurs ; et tout aussi disertement dans celui des créanciers. Car, s'il n'y a pas d'inscription pour les femmes et les mineurs, la seule ressource que laisse à ceux-ci l'article 2195, est le recours contre les maris et les tuteurs : d'où la fatale conséquence que le prix de l'acquéreur appartiendra tout entier aux créanciers inscrits.

II. *Si l'hypothèque ne se montre pas, l'immeuble en sera purgé; mais le droit de la femme et du mineur, en disparaissant de dessus l'immeuble, est, de plein droit, converti en action sur le prix.*

Soit ; mais quel est le caractère de cette action? Elle n'est certainement plus hypothécaire. L'hypothèque légale, comme toutes les autres, est *éteinte* par l'accomplissement des formalités prescrites pour purger les biens acquis (article 2180). Elle n'est donc plus que mobilière, et n'a pas d'autre vertu que d'agir sur le prix ; mais après l'acquittement de toutes les créances qui ont conservé leur mérite hypothécaire : si cet acquittement opéré laisse aux créanciers mobiliers quelques fractions du prix.

III. *L'opposition, sous l'édit de 1771, était un acte d'exécution sur le prix ; tandis que l'inscription n'est qu'un acte conservatoire.*

N'eût-elle que ce caractère, il serait bien suffisant. Mais elle est aussi un acte d'exécution sur le prix. Sans elle, on ne peut ni agir en délaissement (article 2166); ni enchérir sur le prix de l'aliénation (article 2185); ni ouvrir l'ordre, ni y prendre rang (article 2134). Elle est plus qu'un acte d'exécution, elle en est le principe. A l'égard des tiers-détenteurs, c'est d'elle que l'hypothèque légale reçoit la vie active; sans l'inscription elle n'est qu'un germe qui ne peut pas éclore.

IV. *L'opposition pouvait être faite par un créancier chirographaire; l'inscription ne peut être prise que par un créancier hypothécaire.*

L'édit, en effet (article 19), compliquait la distribution immobilière et la contribution mobilière dans une même procédure; et le code civil les a séparées : mais les droits des créanciers n'en conservent pas moins leur extrême différence. Qu'en conclure pour la question? Rien absolument. Qu'un ordre soit ouvert, cela n'empêche pas les créanciers chirographaires, s'ils ont l'espoir qu'après le paiement des hypothécaires, il restera une notable partie du prix, de former des saisies-arrêts entre les mains de l'acquéreur et de les faire déclarer valables.

Après la clôture de l'ordre, les deniers qu'il n'aura pas absorbés seront distribués entre tous les créanciers saisissants; en suivant, d'abord, l'ordre de dates de ceux qui ont obtenu des jugements valant transport; puis, si après ceux ci, il reste encore des fonds, les

attribuant aux autres créanciers n'ayant qu'une saisie-
arrêt sans jugement, au marc le franc de leurs créances. En sorte qu'en définitive, le résultat de ces deux
procédures serait absolument le même que celui de
l'ordre unique qui avait lieu sous l'édit. Il peut arriver, en effet, qu'un créancier chirographaire soit utilement colloqué ; tandis qu'un créancier hypothécaire ,
non inscrit, ni saisissant , ou ayant saisi trop tard , ne
le serait pas ; fût-ce une femme mariée ou un mineur.

*V. L'inscription n'assure la préférence qu'entre les
créanciers hypothécaires; l'opposition déterminait une
préférence entre les créanciers chirographaires. Ce
système d'opposition sur le prix, de préférence du
saisissant sur le non-saisissant, n'a plus lieu dans notre législation.*

Sans doute, l'inscription n'assure la préférence
qu'entre les créanciers hypothécaires; mais il n'en résulte pas que le système d'opposition sur le prix et
celui de préférence du saisissant sur le non saisissant
soient bannis de notre législation. Ils sont aujourd'hui
ce qu'ils étaient du temps de l'édit ; ils sont mis en
action d'une manière différente, comme je l'ai dit sur
la proposition précédente : c'est la seule différence à
remarquer. A la vérité, deux arrêts de la cour de Paris
ont jugé que la préférence d'un créancier saisissant sur
le non-saisissant n'était plus admissible, même quand
le saisissant avait obtenu un jugement qui déclarait sa
saisie valable et ordonnait à son profit la main-vidée
du tiers-saisi. Mais un autre arrêt de la même cour,
six de celles de Lyon, Nancy, Angers, Rennes, Mont-

pellier, et deux de celle de cassation, ont maintenu, à cet égard, l'ancien Droit; doctrine uniformément enseignée par MM. Carré, Thomine, Rauter et Bioche (1).

VI. *L'édit de* 1771 (*article* 17) *prononçait la déchéance des créanciers non-opposants ; le code civil ne prononce pas cette déchéance.*

Sans se servir de cette expression, le code civil la prononce aussi positivement dans l'article 2195; puisqu'il affranchit l'immeuble de *tous droits* et de la femme et du mineur, et ne leur réserve, comme l'édit, que leur recours contre le mari et le tuteur. Sa disposition, d'ailleurs, se coordonne parfaitement avec celles de trois autres articles qui la précèdent.

L'article 2114 définit l'hypothèque: droit réel sur les immeubles affectés à l'*acquittement d'une obligation.* Elle est donc un droit réel, non sur la propriété du sol, mais sur son prix, et uniquement sur le prix. M. Troplong le reconnaît ailleurs (2); et pour qu'on n'en doute pas, il s'appuie sur Pothier, qui a dit: « l'hypothèque est le droit qu'a un créancier dans la » chose d'autrui, de la faire vendre en justice pour » *sur le prix* être payé de ce qui lui est dû »

Pour suivre ce droit au prix, il faut que cette hypothèque soit inscrite. L'article 2166 n'admet à y prendre part que les créanciers ayant privilége ou hypothèque *inscrite.*

(1) **V.** le traité de ce dernier, v° Saisie, arrêt.
(2) T. 2, n° 386.

Comment, enfin, se refuser à cette vérité, quand plus loin on lit dans l'article 2180, qu'une des causes d'extinction des priviléges et hypothèques, est l'accomplissement des formalités prescrites aux tiers-détenteurs, pour purger les biens par eux acquis.

A l'ensemble que forment ces quatre articles, et qui, suivant moi, écrase le système contraire, qu'oppose l'auteur pour le sauver? Ces articles, dit-il, n'anéantissent que l'hypothèque et le droit de suite; il reste un *droit de préférence qui peut survivre au droit de suite, et s'exercer à d'autres conditions.* Mais où l'auteur a-t-il trouvé ce droit, si vivace qu'il survit à une hypothèque éteinte et à un droit de suite perdu par négligence? Son immense érudition ne lui a pas fourni un seul texte de loi au soutien de son assertion. Or, en Droit positif, *la loi, rien que la loi;* voilà le mur d'airain que les plus heureuses conceptions ne peuvent pas ébranler.

VII. *Si le code civil ne dit pas que le défaut d'inscription fera perdre le droit de préférence,* COMME L'ÉDIT DE 1771 LE DISAIT; *ce n'est pas oubli, mais par suite d'une* VOLONTÉ BIEN RÉFLÉCHIE.

Comme, avec une imagination féconde, on peut se faire illusion! Dans cette courte phrase je trouve deux méprises énormes!

La première, en ce que l'auteur y suppose que l'article 17 de l'édit de 1771 faisait perdre le *droit de préférence,* quand il n'en dit pas un mot; et ne prononce contre les créanciers non-opposants que la dé-

chéance de leurs hypothèques. En sorte qu'on aurait pu, sur son texte, concevoir le système de M. Troplong. La France avait alors de profonds jurisconsultes, dont elle s'honore encore aujourd'hui ; mais il n'en est pas un qui en ait eu la pensée ; tant il était manifeste pour eux que la déchéance de l'hypothèque emporte celle du droit au prix! Il était réservé à notre temps d'imaginer cette abstraction qui, d'une seule chose, en fait deux.

La seconde méprise est sur la *volonté bien réfléchie* que M. Troplong prête aux auteurs du code civil, de ne pas faire perdre, par le défaut d'inscription, le droit de préférence. Il trouve ses preuves dans ce qu'ont dit M. Bigot au Conseil d'État, et M. Grenier au Tribunat, sur l'édit de 1771; et j'y trouve une certitude qui, seule, suffirait pour blesser mortellement son système. Il croit que M. Bigot, en faisant observer au Conseil que « la » forme de déchéance, établie par cet édit, était su- » jette à des inconvénients ; et que les rédacteurs du » projet de code civil étaient les premiers à désirer » que de meilleurs moyens leur fussent substitués ; » il croit, dis-je, que M. Bigot entendait laisser aux lé- gislateurs *à venir* le soin d'imaginer ces *meilleurs moyens.* Mais là est sa méprise ; M. Bigot ne parlait que du *projet de code civil,* ainsi que du vœu de ses auteurs pour qu'on trouvât une meilleure forme de déchéance ; et c'est au Conseil assemblé qu'il deman- dait cette amélioration dans le projet. Ce qui est cer- tain, c'est que de suite le Conseil a répondu à ses désirs. La seule formalité exigée dans le projet, comme par l'édit, était l'exposition pendant deux mois du contrat d'aliénation, sur un tableau placé dans l'auditoire du tribunal. Il y fut d'abord ajouté que la femme, le mineur et l'interdit pourraient eux-mêmes, nonobstant leur incapacité, faire inscrire leur hypothèque.

Sur la proposition de M. Treilhard, on ajouta encore que le contrat serait signifié à la femme ou au subrogé-tuteur; sur celle de M. Tronchet, que ce contrat serait également signifié au commissaire du gouvernement près du tribunal.

A l'appui de ces amendements, M. Malleville disait : « il faut, en un mot, prendre toutes les précautions » possibles, pour ne pas *enlever* à la femme et aux mi- » neurs *par l'article en discussion*, l'hypothèque de » droit et sans inscription, que l'article 44 (du projet) » leur attribue. »

» Il est donc certain, dit M. Troplong, que le code » civil n'a pas voulu entrer dans un système de ri- » gueur aussi étendu que l'édit de 1771. » Et moi, je dis, avec bien plus de raison, il est donc certain que les auteurs de ce code ont voulu, entrant dans le système de rigueur de l'édit, que la déchéance de l'hypothèque, à défaut d'inscription, emportât celle du droit au prix; et que c'est dans leur désir que, s'il était possible, les tribunaux n'eussent jamais à la prononcer, qu'ils ont ainsi multiplié les formalités.

N'est-il pas évident encore que c'est dans le même sens, et pour expliquer au Tribunat la nécessité et le mérite de ces nombreuses formalités, que M. Grenier lui disait que l'édit de 1771 prononçait *trop légère-ment* la déchéance de l'hypothèque.

Ainsi, ces deux citations de M. Troplong, au lieu de lui venir en aide, repoussent invinciblement le système qu'il a voulu protéger.

VIII. *Le droit de préférence, loin de périr avec le droit de suite sur l'immeuble, est, au contraire, destiné à lui survivre. Il suffit qu'en se portant sur le prix, il soit investi de toutes les conditions nécessaires pour réaliser ses effets.*

L'auteur en cite trois exemples. 1° Celui du trésor, qui, pour le recouvrement des frais de justice criminelle, doit faire inscrire son privilége sur les immeubles, dans les deux mois du jugement; 2° celui du copartageant, qui, pour sa soulte, est astreint à prendre inscription dans 60 jours à partir du partage; 3° celui des créanciers du défunt, qui, voulant demander la séparation du patrimoine, ont six mois, du jour de l'ouverture de la succession, pour conserver leur privilége sur les immeubles du défunt.

Dans ces trois cas, à entendre M. Troplong, si l'immeuble grevé d'un de ces priviléges est vendu et le contrat transcrit, avant l'inscription du privilége; *l'immeuble sera purgé*, l'hypothèque n'existera plus sur la chose; et, néanmoins, le créancier conservera son droit de préférence sur le prix, en l'inscrivant dans le délai qui lui est donné.

Encore un argument qui péche par sa base. En

thèse générale, la transcription ne purge pas l'immeuble. L'article 2182 porte, au contraire, « la simple
» transcription.... ne purge pas les priviléges et hypo-
» thèques. » Si ce texte ne suffisait pas pour convaincre, j'y ajouterais celui de M. Troplong, qui l'oublie à la page 312 (t. 4.), et s'en rappelait très-bien à la page 111 du même volume : « la transcription ne
» purge pas les immeubles des hypothèques et privi-
» léges qui y sont établis; elle n'est qu'une mesure
» préliminaire pour parvenir au purgement. » Il est donc vrai que, dans les cas qu'il cite, l'immeuble sur lequel reposent leurs priviléges n'en est purgé que par leur collocation dans l'ordre, s'ils ont été inscrits dans le délai spécial accordé à chacun d'eux.

IX. *L'article 2198 décide que le créancier omis dans le certificat du conservateur perd bien son droit de suite à l'égard de l'acquéreur, mais conserve cependant le droit de se faire colloquer à l'ordre à son rang, pourvu que le paiement du prix n'ait pas été consommé..... Or, il y a parité complète entre ce créancier omis et la femme ou le mineur.*

1° Loin que la parité soit complète, j'y vois une différence très-essentielle. Dans l'hypothèse sur laquelle nous raisonnons, l'hypothèque ne s'est jamais fait connaître. Dans celle de l'article 2198, elle a été inscrite. En l'admettant à l'ordre, elle ne nuit pas aux créanciers qui la priment; quant aux autres, si avant de contracter avec le débiteur, ils ont consulté les registres du conservateur, ils l'ont connue; s'ils ne s'en sont pas occupés, ils ne peuvent s'en prendre qu'à leur témérité.

2° Plus M. Troplong a pris soin de relever tous les cas exceptionnels dans lesquels les auteurs du code civil ont fait fléchir les règles générales, plus il a travaillé contre son système. Ainsi les législateurs ont été jusqu'à prévoir la faute involontaire du conservateur, cas infiniment rare ; et ils y ont pourvu conditionnellement. En ont-ils fait autant pour l'hypothèque légale qu'ils ont aussi prévue, en en provoquant la mise au jour par tous les moyens que leur perspicacité leur a fait apercevoir ? Ils pouvaient, comme pour la faute du conservateur, ouvrir également une voie de réparation des fautes du ministère public et des autres individus invités, par l'article 2194, à faire inscrire cette hypothèque, et autoriser la femme et le mineur à entrer dans cette voie ; ils ne l'ont pas fait, donc ils ne l'ont pas voulu. Ils se sont bornés à réserver à ces derniers leur recours contre le mari et le tuteur ; donc il y aurait arbitraire à faire davantage pour eux. Peut-être hésiterait-on, si ces dispositions exceptionnelles n'existaient pas ; mais elles achèvent la conviction.

36. Les jurisconsultes et les cours sont également divisés sur une question non moins grave, au sujet de ce droit de suite des immeubles qu'affecte l'hypothèque légale de la femme, dans quelques mains qu'ils passent. S'étend-il jusqu'à l'adjudicataire sur saisie immobilière ? En d'autres termes, les solennités de cette saisie et de l'adjudication qui en est le terme, purgent-elles cette hypothèque non inscrite, sans que l'adjudicataire soit obligé de remplir les formalités de l'article 2194 ?

Jusqu'en 1833, le plus grand nombre des auteurs
et des cours royales trouvaient dans cette vente judiciaire, le purgement irrévocable de toute hypothèque
non inscrite, sans en excepter ni celle de la femme, ni
celle du mineur. Mise à la place de la vente sur saisie-
réelle, elle devait en produire tous les effets. La cour
de cassation avait invariablement donné à cette pensée
la sanction de son autorité, par trois arrêts des 21 novembre 1821 (1), 11 août 1829 (2) et 26 juillet 1831,
sur les conclusions conformes de trois avocats généraux, MM. Cahier, Joubert et Laplagne-Barris. Cette
jurisprudence imposait d'autant plus aux Magistrats
le devoir de s'y conformer, que, par le second de ces
trois arrêts, elle avait cassé un arrêt de la cour de
Lyon, pour avoir adopté le sentiment contraire.

Mais sur le renvoi de l'affaire à la cour de Grenoble, sa décision fut la même que celle de la cour de
Lyon. Delà nouveau pourvoi; et le 22 juin 1833, les
chambres réunies, un nouvel organe du ministère public émet une opinion opposée à celle des avocats généraux entendus lors des premiers arrêts; M. le pro-
cureur-général Dupin conclut au rejet; se fondant
principalement sur ce que les dispositions du code civil et de celui de procédure, invoquées pour et contre
les deux systèmes, laissaient des doutes; que dans cet
état on prononce pour l'incapable contre le capable; et
que le doute, qui ne suffit pas pour casser, suffit pour
maintenir un arrêt.

(1) Dal, t, 9, p, 390,
(2) Dal, per, 29, 1, 331,

La cour, dans son arrêt, ne suppose même pas de doutes. En quelques lignes elle réfute ses trois arrêts précédents. Elle motive le rejet qu'elle prononce, sur ce que le code civil, après avoir dispensé l'hypothèque légale de l'inscription, par l'article 2135, ne met d'autres bornes à cette dispense que celles qui se trouvent dans les articles 2193 et 2194, et ne fait aucune distinction entre les ventes volontaires et celles sur l'expropriation forcée (1).

Je me bornerai à une seule réflexion sur ce motif. Il y a dans le code civil, à ce sujet, plus qu'une distinction entre les mutations d'immeubles faites volontairement et celles forcées, il y a séparation absolue.

Tout ce qui concerne les premières, fait le sujet du titre 18; et c'est dans ce titre que le *décret volontaire*, précédemment en usage pour ces ventes, est remplacé par le chapitre 8 pour les personnes capables, et par le suivant pour la femme et les mineurs. L'expropriation forcée substituée au *décret forcé* fait seule le sujet du titre 19. Elle y a ses règles particulières, indépendantes de celles du titre 18. Transporter une des règles du premier dans le second, sans que les législateurs y aient autorisé ni explicitement, ni implicitement; c'est ajouter à la loi, et non l'interpréter.

Encore, s'il y avait analogie entre les deux hypothèses! mais dans l'une la mesure était indispensable; dans l'autre sa superfluité va jusqu'au ridicule. Lors

______

(1) Dal. jurisp. t. 9, p. 779.

des mutations volontaires, les créanciers inscrits sont
les seuls qui en soient informés quand le nouveau propriétaire veut purger son titre. Tout pourrait se consommer entre eux, sans que la femme, ni ses parents,
ni ses amis, ni le ministère public, en fussent prévenus.
Il était donc nécessaire qu'une procédure spéciale lui
apprît, ainsi qu'à tous ceux qui lui portent intérêt ou
la protègent, que le moment était venu de faire connaître ses droits, à peine de les perdre. Delà, les articles cités.

Mais pour les expropriations forcées, tous les
moyens possibles de publicité sont si abondamment
employés, depuis les solennités de la saisie jusqu'à
celles de l'adjudication, qu'il est difficile de croire que
jamais un mari soit ·exproprié sans que ni sa femme,
ni la famille de celle-ci, le sachent. M. Dupin fait
observer que l'expropriation peut se faire au loin.
Mais, dans tous les tribunaux français, il y a un officier du ministère public à qui les articles 2136 et 2194
font un devoir de s'informer si le saisi est célibataire
ou marié ; et dans ce dernier cas, d'en prévenir, sinon
la femme, au moins le Procureur du roi de l'arrondissement qu'elle habite. Il n'y a donc aucune analogie
entre les deux cas que la cour a soumis au même principe.

Nous avons d'ailleurs, sur cet arrêt, une dissertation de M. Troplong, si riche de raison et de saine logique (1), qu'il y aurait, de ma part, de l'indiscrétion

____
(1) T. 4. p. 333.

à vouloir y rien ajouter. Je me permettrai seulement quelques observations sur les doutes de M. Dupin et les conséquences qu'il en a tirées.

L'article 750 du code de procédure qui autorise tout créancier inscrit à ouvrir l'ordre dès le lendemain du mois qui suit l'adjudication, est si incompatible avec l'application des articles 2193 et 2194, qu'il me semble qu'il y a du scepticisme à hésiter sur la question. Cependant, comme je ne suis pas éloigné de croire qu'elle n'a été prévue ni par les auteurs du code civil, ni par ceux du code de procédure; ni, ce qui est bien plus étonnant, par ceux de la loi du 2 juin 1841, témoins de la perplexité des tribunaux à ce sujet; qu'en un mot, aucuns d'eux n'ont porté la prévoyance jusque-là; les doutes d'un magistrat aussi savant et consciencieux que M. Dupin ne m'étonnent pas.

Mais ces doutes suffisaient-ils pour que la cour suprême abrogeât sa jurisprudence de douze années, et maintînt un arrêt qui n'était que la reproduction fidèle de celui dans lequel elle avait trouvé une fausse application des articles cités : tandis qu'en y persistant, la loi du 30 juillet 1828 allait recevoir son application, et la législature aurait levé toutes les incertitudes?

Dans le doute, dit M. Dupin, on prononce pour l'incapable contre le capable. Oui, quand l'intérêt public ne réclame pas la préférence ; et il la réclamait hautement. A quelle monstruosité de procédure cette jurisprudence ne va-t-elle pas donner lieu, si elle prévaut? Dans l'espèce jugée, elle n'était pas à craindre ; l'or-

dre n'était pas ouvert , et la femme ne demandait qu'à
y avoir son rang. Mais s'il est admis en principe que
la saisie immobilière ne purge pas l'hypothèque légale ; demain un autre femme trouvant l'ordre clos,
les créanciers payés , leurs inscriptions radiées, for-
mera, contre l'adjudicataire , une demande en délaissement, ou, au moins, en nouvel ordre! Alors qui , de
l'adjudicataire ou des créanciers, devra représenter le
prix? Qui paiera les frais du premier ordre et des instances auxquelles il a pu donner lieu? Et combien
d'ordres ainsi terminés sur la foi de la première jurisprudence, ne vont-ils pas être exposés à être annulés
par cette révolution dans l'ordre judiciaire!

Pour l'avenir, tout adjudicataire informé que le
saisi est marié, ou veuf ; ou qu'il exerce une tutelle ; ou
même qu'il en a exercé une depuis moins de trente
ans ; ne manquera pas de se conformer aux articles 2193
et 2194, et de retarder l'ordre jusqu'à l'accomplissement de ces longues formalités. Si, dans les deux mois
de l'exposition de l'adjudication , la femme ou le mineur fait une enchère, il y aura une nouvelle adjudication ; et l'on verra, pour la première fois en France,
un décret forcé, purgé par un décret volontaire.

Je crois que, quand les funestes effets de ce changement de jurisprudence se seront fait sentir, les cours,
et celle de cassation elle-même s'empresseront de re-
tourner à la précédente, dont la sagesse sera mieux
appréciée.

37. J'ai dit, n° 25, que la femme, pour la conserva-

tion de son hypothèque sur les immeubles de son mari, a le droit d'agir en délaissement contre les tiers-détenteurs. Mais l'exercice de cette action qui, de tout son poids, doit retomber sur son mari, est presque toujours inconciliable avec l'intimité désirable entre époux. Les législateurs l'ont sagement prévu. L'article 2256 l'autorise à garder le silence sur les dissipations de son mari, pendant tout le cours de leur union; à moins que les détenteurs eux-mêmes ne l'obligent à le rompre par les procédures qui ont fait le sujet des articles précédents. Si, de part et d'autre, il n'en a été fait aucune; dans quelques mains que se trouvent, lors de la dissolution du mariage, les biens soumis à l'hypothèque de la femme, et pendant quelque temps qu'ils y soient restés, son droit de suite sur ces immeubles aura toute son efficacité.

38. La durée de cette suspension est exprimée si positivement par ces mots, *pendant le mariage*, de l'article 2256, que ce n'est pas sans surprise qu'on lit dans un arrêt de la cour de Bordeaux, du 20 novembre 1833 (1), que la séparation de biens prononcée entre les époux lève la suspension, et rend à la prescription ses effets. Admettre cette exception, ce serait non-seulement violer la lettre de l'article, mais en méconnaître la moralité. De ce qu'une femme, cédant à la nécessité d'une position intolérable, aura demandé et obtenu sa séparation même de corps ; ce n'est pas une raison pour la contraindre ou à perdre une partie

____

(1) Dal. 38. 2. 203.

de ses droits, ou à ajouter aux motifs d'irritation de son mari contre elle, par des poursuites qui réfléchiraient sur lui.

Cette proposition dans l'arrêt étonne d'autant plus, qu'elle y est gratuitement ; que la question qu'elle soulève n'était pas dans le procès ; puisqu'il ne s'était écoulé que trois ans depuis la séparation , et que la prescription est rejetée. Cette circonstance me persuade qu'il n'y a qu'une erreur de rédaction ; et que le rédacteur a voulu dire que, lors même qu'en droit, la séparation de biens pourrait faire cesser la suspension, le moyen de prescription n'en serait pas moins inadmissible en fait. Quoiqu'il en soit, j'ai cru devoir relever cette erreur dans un arrêt que M. Dalloz a inséré, sans aucune observation , dans son recueil périodique où souvent il en présente de très-judicieuses ; et qu'il a été également mis au rang des règles de jurisprudence, dans le supplément du dictionnaire de M. Armand Dalloz , son frère.

39. J'arrive à l'examen d'une question qui , depuis dix ans, a été le sujet de plusieurs arrêts, et sur laquelle, je crois, aucun jurisconsulte ne s'est encore expliqué. Quel est le sort de l'hypothèque légale de la femme, quand son mari lui succède en qualité de donataire ou de légataire à titre universel, en usufruit, avec dispense de donner caution? Cette hypothèque est-elle éteinte, ou conserve-t-elle son effet jusqu'au jour où , l'usufruit cessant, les héritiers du mari auront à rendre à ceux de la femme, et sa dot et toutes ses autres créances ?

Ce point de jurisprudence mérite d'autant plus d'être sérieusement étudié, que ce cas est très-commun. Quand deux époux sans enfants ont passé d'heureux jours dans l'intimité conjugale, leur désir mutuel est de garantir le survivant de toute recherche importune.

La première idée qui se présente sur cette question, est que la dette du mari est éteinte et remplacée par celle de l'usufruitier; que, conséquemment, tous les immeubles du mari affectés à sa dette, sont affranchis de l'hypothèque qui en assurait le paiement : qu'en un mot, il y a compensation et novation, conformément aux articles 1621 et 1629 du code civil.

L'application de ce principe a néanmoins éprouvé de vives difficultés. La première fois qu'il en a été fait mention dans les recueils, est au sujet d'un arrêt de la cour de Grenoble du 28 décembre 1833 (1). A la mort de la dame Beroard, son mari se trouva, en exécution de son contrat de mariage, donataire en usufruit de la moitié de ses biens, et dispensé de donner caution. Elle venait de perdre ses père et mère, et trois successions étaient à partager avec la dame Decoin sa sœur. Dans le partage, le sieur Béroard fit le rapport fictif de 21,000 fr., montant de la dot de sa femme; et il lui fut délivré en définitive des valeurs pour 27,600 francs, faisant moitié des droits attribués à la succession de sa femme, pour en jouir jusqu'à son décès.

La dame Decoin n'en crut pas moins pouvoir con-

____

(1) Dal 34. 2. 71

server l'hypothèque de sa sœur pour la représentation de sa dot lors de l'extinction de l'usufruit, et prit une inscription sur le sieur Beroard.

Celui-ci en demanda la radiation, en opposant à la dame Decoin que, depuis le partage fait avec elle, il ne tenait plus ce qui lui avait été délivré comme mari, mais comme donataire, dispensé de caution ; et que la donation avait éteint sa première dette. Ce système fut accueilli par le tribunal de première instance. Sur l'appel de la dame Decoin, devant la cour de Grenoble, elle produisit une consultation imprimée, *fort remarquable,* dit l'arrêtiste, qui cependant n'empêcha pas la cour de confirmer le jugement.

Il y eut pourvoi en cassation, fondé sur ce que, dans l'hypothèse du procès, le titre de donataire vient se joindre à celui du mari, mais ne saurait le détruire ; que la constitution de dot et celle d'usufruit sont dans le même acte, relativement aux mêmes objets ; que la première donne la jouissance jusqu'à la dissolution du mariage ; que la seconde la prolonge jusqu'au décès, et que celle-ci n'est que le complément de la première.

Probablement la cour ne vit, dans ces arguments, que d'ingénieuses subtilités qui, pour être exprimées en style métaphysique, n'en étaient pas plus justes ; et, par son arrêt du 3 décembre 1834, elle rejeta le pourvoi. Son principal motif est « qu'en tirant des clauses » du partage la conséquence qu'il y avait eu novation, » et que la ferme, formant originairement la dot, n'a- » vait plus été laissée à Beroard qu'en vertu de la

» donation..... l'arrêt attaqué n'a violé aucune loi. » (1).

La cour de Paris a eu deux fois à juger cette question ; mais ses deux arrêts sont en sens contraire. L'un, de la troisième chambre, du 15 janvier 1836, en réformant un jugement du tribunal de la Seine, décide qu'un acte de liquidation des droits du mari et de ceux des héritiers de la femme dans la succession de cette dernière avait suffi pour opérer, par la novation, l'extinction de l'hypothèque de la femme. L'autre, du 27 décembre suivant (1re chambre), en confirmant un jugement du tribunal de Coulommiers, juge que 24 ans de possession comme usufruitier de la part du mari, depuis le décès de la femme jusqu'au sien, n'avaient pas pu faire cesser la première cause de sa possession, ainsi que l'hypothèque légale qui en était la conséquence.

Enfin la cour de cassation a eu l'occasion de se prononcer une seconde fois sur ce sujet ; et plus positivement que par le rejet d'un pourvoi, comme en 1834. C'est la cour de Rouen qui la lui a fournie. Quelques détails des faits sont essentiels à connaître pour l'éclaircissement du point de Droit, comme on va le voir.

Les sieur et dame Amaury étaient sous le régime dotal ; et la dame Amaury, par leur contrat de mariage, après s'être constitué en dot un mobilier évalué 10,000 francs, ainsi qu'un capital de 13,000 francs, avait fait donation à son mari, en cas de survie, de la propriété du mobilier, et de l'usufruit, non-seulement du capital de 13,000 francs,

____
(1) Dal. 35. 1. 58.

mais de tous ses immeubles ; avec dispense de donner caution. Deux ans avant sa mort, qui eut lieu en 1832, elle avait pris inscription sur les biens de son mari. Aussitôt après cet évènement, le sieur Amaury, en formant demande en délivrance de sa donation, conclut aussi à la radiation de l'inscription ; attendu qu'elle n'avait plus de cause, les 13,000 francs de la dot lui restant comme usufruitier dispensé de caution.

Cette vérité fut reconnue par le tribunal du Hâvre, qui fit droit à sa demande. Mais la cour de Rouen, sur l'appel, j'ose le dire, s'égara dans une abstraction à peine intelligible. Le jugement fut réformé et l'inscription maintenue : « attendu, porte l'arrêt, que » si Amaury voulait se libérer des 13,000 francs, il » renonçait à son legs ; et que deux actions ne pou- » vaient concourir ; l'une, de la part des héritiers, » pour réclamer les 13,000 francs ; et l'autre, de la » part d'Amaury, pour se faire restituer cette somme » en vertu du legs à lui fait. »

Sur le pourvoi d'Amaury, la cour, par son arrêt du 15 novembre 1837, tira de ce concours des deux actions la conséquence diamétralement contraire, et motiva la cassation de l'arrêt attaqué sur ce « que, » de ce concours, il résultait que le sieur Amaury se » trouvait dans la même position que si, après avoir » restitué les biens composant la dot de sa femme, il » eût reçu de ses héritiers l'usufruit de ces mêmes » biens ; que, d'ailleurs, par la nature de l'action » qu'il exerçait, il offrait la restitution de la dot, en » même temps qu'il demandait la délivrance de la do-

» nation ; qu'il résulte du procès-verbal du juge de
» paix , que cette délivrance a été consentie ; et que ,
» dès-lors, c'est à titre d'usufruitier que le mari a dé-
» sormais possédé, etc. » (1).

40. Dans trois des quatre instances sur lesquelles
sont intervenus les arrêts dont je viens de rendre
compte, il y avait, de la part des héritiers de la femme,
des actes d'exécution qu'on leur opposait comme ayant
opéré la novation ; et je le reconnais, c'est dans ce
même sens que les décisons favorables ont été rendues.
Mais je ne crois pas me faire illusion en soutenant quel,
quand les héritiers de la femme se seraient refusés à
ces actes, la novation n'en aurait pas moins dû être
reconnue. Les cours se sont bornées à juger la question telle qu'elle était posée pour le mari , et elle ne l'a
jamais été comme elle aurait dû l'être. On cherchait la
novation où elle n'était pas, et on ne l'apercevait pas
où elle était.

En thèse générale , la novation ne peut naître que
d'une volonté libre et formellement exprimée ; elle ne
peut donc pas résulter d'un simple acte d'exécution
consenti par l'héritier de la femme , si elle n'était pas
déjà dans l'acte qu'il exécute. Si cet acte est valable
dans sa substance comme dans sa forme, il est obligé
de se soumettre à la loi qui lui est faite. En s'y soumettant, il n'ajoute rien au droit du mari, il y adhère tel
qu'il est, et n'entend rien faire de plus. C'est
donc dans le titre même de l'usufruitier qu'il faut

(1) Journ. du pal. t. 109, p. 293.

trouver la volonté formelle de faire la novation qu'il réclame; et, si elle y est, il ne dépend certainement pas de l'héritier de l'empêcher en se refusant à la reconnaître.

41. Or, n'est-elle pas virtuellement exprimée dans le testament d'une femme qui, prévoyant le moment où sa famille pourra exiger de son mari la remise de sa dot, veut qu'il la conserve, à titre d'usufruit, jusqu'au dernier moment de sa vie; et pour le prémunir contre les exigences de ses héritiers, le dispense de donner caution! N'est-il pas évident pour qui ne cherche que le vrai, qu'elle a entendu le libérer et de l'obligation de rendre sa dot à son décès, et des sûretés hypothécaires qu'elle avait pour cette créance?

Dira-t-on que, pour faire une novation, il faut le concours de la volonté du créancier et de celle du débiteur? On aura raison; ce concours est nécessaire, mais non pas dans le même acte. Ainsi celle dont il s'agit est subordonnée à l'acceptation du légataire, qui rarement s'y refuse; c'est la novation prévue par la loi 8 *ff. de novat.*, dont bientôt je rapporterai les expressions. (V. n° 44.)

42. Cette libéralité faite par la femme à son mari, en suivant les formes de la donation autorisée par l'article 1094 du code civil, aurait le même caractère, et devrait produire les mêmes effets.

43. La donation par contrat de mariage, les produit plus complètement encore; car elle fait partie des conventions matrimoniales, auxquelles il n'est pas per-

mis aux époux de faire le moindre changement. Lors donc qu'il est convenu que, si le mari survit à la femme, la dot lui restera en usufruit sans donner caution ; la novation est dans l'essence même de cette clause. N'y trouve-t-on pas, comme dans la novation testamentaire, tout ce que veut la loi : *Novatio est prioris debiti in aliam obligationem vel civilem, vel naturalem, transfusio, atque translatio. Hoc est cùm ex precedenti causâ ità nova constituatur, ut prior perimatur? L. 1, ff. de noval.;* texte que les auteurs du code civil ont traduit par la locution plus concise de l'article 1271 : « *nouvelle dette substituée à l'an-* » *cienne, laquelle est éteinte.* »

Des mots *ex precedenti causâ* de la loi romaine, nos anciens auteurs tiraient une règle qu'ils regardaient comme infaillible, pour discerner dans la substitution d'une dette à une autre, s'il y a ou non novation. Il faut, disent-ils, s'attacher à la cause de ces deux dettes : si elle est la même dans les deux dettes, il n'y a pas novation, *cùm eadem causa debendi remanet.* Mais si la cause de la nouvelle est différente, il y a novation (1). Qu'il y ait changement de cause dans le cas qui nous occupe, ce point n'est pas contestable.

44. Cette espèce de novation, n'est, il est vrai, que conditionnelle. Mais il est de principe que la novation peut se faire pour avoir son effet sur le champ, ou après l'accomplissement d'une condition : *Legata vel*

____

(1) V. Lacombe, v° Novation, n° 1, 2e alinéa.

fidei commissa...... Si purè quidem , vel in diem , fue-
rint relicta, statim ; si verò sub conditione, non sta-
tim novatio est, sed ubi conditio exstiterit. L. 8 ff. de
novat. C'est précisément ce qui a lieu dans les testaments et les donations qui laissent au mari l'usufruit
de la dot, sous la condition de survie : *non statim*
novatio est, sed ubi conditio exstiterit.

45. Je n'ai raisonné jusqu'à présent que sur l'hypothèse dans laquelle diverses circonstances concourent
à rendre la novation si manifeste, que le doute n'est pas
possible. Mais on a dû remarquer qu'il n'y en a qu'une
vraiment caractéristique : la cause de la nouvelle dette,
si différente de l'ancienne !

Ainsi, lors même que la femme aurait pour héritiers
ses enfants ; que sa libéralité en usufruit serait réduite
à moitié, et qu'elle n'aurait pas dispensé son mari de
donner caution, ou que l'insertion de cette dispense
serait annulée comme excédant les bornes de la dispo-
nibilité ; il n'en serait pas moins vrai que la dette
comme *mari*, remplacée par celle comme *usufruitier*,
serait éteinte, ainsi que l'hypothèque légale qui y était
attachée ; et conséquemment que, si ses enfants la faisaient inscrire, leur inscription serait sans cause et devrait être radiée. Ils seraient même sans intérêt à vouloir la conserver. N'ont-ils pas toutes les sûretés qui
garantissent la nue-propriété des choses livrées à l'usu-
sufruitier ? Si les enfants exigent une caution de leur
père, et qu'il ne la donne pas, ils useront des droits
écrits pour eux dans les articles 602 et suivants du code
civil. Les capitaux seraient placés, les immeubles mis

en ferme. En un mot, il faudrait, de part et d'autre, se conformer aux règles tracées pour la nouvelle dette, mais sans complication avec celle de l'ancienne, qui ne peut pas co-exister avec elle, leurs causes étant essentiellement différentes.

45 *bis.* La femme française qui épouse un étranger, suit sa condition et devient étrangère, article 19 du code civil ; comme l'étrangère mariée à un Français devient Française, article 12. Mais il n'en faut pas conclure que celle qui, Française, s'unit à un Français, perde sa qualité et les droits civils qui y sont attachés, s'il plait à son mari d'encourir la privation des siens, en passant, avec elle, à l'étranger, et s'y procurant un état par un des moyens prévus dans les articles 19 et 21. C'est sciemment, et de leur plein gré, que les deux premières femmes ont abdiqué leur patrie ; celle-ci, en suivant son mari, ne fait que se soumettre, et peut-être en gémissant, à l'obligation que lui impose l'article 214. (V. Chap. 1ᵉʳ, nº 5.) En la lui imposant, les législateurs n'ont, certes, pas entendu l'exposer à être punie de son obéissance et d'une faute qui ne serait pas la sienne. Peut-être lui donnera-t-on, dans le pays adopté par son mari, la même qualité que celle dont il a été investi ; mais elle n'en restera pas moins Française, avec toutes ses prérogatives ; conséquemment avec l'hypothèque légale sur les immeubles qu'il a pu laisser en France, et ceux qui lui sont échus pendant son absence. Sur ce point de Droit public, les jurisconsultes sont unanimes (1).

(1) V. MM. Delvincourt, p. 138, note 5 ; Duranton, t. 1ᵉʳ, nº 186 ; Malleville, sur l'article 12 ; et Locré, t. 1ᵉʳ, p. 358.

§. 2.

RÈGLES PARTICULIÈRES AU RÉGIME DE LA COMMUNAUTÉ.

SOMMAIRE.

46. *La femme a hypothèque sur les conquêts de la communauté, mais seulement pour le cas où elle renonce à cette communauté.*
47. *L'inscription prise pour elle durant le mariage, serait radiée, à moins que demandant, en même temps, la séparation de biens, cette séparation ne pût pas lui être refusée.*

---

46. **A** la mise en activité du code civil, le droit hypothécaire de la femme sur les immeubles acquis par son mari depuis leur union, a été, pour la jurisprudence, un sujet d'étude et de contradiction. D'une part, l'article 1421 donne au mari pleine licence de *vendre, aliéner et hypothéquer* les immeubles de la communauté *sans le concours de la femme;* de l'autre, les articles 1495, 2122 et 2135 donnent à celle-ci hypothèque sur tous les immeubles dont son mari devient propriétaire pendant le mariage. **A** n'écouter que la lettre de ces dispositions, elles paraissent contradictoires. Si la femme pouvait exercer son action hypothécaire contre l'acquéreur, le lendemain de la revente d'un conquêt que lui aurait faite son mari, celui-ci au-

rait été induit en erreur par l'article 1421, qui le dis-pensait de l'assentiment de sa femme. Il a donc fallu chercher un sens qui expliquât comment chacune de ces dispositions peut être exécutée sans nuire aux autres.

Deux sentiments très - opposés ont été conçus. MM. Grenier (1) et Toullier (2) ont pensé que, le droit de la femme dans la communauté étant subordonné à la bonne ou mauvaise gestion de son mari, pour en partager les bénéfices, si, à la dissolution, elle était en prospérité, ou y renoncer dans le cas contraire ; elle ne pouvait pas, avant d'avoir pris ce dernier parti, rien faire qui pût troubler son mari dans son administra-tion ; que si, lors de cette dissolution, elle trouve la communauté avantageuse et la partage , elle ratifie toutes les ventes de conquets qu'il a faites ; que si elle la trouve en perte et y renonce, elle exerce son action sur ces conquets comme sur les propres de son mari.

MM. Persil (3) et Delvincourt (4), ne tenant aucun compte des articles 1395, 2122 et 2135 , ont soutenu que, dans aucun temps, la femme ne pouvait être ad-mise à troubler ceux à qui son mari a vendu des con-quets ; qu'en cela elle porterait atteinte au droit de ce dernier de disposer en maître de tout ce qui dépend d'une communauté dont il est le chef souverain.

(1) T. 1, n° 248.
(2) T. 12, n° 305.
(3) Quest. t. 1 , p. 235.
(4) T. 3, note 6, de la p. 163.

Les cours se sont également divisées sur cette question. Celles d'Angers, de Paris et d'Orléans, par leurs arrêts des 26 août 1812 (1), 12 décembre 1816 (2) et 14 novembre 1817 (3), ont adhéré sans réserve à l'opinion de MM. Grenier et Toullier. Celles de Colmar et de Metz ont cédé aux réflexions des deux autres jurisconsultes sur la souveraineté du chef de la communauté. Mais leurs arrêts, des 14 décembre 1811 et 9 mai 1817, soumis à la censure de la cour suprême, ont été cassés ; le premier, le 8 novembre 1813 (4); le second, le 9 novembre 1819 ; et, sur la question, la jurisprudence a enfin cessé d'être incertaine. Le dernier de ces arrêts surtout est fondé sur des motifs si solides, si lumineux, que tous ceux qui ont écrit depuis sur cette matière n'en ont parlé que pour lui rendre hommage (5); si ce n'est cependant M. Dalloz (6) qui, tout en reconnaissant que la jurisprudence est tellement unanime, qu'il y aurait témérité à lutter encore, regrette qu'il en soit ainsi, et appuye ses regrets sur des arguments aussi nombreux que si la lutte pouvait recommencer.

47. Voyons donc quels sont les effets de cette jurisprudence ; et par là nous pourrons juger si ces regrets

(1) Journ. du pal. 13, 806.
(2) S. 17. 2. 228.
(3) S. 19. 2. 216.
(4) S. 14. 1. 1. et 20. 1. 120.
(5) Dal. jurisp., t. 9, p. 142.
(6) MM. Rolland de Villargues, répert. v° hyp. p. 165 ; et Troplong, t. 2, n° 463 *ter*.

sont ou non fondés. Pour que la femme exerce son action hypothécaire sur les conquets, il faut qu'elle renonce à la communauté; et pour qu'elle puisse faire cette renonciation pendant le mariage, il faut que la séparation de biens ait été par elle demandée et obtenue. Voilà les principes que cette jurisprudence a consacrés. Il en résulte que fût-elle mise en demeure, ainsi que ses parents et ses amis, par l'acquéreur d'un conquêt, de faire inscrire son hypothèque, il y aurait une extrême imprudence à elle ou à sa famille de répondre à cet appel par une inscription; à moins qu'elle ne fût en mesure de demander de suite sa séparation et d'en établir la nécessité. Autrement le mari en obtiendrait sévère justice, et l'inscription serait infailliblement radiée.

De tout cela on concluera, sans doute, avec moi, que cette jurisprudence ne peut pas donner la plus légère inquiétude aux maris qui administrent sagement leur communauté; qu'à l'égard des autres, elle n'est pas plus contraire à la souveraineté du mari, que la demande en séparation; et que, si elle les retient davantage dans leurs désordres, elle est salutaire. Quant aux acquéreurs des conquets, elle doit leur être fort indifférente, puisqu'avant de payer le prix de leurs acquisitions, ils peuvent les purger.

§. 3.

RÉGIME DOTAL.

SOMMAIRE.

48. *L'hypothèque de la femme garantit ses droits extradotaux, comme sa dot.*

49. *Elle a, contre les acquéreurs de ses immeubles, l'action révocatoire.*

50. *Peut-elle, en outre, et sans être séparée de biens, agir hypothécairement pour le prix de ces aliénations, sur celui des biens de son mari?*

51. *Ancien Droit sur cette question.*

52. *Notion historique sur l'article 2135 du code civil.*

48. L'article 2121, qui institue l'hypothèque légale de la femme, la lui concède pour *ses droits et créances ;* ce qui ne laisse en dehors aucune des réclamations légitimes qu'elle peut avoir à exercer. Mais l'article 2135, qui fixe le rang que doit prendre cette hypothèque, et la dispense d'inscription, ne parle que de *la dot et des conventions matrimoniales.* Cette différence dans les deux textes a suggéré à **M.** Planel, auteur d'une dissertation publiée dans le recueil de **M.** Sirey (1), l'idée que, pour les paraphernaux, comme pour tout ce qui est extradotal, et dont souvent le mari

(1) 19. 2. 89.

s'empare , sa femme ne peut pas se prévaloir de son hypothèque.

M. Grenier (1) s'est justement élevé contre cette nouvelle doctrine; en faisant remarquer que , si l'article 2135 peut supporter une équivoque, elle disparaît à la lecture de l'article 2121. Mais il est tombé lui-même dans une autre erreur; non pas quant aux capitaux des créances paraphernales, qu'il reconnaît être assurés par l'hypothèque légale , mais à l'égard des intérêts de ces capitaux, ainsi que des fruits des paraphernaux; prétendant qu'aux termes de l'article 1577, il n'est tenu d'en compter à sa femme que comme mandataire ; et que celle-ci n'a hypothèque , dans ce cas, que du jour de l'inscription qu'elle est tenue de prendre. Singulière aberration, dont les meilleurs esprits ne sont pas exempts ! Ce très-estimable jurisconsulte aperçoit et fait toucher au doigt l'erreur de M. Planel, beaucoup plus spécieuse que la sienne ; car celui-ci joue fort habilement sur une équivoque; mais la sienne n'a pas même ce mérite. L'article 1577 veut que le mari qui, en vertu d'une procuration de sa femme , a touché ses revenus, lui en compte, *comme tout mandataire* , sans en dire davantage. Qu'en résulte-t-il ? Que ce mandataire est débiteur et sa femme créancière d'autant. Or, cette créancière a, pour *toutes ses créances*, contre lui, une hypothèque dispensée d'inscription, et n'en a pas d'autre ; donc elle n'est pas tenue de la faire inscrire. Il suffit, d'ailleurs, de lire l'ar-

(1) T. 1, n° 232.

ticle 1578, pour saisir le véritable sens de celui qui le précède. Par le second article, le mari est dispensé de rendre compte à sa femme des revenus qu'il a touchés sans mandat, mais sans opposition de la part de celle-ci. Les mots *comme tout mandataire* ne sont donc dans le premier, que par opposition avec ceux du second, et pour expliquer pourquoi le mari est comptable quand il a un mandat, et cesse de l'être quand il n'en a pas.

Cette opinion de M. Grenier a cependant eu accès auprès de quelques cours ; mais elle a été réprouvée par un plus grand nombre ; et deux fois par celle de cassation. Le dernier de ces arrêts, du 6 juin 1826 (1), est surtout remarquable en ce qu'il casse un arrêt de la cour de Riom, du 6 mars 1832, rendu sous la présidence de M. Grenier, et très-probablement rédigé par lui. Il y a plus; la cour de Toulouse, qui, le 4 juin 1816, avait jugé dans son sens, l'a abandonné, pour se conformer à celui de la cour de cassation, le 14 février 1829 (2).

49. Sous le régime de la communauté, la fortune de la femme est mise à la discrétion des deux époux. Ils peuvent, à leur gré, descendre jusqu'à la plus profonde misère, sans que les législateurs aient rien fait pour les en empêcher. Il n'en est pas ainsi sous le régime dotal; la loi protége la femme contre ses propres passions. L'article 1554 du code civil déclare les biens dotaux inaliénables, si ce n'est dans certains cas, très-

(1) Dal. 26. 1. 294.
(2) 29. 2. 150.

disertement désignés dans les articles suivants. Hors ces cas exceptionnels, l'aliénation qui en serait faite par le mari seul, et même par les deux époux conjointement, serait radicalement nulle à l'égard de la femme, qui pourrait la faire révoquer après la dissolution du mariage, ou plus tôt si elle obtenait la séparation de biens; article 1560. Cette action est également admise lors même que le contrat de mariage a autorisé les époux à aliéner les biens dotaux; s'il leur a imposé la condition du remploi, et que l'aliénation ait été faite sans remplir la condition.

50. Cette faveur ne lui est pas contestée; mais, dans une controverse que quatorze arrêts en sens contraire n'ont pas pu terminer, on s'efforce d'en diminuer infiniment le mérite. On s'en prévaut contre elle; et, sous prétexte qu'elle peut reprendre ses biens en nature, on lui conteste le droit qu'ont toutes les autres femmes, d'en revendiquer le prix sur celui des biens de son mari. En sorte que l'action révocatoire qui, dans la loi, n'est que facultative, deviendrait pour la femme une nécessité, à peine de rester sans moyens d'existence.

Les plus zélés partisans de ce système ne peuvent cependant pas se dissimuler l'intérêt bien légitime que, suivant les circonstances, elle peut avoir, de préférer à cette action le prix de ses biens. Ne peut-il pas arriver que, dans les mains de tiers-détenteurs sans ressources, ils soient dégradés, les bois coupés, les vignes arrachées, les bâtiments en ruine? Et d'ailleurs, fussent-ils dans le meilleur état, combien ne doit-il pas en coûter à une femme honnête, de revenir contre son propre fait, de renier ses promesses, d'arracher ses biens des mains de ceux à qui elle les a volontairement livrés elle-même, et qui en ont payé la valeur? Certes, il en est plus d'une que nos subtilités de Droit, nos capitulations de conscience, ne sauraient rassurer. Par la voie hypothécaire, elle recouvrera sa perte; aux dépens, il est vrai, des tiers détenteurs, s'ils ont payé leur prix avant de purger leurs acquisitions; ou des autres créanciers du mari, si ce prix encore dû est distribué. Mais, envers ceux-ci, elle n'a pris aucun engagement, elle n'a ni à se faire, ni à recevoir aucun reproche. Les acquéreurs, au contraire, ont à s'en prendre à leur négligence, de n'avoir pas rempli les formalités de l'article 2194.

Voyons donc si, dans l'état actuel de cette controverse, on peut craindre que ce funeste système ne finisse par prévaloir? je ne peux pas le croire.

La première tentative dont nos recueils fassent mention, a eu lieu devant le tribunal de Péronne, en 1819. La dame de Croï-Chanel, qui avait, avec son mari, vendu de ses biens dotaux pour 78,009 francs, se présenta pour réclamer cette somme, dans un ordre ouvert sur le prix d'un domaine de son mari, vendu par lui. Tous les créanciers qu'elle primait par son hypothèque, la soutinrent non-recevable, par le motif qu'elle pouvait revendiquer ses biens. Cette défense obtint l'assentiment du tribunal, qui, voyant dans l'action révocatoire donnée à la femme dépouillée de ses biens, l'exclusion de toute autre action, admit la fin de non-recevoir.

Sur l'appel de la dame de Croï, la cour d'Amiens, sans s'expliquer très-positivement sur la question principale, si légèrement tranchée par les premiers juges, mais s'arrêtant à la circonstance qu'il n'existait entre les époux de Croï, ni séparation contractuelle, ni séparation judiciaire, confirma le jugement par arrêt du 12 juin 1819.

La cour de cassation, saisie du pourvoi de la dame de Croï, eut à résoudre les deux questions successivement agitées en première instance et en appel :

1° L'aliénation des biens dotaux donne-t-elle à la femme, indépendamment de l'action révocatoire, le droit d'exercer son hypothèque légale sur les biens de son mari?

2° Si tel est son droit, peut-elle en user, sans être séparée de biens?

Arrêt du 24 juillet 1821, qui prononce l'affirmative sur l'une et l'autre question. Les motifs sont en substance, sur la première, que la loi romaine donne à la femme, à raison de ses biens dotaux aliénés, et l'action révocatoire de ces biens, et celle hypothécaire sur les immeubles de son mari; afin qu'elle ait, à ce sujet, toutes les garanties possibles, *ut ei plenissime consulatur;* que le code civil lui a conservé cette action, de la manière la plus claire, par les articles 2121, 2135, 2194 et 2195.

Sur la seconde question, qu'aux termes de ces deux derniers articles, aucun paiement ne peut être fait aux créanciers qui, n'ayant pas d'hypothèque antérieure à celle de la femme, ne peuvent être colloqués utilement avant elle ; que, si les circonstances sont telles que la femme ne puisse être actuellement autorisée à recevoir, ce n'est point une raison pour ne pas la colloquer à son rang ; que c'est aux tribunaux, après l'avoir colloquée à son rang, à pourvoir à ce que les fonds lui soient conservés jusqu'à l'instant où elle pourra les recevoir, et en donner quittance valable; soit en les laissant à l'acquéreur, soit en ordonnant tout autre emploi, qui mette en sûreté la créance de la femme (1).

Cet arrêt a eu d'abord toute l'influence qu'il devait avoir. La cour de Rouen, à laquelle le procès fut renvoyé, s'y conforma ponctuellement par arrêt du 28 mars 1823 (2). Celles de Nîmes, le..... 1824 (3); de Grenoble, le 30 juin 1825 (4); d'Aix, le 1er février 1826 (5); et de Pau, le 31 décembre 1834 (6); statuèrent sur la question absolument dans le même sens.

Mais, en 1834, M. Grenier publia une seconde édition de son *Traité des Hypothèques*, dans laquelle il fait une critique fort étendue de cette décision de la cour de cassation, et y relève une erreur dans l'appli-

(1) Dalloz, hyp., p. 142.
(2) *Ibid.*
(3) Troplong, t. 2, p. 507.
(4) D. 25. 2. 181.
(5) D. 27 2. 472.
(6) D. 36. 2. 83.

cation de la loi romaine qui y est invoquée. Il est moins heureux dans son argumentation contre l'application des articles 2121 et 2135. Sa seule objection est qu'il est *évident* que ces deux articles n'ont pour objet que la dot mobilière. Evident! mais le premier comprend les *droits et créances* de la femme sans aucune exception! et le second, le remploi de ses propres aliénés! Il n'y a d'évident dans cette discussion que l'oubli de l'auteur de sa règle familière : *ubi lex non distinguit,* etc. Néanmoins, il y a tout lieu de penser que c'est sa dissertation qui a déterminé la résistance de plusieurs cours à l'interprétation de la cour de cassation; et particulièrement la défection de celles qui l'avaient adoptée avant cette critique. En effet, on retrouve tout son système dans un arrêt de la cour de Nîmes, du 29 août 1826 (1), et dans six arrêts de celle de Grenoble, des 8 mars et 31 août 1827, 3 juillet 1828, 12 janvier et 17 décembre 1835, et 7 avril 1840 (2). Ce dernier surtout est remarquable en ce que cette cour n'a pas craint de s'exposer encore à la censure de la cour suprême, qui venait, le 28 novembre 1838 et le 12 août 1839 (3), de casser ses deux arrêts des 12 janvier et 17 décembre 1835. Avant cette nouvelle consécration des vrais principes sur la question, la cour de Caen avait abondé dans le sens de la cour de Grenoble les 11 janvier 1831, et 5 décembre 1836 (4).

(1) D. 27. 2. 173.
(2) D. 28. 2. 9. et 144; 29. 2. 8. et 41. 2. 104.
(3) D. 39. 1. 20. et 319,
(4) D. 37. 2. 158.

Telle est l'incertitude dans laquelle est encore la jurisprudence sur cette grave question. Un examen plus complet de ses éléments est donc nécessaire.

51. Un premier point qu'il importe d'éclaircir, est de savoir si, dans l'ancien Droit, la question eût reçu la même solution que la cour de cassation lui a donnée par ses trois arrêts? Car, si la femme avait, avant le code civil, l'action hypothécaire pour la sûreté de sa dot, il faudra, pour la lui refuser aujourd'hui, trouver dans la nouvelle loi des dispositions tellement précises, qu'il ne soit pas possible de douter de la volonté de ses auteurs, d'abroger une jurisprudence qui remonte à Justinien. M. Grenier l'a bien senti ; et son premier soin a été d'attaquer l'autorité sur laquelle s'est appuyée la cour en citant la loi 3o au code, *de jure dotium ;* et, en cela, il faut en convenir, son observation est exacte ; mais cet avantage l'a égaré. S'il n'en eût pas été ébloui, il aurait porté plus loin ses recherches. Avec la droiture de ses intentions , il aurait reconnu que ce qui n'est pas précisément dans cette loi, ressort éminemment de sa combinaison avec la loi *ubi*, 29 au même titre, celle unique, *de rei uxoriæ actione*, et celle *assiduis, qui potiores in pign.*

Ces quatre lois tirées des authentiques de Justinien, par lesquelles, à diverses époques, il a amélioré le sort de la femme sous puissance de mari , contiennent un si grand nombre de dispositions, dont les plus récentes modifient les premières, qu'on n'en peut saisir le sens

véritable, qu'avec beaucoup de patience et de sa-
gacité. Ce que M. Grenier n'a pas fait, M. Troplong
a su le faire (1) ; et dans une dissertation infiniment
lumineuse, il fait voir qu'en définitive la femme, indépendamment du droit de revendiquer ses biens aliénés, avait, *constante matrimonio,* une hypothèque tacite sur tous ceux de son mari. Il ne se borne pas,
d'ailleurs, à présenter le fruit de ses études ; il y ajoute
la preuve de la conformité de sa doctrine avec celle
que professait en France, au 16ᵉ siècle, Cujas, le plus
docte et le plus habile des interprètes du Droit romain (2). Il prouve encore que cette doctrine était également celle des tribunaux français. Il cite, d'après
Boniface et Despeisses, des arrêts du Parlement de
Provence et des Chambres d'édit de Béziers et de
Castres. Je puis ajouter aux suffrages de ces auteurs
ceux de Duperrier (3) et de Boucheul (4).

Sous le rapport historique, c'est donc un point désormais incontestable. Je crois même que M. Troplong
peut se flatter d'en avoir convaincu les cours qui tiennent encore au sentiment de M. Grenier ; car j'ai remarqué que, dans les arrêts des cours de Grenoble
et de Caen, postérieurs à la publication de son commentaire, en 1835, toutes les argumentations ne se
portent plus que sur les dispositions du code civil.

(1) T. 2 , p. 505.
(2) Lorsque les Professeurs allemands le citaient en chaire, ils por-
taient la main à leur bonnet.
(3) T. 1 , p. 258.
(4) Sur la coutume de Poitou, p. 199.

Elles ne sont, au surplus, qu'une reproduction plus soignée, plus habilement étudiée, de celles auxquelles la cour de cassation a répondu si victorieusement dans ses trois arrêts, que je paraîtrais peut-être téméraire en voulant y ajouter. Mais un monument historique, quand son authenticité est généralement reconnue, a, sur les raisonnements qui persuadent, l'avantage de convaincre ; et tel est, sans doute, le procès-verbal du conseil d'Etat, dans lequel on va trouver la preuve irréfragable que jamais les auteurs du code n'ont entendu abroger l'ancienne jurisprudence sur l'hypothèque des femmes ; ni conséquemment établir, pour cette hypothèque, la moindre différence entre les deux régimes.

52. La source de la controverse est dans la disposition de l'article 2135, portant que « la femme n'a hypo-
» thèque *pour le remploi de ses propres aliénés*, que
» du jour de la vente ; » et l'on ne peut pas se dissimuler que ces mots, dans leur acception ordinaire, ne se réfèrent plus disertement au régime de la communauté, qu'à celui de la dot. Mais pourquoi et comment se trouvent-ils dans le code civil ?

Dès l'an 8, la section de législation du conseil d'Etat avait fait un projet de code qui, adressé aux tribunaux supérieurs, puis modifié sur leurs observations, fut soumis au Conseil. Dans ce projet, l'article 30 (devenu 2121 dans le code) accordait aux femmes, sans distinction de régime, l'hypothèque légale pour leurs *droits et créances* ; ce qui comprenait tout : il fut adopté. L'article 44 (devenu 2135) n'avait que trois alinéa, dans lesquels les femmes étaient dispensées d'inscription, et prenaient rang pour leur hypothèque , à compter du jour du mariage, pour *leurs dot et conventions matrimoniales ;* et toujours sans acception de régime. Il ne contenait rien de plus.

Seconde vérité historique inébranlable : Si cet article était resté ce qu'il était dans le projet , on n'eût jamais pu penser à contester à la femme soumise au régime dotal, un droit égal à celui de la femme commune, pour réclamer, par la voie hypothécaire, le prix de ses biens dotaux aliénés. Mais dans la séance du Conseil, du 22 ventôse an 12 , trois alinéa furent ajoutés aux trois premiers ; et en voici la cause. Dans la conférence des commissaires du Conseil avec le Tribunat , il avait été observé qu'il n'était pas juste de faire remonter l'hypothèque de la femme au jour de son mariage , pour les successions et donations qu'elle recueillerait plus tard, ainsi que pour les dettes qu'elle contracterait et le prix de ses biens qui seraient vendus ; que, pour ces trois objets, elle ne devait prendre hypothèque que du jour où son mari en serait devenu responsable. Cette réflexion judicieuse fut l'objet d'un amendement que M. Treilhard proposa au conseil , qui l'adopta ; seulement le consul Cambacérès, toujours en vigilance pour le régime dotal, fit observer que la disposition proposée pourrait n'être pas suffisante, lorsque la femme se serait réservé le privilége de la loi *Assiduis* (1); qu'il était à craindre qu'on ne crût pouvoir encore se permettre cette stipulation. La décision unanime fut que la rédaction était suffisante pour exclure toute réserve de cette nature. Certes, il n'était question alors que du régime dotal. Jamais la réserve de la loi *assiduis* n'a été admise que dans les provinces de Droit écrit.

Ainsi s'élève au plus haut degré de l'évidence la preuve que, tout en adoptant cet amendement, les législateurs sont restés avec la ferme volonté, manifestée jusque-là, de ne faire, quant à l'hypothèque de la femme pour tous ses *droits et créances*, aucune différence entre les deux régimes.

Reste l'impropriété de la locution. La seule conséquence qu'on puisse actuellement en tirer, est que le rédacteur a mal choisi ses expressions, qui, d'ailleurs, ne sont pas tellement sacramentelles, qu'elles ne puissent s'entendre des deux régimes: surtout quand, dans le contrat de mariage, l'aliénation est permise à la charge de remploi. Mais on ne peut plus, de bonne foi, s'en armer pour renverser le système des législateurs.

(1) Ce privilége consistait à donner à l'hypothèque tacite de la femme le premier rang, même dans le concours avec des créanciers antérieurs à son mariage : *Tacitam donavimus hypothecam potiore jure contra omnes habere creditores, licet anterioris sint temporis privilegio vallati.* L. au *Cod. qui potiores in pignore.*

§ 4.

FEMME DU COMMERÇANT.

SOMMAIRE.

---

53. En donnant à la France le code civil, les législateurs avaient cru devoir, en se conformant à la législation existante, conserver à toutes les femmes l'hypothèque légale sur les immeubles de leurs maris, sans aucune différence entre elles, quant aux prérogatives de cette hypothèque, relativement à la profession du mari. Mais, trois ans après, en 1807, occupés de donner au commerce son code spécial, ils portèrent plus loin leurs vues.

A cette époque, les effets de la révolution sur les

mœurs se faisaient vivement sentir ; surtout dans le commerce, où les désordres étaient à leur comble. On avait vu, et l'on voyait encore, si souvent, particulièrement dans la capitale et dans les autres grandes villes, après une faillite énorme, source de désolation et de misère pour les créanciers, la femme du failli vivre dans une opulence scandaleuse, qu'une extrême sévérité fût reconnue nécessaire pour empêcher, s'il était possible, que de tels scandales ne vinssent encore affliger la société. De là, les articles 545 et suivants de ce code ; qui, en cas de faillite du mari, n'accordent à sa femme aucun des avantages stipulés en sa faveur par leur contrat de mariage ; et l'article 551, par lequel l'effet de son hypothèque est réduit aux immeubles qu'avait son mari lors de leur mariage ; et seulement pour les droits et créances justifiés par actes ayant date certaine.

54. On ne tarda cependant pas à observer que, s'il était convenable de lui refuser hypothèque sur les biens acquis par son mari, par la raison qu'il n'a pu en payer le prix que sur les fonds de son commerce ; aucun motif raisonnable n'autorisait à affranchir de cette hypothèque les immeubles lui provenant de successions ou de donations : l'article 563 de la loi du 28 mai 1838 qui réforme la partie du code de commerce concernant les faillites, a fait cesser cette inconséquence.

55. La disposition qui refuse à la femme du commerçant failli l'effet de son hypothèque sur les immeubles achetés par son mari, et le lui rend sur ceux lui

provenant de succession, a fait soumettre à la cour de Bourges une question qui peut s'élever très fréquemment sur les actes de famille dans lesquels, pour sortir de l'indivision, on est obligé d'égaliser les lots par des soultes, plus ou moins considérables , ou de recourir à une licitation.

Sauveau n'avait que deux tiers indivis dans une maison qui, par un partage, lui fut attribuée, au moyen d'une soulte, et fut revendue par ses créanciers, après sa faillite. Sa femme en absorbait tout le prix avec son hypothèque, si elle frappait sur la totalité de l'immeuble ; et pour elle on invoquait l'article 883 du code civil, qui veut que l'héritier soit censé avoir succédé seul à tous les effets compris dans son lot. Mais on lui opposait, pour les créanciers, l'article 551 du code de commerce ; soutenant qu'en réalité elle n'avait hypothèque que sur les deux tiers appartenant à son mari lors de leur mariage. Cette exception a été accueillie en première instance ; et, sur l'appel, devant la cour de Bourges. L'arrêt du 2 février 1836 est ainsi motivé :
« Considérant..... que la fiction de la loi résultant de
» l'article 883 du code civil , ne peut être appliquée
» dans l'espèce, en matière hypothécaire, en présence
» de l'article 551 du code de commerce, qui a dérogé
» spécialement aux règles hypothécaires du code civil,
» et dès-lors à toutes les fictions contraires au principe
» qu'il consacre en matière de commerce ; que s'il en
» était autrement, la fraude deviendrait facile pour le
» commerçant qui, possédant, au moment de son ma-
» riage, une parcelle de biens par indivis , acquerrait

» avec les deniers de ses créanciers le surplus de ces
» mêmes biens, et en transmettrait toute l'utilité à
» son épouse, au mépris des droits de ses créan-
» ciers. » (1).

Je crois que cette théorie, très-judicieuse dans son
objet, n'est pas parfaitement exacte dans son application ; que l'article 551 du code de commerce ne déroge
pas à la fiction de l'article 883 du code civil; qu'elle
peut très-bien se concilier avec le but que les législateurs ont voulu atteindre par l'article 551. Ce but est
que les créanciers du failli recouvrent tous les deniers
que leur débiteur a détournés de son commerce pour
augmenter la sûreté hypothécaire de sa femme. Dans
l'espèce jugée, les deniers de Sauveau avaient servi à
accroître le fonds sur lequel reposait l'hypothèque de
sa femme, au détriment de ses créanciers. Il était,
dès-lors, souverainement juste qu'ils reprîssent, avant
elle, leurs deniers sur le prix de la revente. C'est ainsi
que, nonobstant la fiction de l'article 883, celui des
époux en communauté qui, dans un partage, recevant
plus de biens que son droit ne lui en attribue mathéma-
tiquement, est censé avoir succédé pour le tout à son
auteur; mais il n'en doit pas moins, aux termes de l'article 1437 du code civil, faire état à sa communauté
de la soulte dont elle a fait l'avance.

Je trouve cette interprétation préférable à celle que
lui donne l'arrêt, attribuant aux créanciers du mari,

(1) Dal. 37. 2 92.

dans le prix de la revente, une portion correspondante à celle dont il n'est devenu propriétaire que par le paiement de la soulte. Mais, si ce prix est inférieur au montant de la soulte, les créanciers ne recouvreront pas tous les deniers détournés à leur préjudice, le but de la loi ne sera pas atteint; s'il était supérieur, les créanciers recevraient des deniers qui ne sont pas sortis de la caisse du commerce, et le but serait dépassé; ce n'est pas ce qu'ont voulu les législateurs.

56. Cette interprétation me paraît d'autant plus rationnelle, qu'elle conduit à faire rendre aux créanciers la même justice dans tous les cas analogues, tels que les acquisitions de droits successifs, les partages avec soulte; etc. Les créanciers doivent, dans tous les cas, être admis à prélever sur le prix des immeubles provenant de ces traités les sommes déboursées par le failli; lesquelles, considérables ou modiques, sont toujours représentatives de l'accroissement de la fortune immobilière du mari, obtenu aux dépens de son commerce.

57. Une question, non moins grave, peut encore s'élever sur les conséquences de ce principe, qui réduit l'hypothèque de la femme aux immeubles dont son mari était propriétaire le jour de leur union. « Tout » ce qu'il a acquis depuis (disait **M. Treilhard** au » Corps législatif, le 31 août 1807), n'a pu l'être » qu'aux dépens et avec les deniers de ses créanciers; » il serait révoltant que la femme du banqueroutier » vînt enlever ces gages, et sortir triomphante d'une » catastrophe dont elle fut souvent la première » cause. »

Mais, sans acquérir d'autres immeubles, il peut, avec l'argent de ses créanciers, augmenter infiniment la valeur de ceux qu'il avait en se mariant. Que ces immeubles fussent alors grevés de dettes inscrites avant son mariage, s'il les a éteintes, il n'a fait que s'en assurer la propriété qui, jusque-là, n'était que conditionnelle. Je n'hésite pas à reconnaître le droit de ses créanciers à prélever sur le prix de ces immeubles, le montant des dettes, comme si elles existaient encore.

58. Il devrait en être de même des augmentations productives qu'il aurait faites à ses immeubles. Si, sur un champ, il construit une habitation ; si, d'une maison antique et modeste, il fait un de ces brillants magasins où le luxe rivalise avec celui des salons de la haute société ; ce dont, depuis quelques années, le commerce donne de fréquents exemples ; si, en un mot, il double, il triple la valeur de ses immeubles ; l'hypothèque de sa femme ne peut s'exercer que sur celle qu'ils auraient, si, en les entretenant en bon père de famille, il les avait laissés dans l'état où elle les a vus en se mariant.

59. Lors même que la faillite du mari ne serait pas encore déclarée, si son insolvabilité devient constante par le concours de ses créanciers à l'ordre ouvert pour la distribution du prix de ses immeubles, et son insuffisance à acquitter les créances de sa femme, ainsi que celles de ses autres créanciers ; celles de la femme doivent rentrer dans les limites qui lui sont tracées par l'article 551. Telle a été, dans

cette circonstance, la décision de la cour de Bourges,
le 2 juin 1836 (1).

60. En traitant avec cette sévérité la femme qui
sciemment unit son sort à celui d'un commerçant, et
consent à courir avec lui tous les dangers auxquels
cette profession est exposée, il était souverainement
juste d'en excepter celle qui n'a pas pu prévoir que son
mari, pour aller plus vîte à la fortune, se jeterait dans
une voie aussi périlleuse. Cette exception est établie
par les articles 563 et 564 du code réformé.

Dans le premier, il suffisait que le mari fût fils de
commerçant, et le devînt ensuite, à quelqu'époque
que ce fût, pour que la femme fût censée l'avoir prévu.
La loi de 1838 n'a pas renouvelé cette disposition, et
n'admet d'autre présomption de sa prévoyance à cet
égard, que quand, dans l'année même de son mariage,
son mari s'est livré au commerce. S'il s'en abstient
pendant cette année, sa femme reste invariablement
dans son premier état, et conserve toutes les prérogatives de son hypothèque légale. Mais, pour rejeter
cette exception, il suffirait qu'il eût pris la qualité de
commerçant, dans un des actes relatifs à son mariage,
quand même il n'entreprendrait le commerce qu'après
la première année. Jaudry qui, dans son contrat de
mariage, n'avait fait énoncer aucune profession, avait
été qualifié de commerçant dans l'acte de mariage,
ainsi que dans les publications préalables. Il n'en fallut pas davantage pour déterminer la cour de Bourges

(1) Dal. 32. 1. 59.

à déclarer sa femme assujettie aux rigueurs de l'article
551 ; quoiqu'elle offrît de prouver qu'il n'avait com-
mencé à faire le commerce que seize mois après leur
mariage. Sur le pourvoi contre cette décision, arrêt de
rejet, du 7 février 1843 (1).

§. 5.

FEMME ÉTRANGÈRE.

61. *Distinction importante.*
62. *L'étrangère, femme d'un Français résidant en France, a l'hypothèque légale.*
63. *De même de celle de l'étranger autorisé à résider en France.*
64. *Celle de l'étranger rési-* *dant hors de France n'a pas cette hypothèque.*
65. *De même de celle d'un Français qui, résidant hors de France, a perdu la qualité de Français.*
66. *Celle ci peut l'acquérir, si son mari recouvre sa qualité de Français.*

61. La femme étrangère, dont le mari possède des
immeubles en France, peut-elle jouir de tous les avantages de l'hypothèque légale, comme la femme française ? Cette question inter-nationale a divisé les jurisconsultes. Suivant MM. Grenier (2) et Dalloz (3), il

(1) Gazette des trib. du 8 février 1843.
(2) T. 1, p. 230.
(3) Jurisp., t. 9, p. 195.

faut distinguer: si le mari de cette femme est Français, elle y a droit; mais s'ils sont tous deux étrangers, sa prétention doit être rejetée. MM. Merlin (1), Persil (2) et Troplong (3) enseignent que, dans l'une comme dans l'autre hypothèse, il y aurait un injuste arbitraire à décider ainsi, et à la priver de l'hypothèque.

Je crois que l'opinion des deux premiers est la plus conforme aux principes de notre Droit public; mais qu'elle est trop générale pour le cas où les deux époux sont étrangers. J'examinerai donc séparément les quatre hypothèses dans lesquelles la question peut s'élever.

62. La première est celle de l'étrangère, mariée, hors de France, à un Français, et qui est venue s'y établir avec lui. C'est à l'égard de celle-ci que tous les auteurs reconnaissent unanimement son droit à l'hypothèque légale. Cette femme, en effet, qui, par le choix de son mari et l'abandon de son pays, consacre sa fortune et sa vie à la France, reçoit, dans l'article 12 du code civil, l'assurance qu'elle suivra la condition de son mari.

Mais cette assurance est-elle subordonnée à l'accomplissement de la formalité prescrite par l'article 171 du code civil? La femme ne peut-elle être admise à l'exercice des droits civils, et particulièrement à celui de l'hypothèque légale, qu'autant que son acte de mariage aura été, dans les trois mois de son arrivée en

(1) Répert., t. 17, v° Remploi.
(2) Sur l'art. 2121.
(3) T. 2, n° 513

France, transcrit sur le registre de l'état civil de son domicile?

Cette question, soumise à la cour de Montpellier le 25 janvier 1823, et à celle de cassation, le 6 janvier 1824, y a été résolue affirmativement, dans une cause dont les circonstances rendaient la position de l'étrangère tellement favorable, que, quand, en thèse générale, l'article 171 lui eût été applicable, l'équité aurait réclamé hautement une exception pour elle. Voici l'espèce :

Le sieur Coulon, négociant à Paris, s'était marié, en 1805, à Neufchâtel en Suisse. Il avait reçu de sa femme 11,400 francs; et le contrat qui le constatait, lui imposait l'obligation de faire transcrire l'acte de mariage sur le registre de l'état civil du domicile qu'il prendrait en France. Soit ignorance, soit mauvais vouloir, il n'en avait rien fait. En 1818, éprouvant des embarras dans son commerce, la mère de sa femme lui avait fait, sur sa succession future, une avance de 35,116 fr. Quatre ans après, un ordre est ouvert pour la distribution du prix de ses biens ; sa femme s'y présente et trouve la sœur de son mari, qui, créancière inscrite, lui oppose que son acte de mariage, n'ayant pas été transcrit sur le registre de l'état civil, ne peut produire envers les tiers aucun effet civil. Tel est aussi l'unique motif des arrêts des deux cours, qui, sans tenir aucun compte des dix-sept années de possession d'état qu'avait cette étrangère, de femme légitime d'un Français, dans le pays et au milieu de la famille de son mari, la réduisent au sort de la concubine, et la dépouillent de son état et de sa fortune au profit de la sœur de son mari.

Il est rare que l'arbitraire se fasse aussi nettement sentir que dans ce système. On reconnaît que cette femme a eu hypothèque sur les biens de son mari, pendant les trois premiers mois de sa résidence en France. On veut seulement qu'elle l'ait perdue par l'omission de la formalité de l'article 171, dans le cours de ce délai. C'est donc la déchéance d'un droit acquis qu'on prononce contre elle ; c'est donc une peine qu'on lui inflige, pour n'avoir pas satisfait à cet article, qui n'en prononce aucune ! On en convient, et l'on est réduit à supposer que telle a été la volonté des législateurs. Mais, depuis un demi-siècle, en France, les magistrats ne peuvent prononcer ni peine, ni déchéance, sans justifier du commandement exprès que leur en fait la loi et c'est avec une supposition qu'on enlève à une femme tous ses moyens d'existence !

Apprécions, au surplus, cette supposition ; ne fût-ce que pour signaler le danger de se jeter dans cette voie. Elle est frappée de l'improbabilité la plus palpable. Comment a-t-on pu supposer que les législateurs ont entendu faire dépendre de cette formalité le sort de l'hypothèque de l'étrangère, femme d'un Français, sans en faire l'objet d'une disposition explicite ? Quand, par l'article 12, la plaçant sur la même ligne que l'indigène, et lui en conférant toutes les prérogatives, ils n'y avaient mis aucune condition. Ils ont pris trop de soins, chaque fois qu'un article du code est modifié par un autre, de renvoyer d'un des deux à l'autre, pour qu'on soit bien convaincu qu'ils n'ont pas eu la pensée qu'on leur suppose. S'ils l'avaient eue, d'ailleurs, ils n'auraient pas pu se borner à un simple renvoi ; infailliblement ils auraient remarqué qu'en subordonnant l'efficacité de l'hypothèque de cette femme à la formalité de l'article 171, ils l'exposaient pendant trois mois au même danger que durant les deux mois de l'article 2194, après la notification d'un acquéreur : et à coup sûr, ils auraient pris les mêmes mesures pour l'en garantir, ou ils seraient tombés dans une déplorable inconséquence. Ne supposons donc pas dans notre code une imperfection sur laquelle on gémirait si elle y était écrite.

Aussi M. Dalloz, qui avait soutenu le pourvoi de la dame Coulon, ne rapporte cet arrêt qu'en protestant contre la fausse application qu'il a faite de l'article 171 ; et M. Troplong adhère sans réserve à ce sentiment.

Heureusement la cour de cassation elle-même a eu l'occasion de méditer de nouveau sur cette question, qui s'est présentée devant un tribunal du ressort de la cour de Bordeaux. Les faits étaient absolument les mêmes : mariage à la Havane, en 1801, d'une Espagnole avec un Français, qui reçoit d'elle 4,000 piastres, et ne fait pas transcrire en France leur acte de mariage. En 1836, un ordre est ouvert sur le prix des biens du mari. Ses deux filles, héritières de leur mère, demandent à y être colloquées pour sa dot, et à la date de son mariage. Les créanciers leur opposent, non-seulement l'article 171, mais l'article 194. Le juge commissaire, impressionné, sans doute, par l'arrêt de la cour de cassation, dont je viens de parler, rejeta leur demande, qui eut le même sort devant le tribunal. Mais la cour de Bordeaux sut mieux apprécier la position de la femme étrangère, qui a fait de la France sa patrie; et ne pas donner aux deux articles invoqués plus de valeur qu'ils n'en ont. Son arrêt, du 23 novembre 1840, ordonne la collocation telle qu'elle était demandée. De ses longs motifs je ne releverai que ceux-ci : le mariage n'est pas attaqué; on doit, dès-lors, respecter l'hypothèque qui en est la conséquence; l'article 171 ne prononce aucune peine, aucune sorte de nullité pour omission de la formalité qu'il prescrit; l'article 194 ne s'applique qu'au mariage célébré en France; la représentation de l'acte de mariage est suffisamment remplacée par la possession d'état. Cet arrêt est du 31 août 1837.

L'honorable résistance de la cour de Bordeaux à la cour suprême, eut auprès d'elle tout le succès qu'elle méritait. Par arrêt du 23 novembre 1840 (1), le pourvoi des créanciers fut rejeté. La question y est lumineusement approfondie sous tous ses aspects, mais je ne ferai remarquer ici que celui de ses nombreux motifs, qui répond directement à l'arrêt de 1824 : « Le » retard ou l'omission de la transcription ordonnée » par l'article 171, n'entraîne ni déchéance, ni nul- » lité. »

Ainsi, nul doute actuellement que l'étrangère qui unit son sort à un Français, et vient avec lui habiter la

____

(1) Journ. du pal., t. 114, p. 644.

France, n'y trouve la même protection pour ses intérêts , comme pour sa personne , que celle née et mariée
en France.

63. Lorsque deux époux, étrangers d'origine , sont
venus s'établir en France, et y ont été autorisés par le
gouvernement, l'article 13 du code civil leur accordant
l'*exercice de tous les droits civils tant qu'ils continue-
ront d'y résider* , la femme a indubitablement droit à
l'hypothèque légale sur les biens que son mari y possède ; mais seulement à compter du jour où il a obtenu
l'autorisation du gouvernement. Ceux qui, antérieurement, auraient acquis et fait inscrire une hypothèque
conventionnelle ou judiciaire sur lui , prendraient rang
avant la femme.

64. Si les deux époux étrangers sont restés dans
leur pays, et que le mari , ayant des immeubles en
France, y contracte avec des Français, sa femme pourra-t-elle se prévaloir de la loi française, pour leur enlever, à la faveur de l'hypothèque légale, tout ou partie du gage sur lequel ils ont dû compter? Je crois
qu'elle n'y serait pas fondée ; ce qui me met en présence
de trois redoutables adversaires : MM. Merlin, Persil
et Troplong , qui professent l'opinion contraire. Cette
question de Droit public inter-national mérite, d'autant
plus, un sérieux examen, qu'elle doit s'élever assez
souvent entre les habitants des frontières ; et que chez
nos voisins, les Belges, elle a été décidée contre une
femme française.

La dame Lesueur , dont le mari avait en Belgique

des immeubles et des créanciers, intervint dans un ordre ouvert devant le tribunal de Namur, et y demanda
à être colloquée pour le prix de ses biens aliénés par
son mari. Les créanciers Belges lui opposèrent sa qualité de Française, et en conclurent que, la vente de ses
biens n'ayant eu lieu que depuis la séparation des deux
royaumes, elle était non-recevable dans sa demande :
ce qui fut prononcé par le tribunal de Namur, et confirmé par arrêt de la cour de Bruxelles. C'est cette décision qui a donné occasion à M. Merlin de traiter
la question dans une addition à son répertoire.

Il y fait une critique vive et fort étendue de la décision des magistrats Belges; mais tous ses arguments
n'ont qu'un seul point d'appui : suivant lui, l'hypothèque est un *statut réel* qui affecte les biens situés dans
le ressort qu'il régit, en faveur des étrangers à ce ressort, comme de ceux qui l'habitent. Partant de ce principe, il énumère tous les cas où un étranger, ayant
une hypothèque conventionnelle ou judiciaire sur les
biens d'un indigène, en obtient l'exécution ; et il en
conclut qu'il en doit être de même de l'hypothèque
légale.

M. Troplong, soutenant la même thèse, ne fait que
reproduire substantiellement les mêmes raisonnements.
Il y ajoute seulement l'article 25 du titre des tutelles
du président de Lamoignon, dans lequel il croit trouver la preuve qu'avant le code civil, la doctrine de
M. Merlin était un point de Droit généralement
admis.

Je dois, d'abord, dissiper l'illusion que M. Trop-

long s'est faite sur cette autorité, que le nom recommandable du président de Lamoignon rendrait très-
influente, si elle avait le caractère qu'il lui suppose.
Mais, loin que, par l'article cité, cet illustre magistrat
ait entendu consacrer une opinion générale, il ne le
proposait que pour faire cesser les dissentiments qui,
de son temps, renaissaient sans cesse sur la question.
Il nous l'apprend lui-même dans le second volume de
ses arrêtés (p. 121 de l'édition de 1783).

Après avoir exposé les divergences des auteurs et
des cours sur toutes les espèces d'hypothèque créées
hors du royaume, il finit par ces mots : « Enfin cette
» question est *fort controversée* par les auteurs, et
» *différemment jugée par les arrêts ;* il serait bon de
» prendre un parti, et de la fixer par une loi géné-
» rale. » Il est mort en 1677, sans avoir vu accomplir
son vœu, qui ne l'a été que par le code civil. Cette autorité, comme on le voit, n'a pas la moindre importance.

Il ne reste donc au soutien du système que je combats, que cette proposition : la loi hypothécaire est un
statut réel ; et qu'on le remarque, ni M. Merlin, ni
M. Troplong, n'ont pris la peine d'établir cette proposition, qui, posée aussi généralement, est une grave erreur. Sans doute, les règles sur l'hypothèque conventionnelle ou judiciaire sont des statuts réels ; parce que
la loi accorde à quiconque contracte avec un Français,
la faculté d'exiger de lui la première de ces deux espèces d'hypothèques, et à tout créancier d'un Français
le droit d'obtenir en justice la seconde. Dans cette

partie du système hypothécaire du code civil, ses auteurs ne se sont occupés que du gage immobilier sur lequel les obligations d'un Français peuvent être assurées. Quant aux personnes au profit desquelles le Français s'oblige, elles sont indifférentes à la loi ; qu'elles soient étrangères ou indigènes, elles sont également autorisées à saisir ce gage, qu'elle ne leur donne pas, les autorisant seulement à le demander, soit à un notaire français, soit à un tribunal également français (articles 2123 et 2128).

En est-il de même de l'hypothèque légale? Non, assurément. Elle la donne directement elle-même aux personnes qu'elle a mises dans une position à avoir besoin d'une protection particulière; à la femme mariée, au mineur, à l'insensé, aux communes, etc. Dans ce cas, ses vues se portent principalement sur les personnes qu'elles désignent. Et qu'on ne dise pas qu'en y appelant toutes les femmes, tous les mineurs, etc. ; elle y appelle les mêmes êtres de tous les pays ; car, si elle y appelle les femmes, c'est parce qu'elle les a mises sous la puissance de leur mari, les mineurs et les insensés sous le pouvoir de leurs tuteurs, les communes sous celui de l'autorité municipale. Ne serait-ce pas aller jusqu'au ridicule, que de prêter à nos législateurs l'intention de comprendre dans ce statut les mêmes êtres qui vivent sous des lois toutes différentes; et dont ils n'avaient ni le devoir, ni le pouvoir de régler les droits?

Mais quand je concéderais que notre système hypothécaire est un statut réel, même en ce qui concerne l'hypothèque légale ; la conséquence que la femme étrangère peut en réclamer le bénéfice , n'en serait pas moins une erreur dans sa généralité. Elle ne l'aurait que dans le cas où il existerait, entre la nation à laquelle elle appartient et la France, un traité qui assurerait à la femme française un droit égal sur le territoire de cette nation. Telle est la condition imposée à l'étranger pour qu'il puisse jouir des droits civils en France , par la disposition de l'article 11 du code civil ; renouvelée spécialement pour les hypothèques, dans les articles 2123 et 2128, ainsi que dans l'article 546 du code de procédure.

Voudrait-on résister à l'article 2128, à la faveur d'une équivoque sur le mot *contrat*, qui y est employé seul ; et prétendre que, dans son acception ordinaire , il ne comprend pas l'acte de mariage , quoiqu'il soit, de tous les contrats, le plus sérieux ? Cette ressource même échapperait à l'argumentateur ; l'article 546 du code de procédure reproduit la même disposition plus largement, par ces mots : *les actes reçus par les officiers étrangers* : ce qui comprend nécessairement les actes administratifs, comme ceux judiciaires. Il est d'autant plus juste qu'il en soit ainsi, que, dans tcus les Etats qui nous entourent, la même disposition est une des premières règles de leur législation.

65. Tout ce que je viens de dire à l'égard de cette étrangère, s'applique même à celle qui aurait épousé un Français, si son mari se trouvait dans un des quatre cas prévus par l'article 17 du code civil , et emportant la perte de sa qualité de Français.

66. Mais si, ne pouvant résister à ce noble sentiment, qui fait préférer le sol natal à tout autre, il revient en France, en se conformant à l'article 18, et recouvre, avec la qualité de Français, tous les droits civils, ce nouvel état du mari réfléchirait sur sa femme. Elle serait, de plein droit, investie de toutes les prérogatives de la femme Française; et conséquemment, de l'hypothèque légale et tacite sur les immeubles de son mari. Les créanciers de ce dernier, inscrits avant sa réhabilitation, seraient les seuls qui pourraient prendre rang avant elle.

Ce droit ne pourrait pas lui être contesté, quand même, également attachée au pays qui l'a vue naître, et à sa famille, elle y serait restée; elle n'en serait pas moins la femme d'un Français. Sa condition ne dépend pas d'elle, mais de son mari.

FIN DU DEUXIÈME VOLUME.

TABLE ALPHABÉTIQUE

des matières

Traitées dans le deuxième Volume.

FIN DE LA TABLE